BLACK SWAN 黑天鹅图书

为 人 生 提 供 领 跑 世 界 的 力 量

BLACK SWAN

学会写作

成为真正会表达的人

刘杨 著

图书在版编目（CIP）数据

学会写作 / 刘杨著． — 北京 ： 九州出版社，2017.6（2018.9 重印）
ISBN 978-7-5108-5553-5

Ⅰ．①学… Ⅱ．①刘… Ⅲ．①汉语－写作 Ⅳ．①H15

中国版本图书馆 CIP 数据核字（2017）第 160236 号

学会写作

作　　者　刘　杨　著
出版发行　九州出版社
地　　址　北京市西城区阜外大街甲 35 号（100037）
发行电话　（010）68992190/3/5/6
网　　址　www.jiuzhoupress.com
电子信箱　jiuzhou@jiuzhoupress.com
印　　刷　三河市文通印刷包装有限公司
开　　本　700 毫米 ×980 毫米　16 开
印　　张　17
字　　数　257 千字
版　　次　2017 年 9 月第 1 版
印　　次　2018 年 9 月第 6 次印刷
书　　号　ISBN 978-7-5108-5553-5
定　　价　42.00 元

谨以此书献给我的父亲、母亲

是他们的宽容

给了我自由探索的勇气

目录
Contents

第3章 掌握文章的叙述方法

行文的逻辑

锤炼语言

第6章 模板写作法

第7章 新媒体写作

自　序

关于打开这本书的正确方式

2000 多年前，中国有个皇帝叫曹丕，他怕三个弟弟跟他争夺皇位，就先下手为强。他先是夺了二弟曹彰的兵权，再把四弟曹熊逼上吊，然后瞄准了三弟曹植……

“老弟啊，听说你写诗很厉害，你七步之内给我作首诗，不然我就杀了你。”

七步？！阿尔法狗（打败李世石的人工智能机器人）也没有这么快吧。老三心想。

正在发愁，曹丕又加了一个限定条件：“这样吧，给你降低点难度，请以‘兄弟’为题写一首诗，诗中不能出现‘兄弟’二字，明白吗？出现了也是杀头。”

曹植差点一口老血喷在键盘上。拜托，这叫降低难度吗？

只有七步，以诗换命，这比高考可难多了。

倒计时开始！

第一步，曹植心想，我必须先放下心里的恐惧，不然光顾着害怕，脑袋里一片空白，什么也写不出来。他长舒了一口气，稳定了一下情绪。

第二步，既然是写诗，总要有点素材。曹植左右看了一下，正好看见曹丕在奸笑。那可是自己的亲兄弟啊！人家说血浓于水，我们却是手足相残。那一刻，千万种感受涌上他的心头，这种痛苦让他觉得非常煎熬。

第三步，煎熬，煎熬，煎和熬，哦，多么痛的领悟！怎么才能煎呢？

要有水才能煎；怎么才能熬呢？要有釜（大锅）才能熬。想到这种关联，曹植的眉头舒展了。

第四步，不许说兄弟，那就说煎熬吧，本是同根生，你却让我受煎熬。曹植一拍大腿，差不多了，就以同根生，男人何苦为难男人为逻辑。

第五步，“煮豆燃豆萁”，曹植小声念叨着。他开始组织语言，为了让诗更有力量，他故意以一个故事开头。

第六步，曹植构想着大锅里煮豆子的画面：底下的柴火在燃烧，豆子在锅里煎熬，水咕嘟咕嘟的，好像“豆在釜中泣”。

第七步，既然是诗，需要有个模板。曹植定了韵脚，萁（qi），豆子的茎；泣（qi）；急（ji）。只听他缓缓念道：“煮豆燃豆萁，豆在釜中泣。本是同根生，相煎何太急？”念到最后一个“急”字时，他拖长了声音，满脸是泪，头也不由自主地左右晃动，满朝文武，莫不为之动容。

曹丕本来阴笑的脸上，不知不觉也挂满了泪水，他想起了小时候四个兄弟跑在花园里的无忧无虑，想起父亲去世时把他拉到病床前的嘱托。

唉！

曹丕扬扬手：“死罪可免，活罪难逃，留你一条性命，贬你为安乡侯，你走吧。”

以上就是“曹植七步成诗，曹丕羞愧难当，啊，多么痛的领悟，你曾是我的全部，只是我回首来时路的每一步，都走得好孤独”的故事。

这个故事告诉我们，写作，不多不少，只需要七步。

七，是个神奇的数字。一周有七天，人类有七宗罪，音乐有七种音符，彩虹有七种颜色，天上有北斗七星，世界上有七大天使、七大魔王，上帝只用七天就创造了世界，释迦牟尼也是七天七夜悟道成佛，女娲第七天造人，《易经》上说七日来复（七天一个循环）……

原来很多看起来很难的事，只要七步就够了。

这也是这本书的方法，从打消顾虑到在新媒体上自由写作，只要七步，按照这七个步骤，你可以解锁写作新技能。

关于写作，我其实是个外行，我大学学历史，研究生学新闻，第二个研究生专业是经济管理，没上过一天中文系的课。

不过这倒也成为我的一个优势，因为没有什么条条框框，我就敢用别人不敢用的方法。过去的十年里，也写出了一点成绩。我自己开设了主编课堂，有学员花 4000 块钱上我的课。单是 2016 年一年的时间里，我自己写了差不多 35 万字，教了近万名学生，批改了学员 1600 多篇共计 300 多万字的作业。

我使用的方法就是本书中提到的“七步写作速成法”。所谓“七步写作”，就是写作的七个步骤：1. 调整心态；2. 准备资料；3. 找到叙述方法；4. 理顺逻辑；5. 选好语言；6. 模仿套路；7. 适应新媒体。为了方便大家记住这几步，我故意把这七个步骤附会到曹植七步成诗的故事里。

至于曹植在七步里做了什么，我们不得而知，但至少他通过七步写成了一首诗。翻翻近年来教写作的书，动辄几十条目录、几百种方法，我想，要是曹植能活到今天，可能还没等到被杀，就已经先急死了。

现在，把这个“七步写作速成法”送给你，我亲爱的读者。愿你能走上写作的道路，写出惊世骇俗的文章。

也愿你有好的生活，在尘世中获得幸福。

第 1 章　写作热身

第 1 节　写作到底是怎么回事？

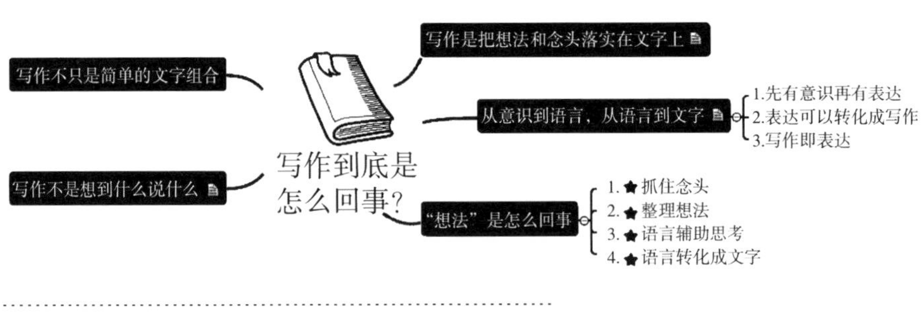

从想法到语言再到写作的全过程

最近这一两年，会写作突然成了一种特别让人羡慕的本事。

单位里，会写作的人通常会被人高看一眼；一堆妈妈聚在一起，谁要能把孩子的成长用文字记录下来，一定会引来其他妈妈羡慕的目光；微博、朋友圈里，写得好的内容会引来无数的点赞、评论；办公室里，写得好的报告拍在领导办公桌上都会更有底气……

但写作真的是件很让人头疼的事。

本来很简单的办公文件，怎么一写就乱了套；本来想跟孩子说说话，怎么一写就变成了流水账；本来想发发牢骚评论一两句，怎么一写出来就前言不搭后语；本来想把工作前前后后说一遍，怎么一写就发现话都不会说了……

写作，说简单很简单，就是把想说的东西写下来，所以会说话就会写作。但说不简单也不简单，很多人一旦真正开始写作，就没有话想说了，一点想法也没有了。

写作到底是怎么回事呢？那些想说的话从哪里来？那些突然出现的想法最后又跑到哪里去了呢？

>>>
一、猴子会写作吗？

有一个著名的实验，叫猴子和打字机实验。假设把猴子置于打字机前，猴子可以敲击键盘打出文字，在无限多的猴子和无限多的时间里，猴子有可能碰巧打出《莎士比亚全集》。

这听起来很神奇，但是没有人会认为猴子会写作，它们只是凑巧让连贯的意思聚集在一起而已。

人跟猴子不同，人有意识和思维，哪怕是刚刚学会说话的孩子，他也在试图说出一个意思。比如他“渴了”，当他还不会这个词的发音时，他会去找爸爸妈妈，希望爸爸妈妈可以理解他渴了这个状况。

意识是人类表达的第一道阀门，先有了想法，才能在大脑里酝酿出语言；有了语言，才能表达成文字。这每一步，都是从一块石头跳到另一块石头上——从意识跳到语言，再从语言跳到文字。

写作就是从最初那块叫作“想法”的石头跳到最后那块叫作“文字”的石头，中间经历过了“语言”这块石头。这两步跳跃的方法（从想法到语言，从语言到文字）就是我们练习写作的方法。

>>>
二、你真的没想法吗？

谈到想法，有人会说，我就是没想法、没意识。其实，意识每一秒都不会停止，就看你是不是可以敏锐地抓住它们。你走过一条大街，听见一个人讲话，身体感受到和风暖阳，这些元素都会形成你的意识。这时候你可能想起了昨天有件未完成的事，或者突然因为某个场景有了某种触动，这也是意识。可能还没等你注意到或者记下来，这些意识就消失了，又进入了下一个意识的场景。

大部分的意识都会悄悄溜走，所以这也是大家经常忽略它们的原因。凡是你能注意到的意识，一般都是添加了自己的思考的。思考不一定是冥思苦想，可能就出现在事情发生后的 0.01 秒。大脑这台高速运转的机器，在 0.01 秒之内，会调动一切跟这件事有关的素材，包括当下的感受、之前听说过的事、隐约记得的故事和一直以来坚信的道理。

举个例子，你看到有人扶起了一个摔倒的老太太，你最直观的感觉是“即使在这样的社会风气下，还是有好心人的”。0.01 秒之内，你可能会想起你听过的摔倒老人讹人和老人逼年轻人让座的新闻，但也许你一直坚信“世上还是好人多”，眼前的事件也支持了你的思考：“嗯，果然还是有好人的！”

思考靠语言辅助，但反过来，思考又能转化成语言。比如你会有“打女人的男人没出息”这样的想法，但同时，这种想法也被表述成了一句话。我们还是假设上面的例子，今天，你在上班路上看到一个男人打女人，你当时停下来思考了 0.01 秒。到了单位，你想把这件事和你的态度讲给同事听，你会怎么说呢？你会先说事件：“今天我在路上看到一个男人打女人，打得挺厉害的。”接着你会有几句评论，“打女人算什么本事，有本事你打比你厉害的啊！当街打人，太没素质了。”你甚至会说大家的反应，“大家都看不过去了，有几个人骂这个男的。”

以上的例子应该是日常生活中经常会遇见的，从看到一件事，到有思考，再到说出来，这就是思维跳转。很多人说他不会说故事，不会描述一件事，不会评论，但是你看，遇到这么具体的事，你完全不用人教，都能讲得绘声绘色。

从语言到文字是最后的一步跳转，这个过程其实也非常简单。还是以男人打女人为例，如果能把这件事原原本本写下来，前面讲遇到了什么，后面讲感受“打女人的男人真没出息”，为了支撑观点，再说说另外几个爱打女人的男人的故事，证明窝里横是最没出息的，这就是一篇文章，是典型的说理文章，甚至可能成为爆文。

我自己写过一篇文章《快递小哥被揍，这个公司选择最老炮儿的方式解决纠纷，顺带收买了全国人民的心》，说的是我看到一个快递小哥被打的视频后的感受。这篇文章发表出来之后，迅速引爆朋友圈，在我个人的微信公众号上，两天时间达到了 50 多万的阅读量。我写这篇文章的想法从哪里来的呢？很明显，最开始是看视频引发的一个小念头，我抓住了它，去找跟它有关的素材，有感而发，最终写出了一篇还不错的文章。

也许有人说，是不是只有社会评论适用这种方法，其他文体不适用呢？其实，各种文体都是一样的。你看到落叶，有了点伤春悲秋的感慨，把感慨记录下来，就是一篇散文；今天你编了一个“如果我中了 500 万……”的段子讲给朋友听，把这个段子记录下来，就是一个小说；今天你训了一个员工，说“有为才有位（努力工作才能被提升）”，你把它写下来，就是一个讲话稿。写作来源于生活，来源于感受，来源于思考，这是写作者都必须经历的过程。

>>>

三、写作就是写我所想

在我的写作课程中，经常有同学问我，到底什么样的文章才是好文章。

文采斐然的文章是好文章，被大家广为传颂的文章是好文章，能解决问题的文章是好文章，让人赞不绝口的文章是好文章……人们可以有很多定义好文章的标准，但在我看来，能准确表达出自己想法的文章就是好文章。

每个人的基础不同、背景不同、学习写作的出发点也不同，很难用一个标准去要求所有人，但是回到写作的本源，写作就是把想法变成语言，再把语言变成文字，所以只要能顺利地完成这两个步骤，就实现了写作的目标，写出的就是好文章。

至于文章有没有深度，那是想法的问题；文章是不是文采斐然，那是语言转化成文字的问题。严格来说，这两方面都不是写作的问题，而是个人知识水平和表达能力的问题。要解决这两个问题，不能只靠培养写作能力，而需要通过其他的手段，比如多看书、多思考、多与人交流、增广见闻等。这些都需要长期的积累。

写作是表达想法的渠道，也是锻炼思维的方法。前面说到知识储备和表达能力的问题，写作其实是锻炼这两种能力的捷径，经常进行写作练习会提升一个人的知识储备，锻炼语言组织能力，而这两方面又对提升写作水平大有裨益。

写作就是写我所想，把脑袋里的一个念头、想法写出来，写清楚，这就是写作的本质。

猴子可以凑巧敲出《莎士比亚全集》，但它们没有思考也不会表达，所以永远写不出任何一句有意义的文字。而人类就不同，再不会写作的人，跟最厉害的作家相比，大家所经历的写作过程是一模一样的，只是作家更熟悉写作的方法，有更多解决卡壳和写不下去的办法。

相信我，因为我们不是猴子，所以一定可以写出有意义的文字，也一定可以通过练习，越写越好。

1. 不会写作可能不是写作的问题，有可能是思维的问题或者思维转换的问题。

2. 从意识到思考，从思考到表达，每一下都是惊险的一跃。

3. 写作就是写我所想。

第 2 节　写作到底有什么用？

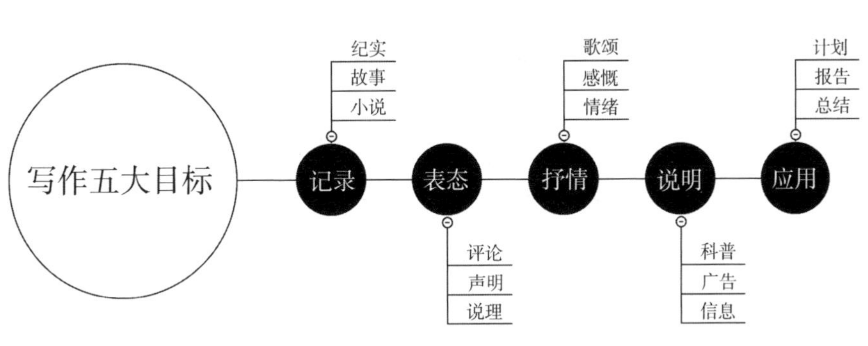

写作前，先想清楚当下的目标

写作，可以理解成“写文章 + 创作”，写是基本功，创作是方向。也可以理解成“写出作品”，写是基本方法，作品是最终目标。

为什么要在开始写作前强调写作的概念呢？因为很多人习惯什么都不想就动笔，这样开始倒是有两句话要说，写完这两句，就没词了，写不下去了。还有一种情况，很多人洋洋洒洒写了很多，但是搞错了“写”和“作”的关系，只知道写，不知道写完有什么用，看起来东一句、西一句写了很多，但完全找不到写作的满足感。

写作，在动笔之前一定要有个目标，不然很难写出满意的作品，就像出门如果不知道去哪儿，这一路上一定会无数次停下来纠结。

>>>

一、“赚钱”和“想写”是写作的目标吗？

有人说，我写作是为了赚钱，如果有一天我能出版自己的作品，就能赚钱。

赚钱其实是写作的副产品。首先你的东西得有人看，有人看才可能靠出版和销售赚钱。为什么会有人看？因为你写的东西能满足别人某方面的阅读需求。说白了，还是写作到底可以满足自己或者别人什么需求的问题。

有的人说，我没有目标，我就是想写。

“想写”其实就是一种很强烈的目标，在写作里，这叫作“自我倾诉”。自我倾诉有很多作用，包括整理自己的思路、用文字辅助思考、记录当下的事件、表达内心的感受、观察自己的状态，更好地认识自己等。

倾诉是非常普遍的一种写作动机。人们在有话要说时，有非常强烈“想写”的冲动。比如做母亲的，育儿走过很多弯路，愿意把这些点点滴滴记录下来，留给孩子，所以愿意写；做子女的，看到父母年纪大了，愿意把跟父母相处的故事记录下来，作为感恩和怀念的情感出口，这也是写作的动机；其他的，有人受了委屈不吐不快时，写下来，心里就舒服了；有人看到心上人，心里盘旋着无数的爱恋之意和溢美之词，一定要写下来交给对方；再有，企业的老板，有很多感悟和触动，特别想推心置腹地跟大家谈谈，愿意写下来，希望能感染员工。这些都是特别具体的写作目标。

没有无目的的写作。一般没有写作目标的人，要么是真的不知道为什么而写，稀里糊涂就动了笔；要么就是明明有目标，但是自己不清楚，写着写着就容易走入死胡同，这两种情况都会拖累写作者，让他们半途而废。

>>>

二、写作的五大目标

很多人可能不理解为什么有的人能乐此不疲地坚持写作，好像没有人要求他们这样做，也没有赚到钱，为什么还能有人坚持呢？

一般来说，写作有五大目标，这也是写作者能坚持写作的五大动力来源：

1. 记录

时间是不可逆的，发生过的事不可能重现，所以很多人通过文字记录已经发生或者正在发生的事情。记录也分很多种，记录自己的是日记或者笔记；记录别人的，是传记或回忆录；记录事情的是故事和传说；而记录时代的，是历史或者史诗。

记录也是最常见的写作形式。所谓记录，多半是记载、录入确切发生的故事或者切实存在的人物，只要有基本的思维表述能力，就能完成记录工作。至于记录最后呈现的内容，每个人的表现是截然不同的。吴祖光在《我与吴祖光》一书的序言里说："这种记忆力是她（妻子新凤霞）能大量写作的主要原因，她的作品无论是记人、记事、谈艺、论艺都是她大半生记忆的结晶。"新凤霞就靠回忆记录了很多在她生命中跟她有交集的人和事。

记录是对纷繁资料的汇总，也是对脑袋里凌乱想法的梳理。很多记录看起来很简单，但因为它保留了第一手的资料，所以也是非常宝贵的。

2. 表态

有个词叫"不吐不快"，人很容易就某件事发表自己的评论。小到对一顿饭的评价，对一场电影的评论，针对一条新闻的评论，对某个公众人物的评论，大到对环境、政策、国家大事、国际局势的评论。人们通过评论和表态，明确自己的立场和态度，加强跟外界的沟通。"想表明自己态度"——这也是很多人拿起笔愿意写点东西的原因。

以表态为目标的写作首先要弄清事实，不能就一件根本不存在的事情表态；其次要观点鲜明，别人都说过一百遍的话，再重复一遍就没有必要；最后要条理清晰，我有三条意见，就是一二三，我有五条理由支持这个看法，就是一二三四五。

另外，既然是表态，就要用表态的写法，要观点鲜明、一针见血。如果用记录的方式来表态，只记录作者的情绪，一定会写成混乱的一团，毫无观点可言。

3. 抒情

记录和表态，都是比较具体的针对人或者事的写作。现实中，还有一种写作，不是为了具体的事，而是为了表达某种情感。唐代大诗人杜甫登上泰山，心里激昂澎湃，写下了“会当凌绝顶，一览众山小”。北宋词人柳永离开汴京（今河南开封），心里不舍又感慨万千，写下“今宵酒醒何处，杨柳岸晓风残月”。

现代人更是如此，工作节奏快，社会活动多，生活压力大，每天都有很多感慨无处表达。通过写作表达出自己的感受，是对自身情绪的纾解，同时，把感情和感受融入文章里，也更容易引起其他人的共鸣。

4. 说明

向不懂的人解释清楚一件事，这就是说明。老师跟学生说怎么写作文，这是说明；生产厂家跟用户介绍产品怎么用，这也是说明。我们日常生活中见到的很多文章，比如“5 分钟教会你用手机拍照”“如何使用平衡车”“为什么经常叩牙有好处”等，都是说明。

说明就是用简单明了的文字把问题解释清楚。举个例子，如果一篇文章的标题是“为什么牛奶比豆浆更有营养”，作者如果想要说明这个观点，他需要先说清楚牛奶和豆浆的营养成分各是什么，哪些更有利于人体吸收，最后再通过比较得出结论，这就构成了一个完整的说明过程。

写作中，说明的应用非常广泛，它往往被放置在评论、抒情、说服、总结这些之前，作为回顾或者铺垫。比如一篇评论性文章，不能上来就评论，需要简单陈述事实，这就要用到说明的方法，简要地把事情说清楚。抒情散文也是一样，要先把事实说清楚，不管是景色、令人感动的人和事，都需要简单说明。另外，很多广告也会用到说明这种方法，全方位展示说明自己的产品，然后再诱导用户购买。

5. 应用

另外，还有一类写作，它们有特别的应用场景，比如报告、计划、批示、通知等，这类文章一般是用来处理公私事务的工具。常见的还有书信、启事、通知、电报、新闻、广播稿、申请书等。完成这种写作的目的很纯粹，就是为了某种特别的应用。

应用性文章用来说明事实，解决实际问题，也正因为这种特征，它强调信息的简练、准确、有条理。我们常见的应用文主要是机关公文，像工作汇报、邀请函、通知、决议等。应用文一般都有固定的格式，尊重格式，往里填充具体的内容即可。

以上是写作的五种目标。写作目标决定了写作要达到的效果，比如记录要如实还原资料，表态要让人信服，抒情要让人感动，说明要让人得到有效的信息，而应用则是让信息处理变得更准确高效。

可能很多人也看出来了，五种写作目标正好对应着五种文体。记录对应着记叙文，表态对应着议论文，抒情对应着散文，说明对应着说明文，应用对应着应用文。这意味着这五大写作目标其实就是最常见的五种文体的目标。

我们也就此得出了一个便捷的找到写作目标的方法：每次写作前，要先想好，到底是写成记叙文还是议论文，是写成抒情散文还是写成说明文或者应用文？确定写作文体也就帮你框定了写作的目标。

1. 写作必须要有目标，不然会迷路。

2. 写作目标就是为什么写作，就是写作预期能实现的效果。

3. 写作五大目标：记录、表态、抒情、说明、应用。

4. 五大目标对应五种文体，确定写作目标即可以预估会写出何种文体，反之确定某种文体也框定了写作目标。

第 3 节　你写的东西有人看吗？

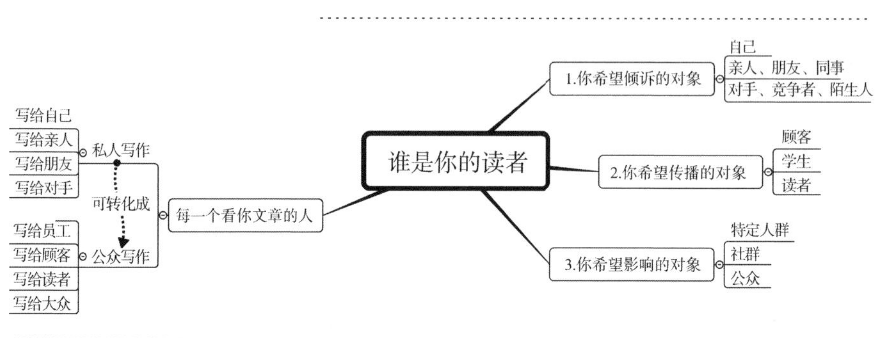

读者，就是那个看你文章的人

\>>>

一、只有作家才有读者吗？

说起“读者”，很多人觉得那是作家的事，只有作家的文章才有读者，不是吗？自己随便写的文字谈什么读者呢？

其实，这是对写作的狭隘理解。任何写作都有读者，只是有时候，人们容易忽略而已。举个例子，一个人写日记，写完后锁在抽屉里，只自己偶尔翻开读一读，那很明显，他自己就是读者。再举一个例子，现在很流行“写给子女的信”，作家王朔有《致女儿书》，演员黄磊有写给女儿的《写给未来的你》，很明显，他们最开始写作的时候，目标对象是他们的孩子。

像上面两种情况，都属于私人写作。作者有一些话，或者一些感受、情绪、思考想要倾诉出来，这种倾诉不是对着电脑倾诉，一定是指向特定对象的。比如日记，特定对象就是自己，可能是现在的自己，也可能是未来的自己；而书信，是针对收信人的。比如我们常说的情书，满满的爱意只希望对方一个人能了解，这更是对以倾诉为目的的私人写作最好的诠释。

与私人写作相对的是公众写作。公众写作，顾名思义，就是针对社会公众的写作。比如报纸上的新闻、杂志上的专栏、书店里的小说，这些内容不是专门写给谁的，而是对所有读者开放的，每个人都可以接触到，每个人都可以读。

不过虽然是公众写作，也很少面向全社会所有的公众，更可能是社会公众中的某一个群体。比如跟育儿有关的内容，针对的就是有孩子的妈妈；跟汽车有关的内容，针对的就是有车一族；跟职场新技能有关的内容，针对的就是职场小白。

不管是私人写作还是公众写作，弄清写作对象是写作中特别重要的一点。针对一个人的倾诉跟针对一群人的传播是完全不同的两种写作套路。个人倾诉强调的是作者想法的表达，是个人真情实感的记录；而公众写作则不同，公众写作强调的是满足特定人群的需求，这要求作者想清楚，哪些是读者爱听的，如何跟他们沟通，如何打动他们。

>>>

二、自 high 还是带着读者一起 high？

写作是为了传递某种信息或感受，但同样的内容，在不同的写作模式里，方法是截然不同的。举个例子来说，同样是记录有人惹我生气了，我心情很不好，有人会写给闺密，“今天遇见个人真烦，完全不讲道理，我真是受够了”。而同样的题材到了某公众号作者的手里，她就写出了一篇《致贱人》，把惹她生气的人物抽象化，然后用极具个人风格的语言大骂一通，这样不只她自己解气了，而且调动起很多跟她有类似遭遇的读者的兴致，这篇文章很快被转发了几十万次，成为社会公众话题。

“我今天心情很不好，我好烦！”这显然跟大多数人没有什么关系，而“我要大声对这个人说，滚！”就有煽动性得多。这不是说公众写作一定要刻薄恶毒，而是有些内容天然具备一对一传播的特质，而有些内容能引发更多的共鸣，引起更多人的兴趣。

所以，在任何写作前，都要先问问自己，到底是写给特定的人，还是写给一群人？一般来说，如果是写给特定的人，还比较容易有针对性。如果是写给一群人，那他们到底是谁？究竟有什么偏好？如何能打动他们？这个问题说白了就是，作者到底是自 High（兴奋），还是带着读者一起 High。所有自娱自乐的写作，满足的都是写作者而不是读者。

哪些文字容易是自 High 呢？一般是带有个人情绪和个人观感的东西。比如个人的心情日记、生活感悟、感情抒发、生活记录等。这样的东西很容易打动自己，每次重读可能都会有感触。但对于读者来说，别人不了解你的生活，也无法设身处地代入，所以可能完全无法理解你的意思。

举个例子，我们之前有个学员，自己做了一个微信公众号，每天发布自己的心得感悟，比如“心有阳光”“感恩自己”“快乐生活”等。她会讲自己遇到的事情和这些事情给自己的启发，文章本身很美，配图也很用心，但是她分享给大家之后，几乎没有人回应。她很苦恼，觉得自己不被大家理解和接纳。

那么哪些文字是“带着读者 High 呢”？首先是热点话题，以文章带动读者参与话题讨论，引发共鸣；其次是一般性的情绪，比如孤单、受委屈、愤恨、快乐、期待等，用文章替读者说出心中想说的话；再次是传达有趣、有用的信息，让读者看完后获得效用；最后是传递某种价值观的文章，让读者受到感染。一般这些文章能把作者的情绪传达给读者，带动读者一起 High。

还是上面那个学员的例子，我建议她多关注周围人的生活，多写写大家关心的话题。于是她转变了选题的方向，开始写自己和周围人养孩子的酸甜苦辣。她的文章很快在妈妈圈引发讨论，很多人给她留言，说也遇到了同样的问题。她的文章被一些知名公众号转发，甚至有几篇文章提出的问题，还成了人们议论的热点。

>>>

三、写作的界限

私人写作有时候会转为面向社会公众，比如林觉民的《与妻书》，里面爱意绵绵又有家国大义，本来是特意倾诉给一个人听的，但是因为很感人，被广为传颂。还有前面两个爸爸写给女儿的信，本来是传递给女儿的价值观，不小心成了育儿范本。这种“由私转公”的方式现在和历史上一直都有，多半都有偶然性，而且不一定是作者当时写作时的动机。

关于私人写作和公众写作的关系，还有一个很有趣的现象，就是现在很多公众写作变得越来越私人化。有的人明明知道自己会面对很多读者，却依然使用某种私人化的写作方式，行文中大量使用第一人称“我”。比如，“我觉得吧，没有努力就不要谈什么天分了”“在我看来，教养就是让人舒服”，等等。作者把自己的偏好、感受、恐惧和担心，有时候还有自己的缺点和惰性、计谋和小心机等都完整地展示在读者面前，让大家觉得她把每个不相识的人当朋友。

这种写作模式，虽然还是面向大众的写作，但已经不像一般公众写作那样对着读者“广播”，它更像是跟读者聊天，透过文章跟读者交朋友。这样的结果是，每个读者都觉得自己被照顾到了，会有一种归属感。这种公众写作的形式非常对现在年轻读者群体的胃口。

新媒体的发展带来媒体形态的变化，也让每个人有了更多面对公众讲话的机会。但也因为这种“人人平等”的传播机会，争夺读者注意力的竞争也变得越来越激烈。要想让自己的文章能吸引人，就要研究读者，知道了他们的兴趣和偏好，有的放矢，才能带着读者一起 High，实现文章的价值。

1. 自我倾诉时，自己就是唯一的读者。
2. 针对特定对象的写作，倾诉对象就是读者。
3. 公众写作，不是作者一个人的自 High。
4. 私人写作也可能流传，但机会有限。
5. 有个性的公众写作是未来的趋势。

第 4 节　克服写作四大难题

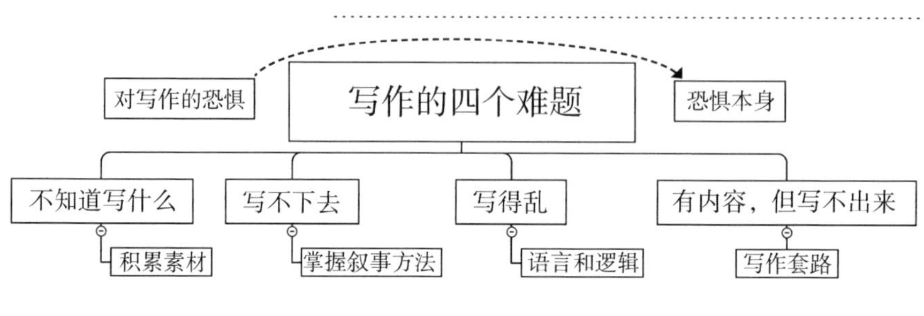

写作的第一步，就是找到克服困难的方法

我曾经也是一个特别害怕写作的人，大概一直到上大学之前，我都对写作怀有深深的恐惧。写作不能带给我任何的快乐，一想到写作，我立即就会联想到四个字，叫作“绞尽脑汁”。

“脑汁”是什么样我是没有见过，但“绞尽”的痛苦大家是可以想象的。可是每个人又都逃不过写作——读书时小升初作文、中考作文、高考作文，这是每个人必过的三关；工作后，写计划、写总结，偶尔还得写信、写个发言稿什么的。每次回想到这些场景，我仿佛立即又陷入痛苦的回忆，不自觉又能联想到四个字，叫作“如临大敌”。

小时候我们写下“我在马路边捡到一分钱，交到民警叔叔手里面”就敢交给老师，可是现在，好像不使出洪荒之力，不写得惊天动地我们都不好意思拿出来。有个学员跟我说：“老师，我之前可以洋洋洒洒写好多，可是现在好像一个字都写不出来，特别痛苦。”

写作的痛苦究竟是什么呢？归纳起来大概有以下几点：

1. 不知道有什么可写的；
2. 开了个头就写不下去了；
3. 能写，但写得乱七八糟；

4. 心里有话，但是表达不出来，写的东西总是跟自己的期待差很远。

看起来，解决写作的问题就是要解决上述四个痛苦的问题。而这四个问题，恰恰对应着学习写作中的四个环节，分别是素材、叙事方法、语言和逻辑以及写作套路。在这四个方面用功，也许能找到缓解写作痛苦的办法。

>>>

一、素材从哪里来

毫无疑问，素材从积累中来。我们都很熟悉一句话，叫作“巧妇难为无米之炊”。写作也是一样，再好的作者如果没有素材也写不出好文章。著名作家李敖年轻时就著作等身，秘密就是他善于积累资料。他有一屋子的书，每一本书他都会标记重点，如果需要引用，他随手就可以拿来。而且读书也帮他打开了更广阔的视野，写作中遇到各学科领域的问题，他都不会陌生。

普通人也是一样，想学习写作，第一步就是积累素材。过去我们说某个人的“文笔好”，可能更多看中他的修辞能力，而现在我们更喜欢用“走心”评价一篇好文章。如何能走心？靠的就是作者丰富的生活阅历和扎实的素材积累，只有这样，作品才能言之有物。

学写作的第一步就是积累素材。有一句话叫“读写不分家”，多读书、注意日常的积累可以帮助写作者积累写作素材。一旦肚里有货，就不太会出现“不知道有什么可写”的情况了。

关于写作中如何积累素材，本书第 2 章会有详细的介绍，包括直接积累素材和间接积累素材两种方法。积累是慢工出细活的过程，掌握方法，持续用力，慢慢就能有效果。

>>>
二、如何把事情讲清楚

写作是为了传达思想，把事情讲清楚是写作最基本的要求。所以不管是故事也好，说明文也好，散文也好，小说也好，都是希望通过文字表达清楚意思。如何把事情讲清楚呢？这就需要用到一个写作的技巧，叫作叙述方法。

叙述方法包括三种，分别是故事叙述法、逻辑叙述法和发散叙述法。故事叙述法是按照时间和事情发展的顺序讲清楚一件事；逻辑叙述法是用先总结再分别展开的顺序描述一件事；发散叙述法是找到一个入口，脑洞大开联想到后面的结果或者跟事件有关的所有内容。

叙述方法是支撑文章的脉络，也是打开写作大门的钥匙，学会叙述方法，就基本不会出现“开了头但写不下去”的困境。

关于叙述方法，在本书第 3 章中有详细的说明。三种方法帮助大家打开表达的阀门，顺畅写出最真实最本源的想法。

>>>
三、语言和逻辑

我们判断一篇文章好不好最直观的感受叫作：语言是否优美、逻辑是否清晰。这也是我们评价一篇文章的基本标准。

如何组织语言，如何理顺逻辑，这是每个写作者面对的最直观的问题。语言的锤炼跟一个人的知识面、日常词汇积累、逻辑思维、表述习惯等都有关系。中国古话说“读书破万卷，下笔如有神”，讲的就是输入和输出的关系。读书和经常地写作练习可以锻炼语言表达和逻辑能力。同样的写作素材，理顺语言和逻辑之后，基本就不会发生“写出来的东西乱七八糟”的情况。

本书在第 4 章、第 5 章讲解文章的逻辑和文章的语言。关于逻辑，包括行文逻辑、结构逻辑、内容逻辑；关于语言，包括语言层次、风格、细节、对话、修辞。

>>>
四、写作套路

做数学题时我们都有这样的体会，一道复杂的题目，如果能套用公式或者模板，就会变得非常简单。写作也是一样，写作也有模板，按照写作模板，普通人也可以写出叙述完整、逻辑通顺的文章。

模板是写作套路的一种，公文写作就经常会套用模板。除此之外，哲理散文、时评、人物传记、隐形广告等都有各自的写作套路，甚至在小说创作中，也有总结出的情节模式可以套用。

写作套路是写作过程中的指路明灯。首先，它不断提示思路，让写作者有话可说，理顺自己的表达；其次，被反复验证过的写作套路会优化文章结构，为文章增色；最后，写作套路能帮助写作者找到写作的感觉，增强自信。所以，正确理解套路并适时用好套路，可以避免“表达不出来”这种情况。

关于写作的套路，本书第 6 章有详细的说明。写作套路中最容易的是公文套路，套用模板即可。稍微复杂点的是类型文章套路和常见故事套路，需要了解模板结构和叙事方法才能套用。

以上是从四个方面下功夫克服对写作的恐惧。其实还有一种痛苦，也是大家经常遇见的，叫作“对恐惧的恐惧”。这种痛苦跟写作方法无关，更多的是心理作用——总觉得自己写不出来，总觉得对写作有种莫名的担心，总是不知道要表达什么，不知道有什么好写的。

其实任何一种创造性的工作都会遇到上述问题：画家也会有不知道画什么的时候，作曲家也会写了一半写不下去了，编剧会握着一堆资料没有头绪，导演也会觉得作品没有完全诠释自己的设想……写作，跟上面的工作一样，都是从无到有的创作过程，也是一种遗憾的艺术，永远没有最好，只有比过去好一点，比刚才好一点。

所以，不用想着一定要尽善尽美。我记得有个老师曾经说过，没有哪个作家想好了每一句话才下笔。写作就是说话，而且是一边说着上一句，一边组织着下一句。就像我正在写作的这本书，我并不知道我会在后面写些什么，我也并不知道你们是否会认可和喜欢，但是我知道我能写出来，并有一天呈现在你的面前。

写下第一行，就有第二行，写下第一段，就有第二段，当心里没有怕，写作就是自然而然的事了。

1. 写作有四苦：没素材苦、没方法苦、没词苦、没套路苦。

2. 解决写作四苦就是培养写作的四项基本功：积累素材、锻炼叙述方法、锤炼语言和逻辑、掌握写作套路。

3. 当你相信写作就是说话，写作就变成了一个自然的事。

第 5 节　学好写作，走遍天下都不怕

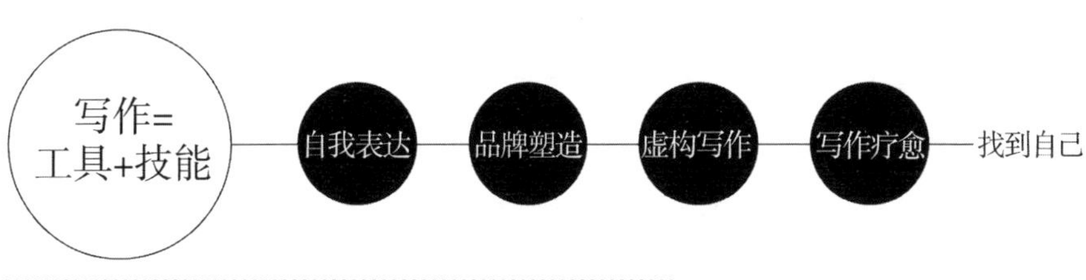

写作的四个方向

文笔好的人往往有更多机会，尤其在目前新媒体快速发展的情况下，能写成为一种很重要的技能。但也正因如此，很多人找不到写作的方向。学会写作是为了给单位写报告吗？写作者的出路就是更新微信公众号吗？当不了小说家为什么要学习写小说？这些问题困扰着那些刚刚起步的写作者。

大家可能会遇到同一个问题：学写作到底会对自己有什么帮助？

解决这个问题需要分析写作的属性。写作有三大属性，分别是技能、工具和兴趣爱好。写作首先是一种技能。就像护士会打针、司机会开车一样，写作是写作者的一项基本技能。掌握了写作方法的人，每次收到具体的写作需求后，都能按要求完成任务。其次，写作是一种工具。各行各业的人，可以用写作辅助自己的工作。最后，写作也是个人的兴趣爱好。有人用写作记录自己的成长，有人借助写作缓解压力，有人用写作陶冶情操，写作能让人充实也能带给人快乐。

回答“写作有什么用”这个问题，一要看应用场景，二要看个人倾向。写作在不同的场景里有不同的呈现形式，也因为个体偏好的不同，有不同的发展路径。对于写作者来说，坚持写作有四个进阶发展方向：

>>>
一、个人表达

不是每个人都能成为知名作家，大部分人写作是为了个人表达。个人表达有很多类型，包括记录生活、梳理思路、记读书笔记、个人创作等。比如，一个母亲希望记录孩子成长中的趣事、难忘的事，就可以通过写作系统地记录和整理。这些育儿经验和感悟也许能帮助更多的父母。

个人表达的内容需要贴近生活、贴近创作者本身特质。比如，妈妈分享育儿的经验，医生分享日常保健的知识，旅游爱好者分享旅游攻略和各地游记等。这样分享真实内容，更容易让读者有代入感，也更容易感染别人。

个人表达式写作可以是自己独享的，也可以分享给大家。现在自媒体越来越发达，微信、微博、朋友圈成为大家必备的社交工具，很多以个人角度写就的文章，体现了个人水平，展示了个人风格，很能引起大家的共鸣。比如，一篇针对儿童疫苗安全问题的评论可能会引起很多父母的注意，引来很多人的转发和自发传播。

现在供个人表达的平台很多，有面向陌生读者的博客、论坛、讨论区、创作区，也有面向熟人的社交媒体、自媒体、图片站等。在这些平台，个人可以自由地表达自己的观点，传递有价值的信息，记录有意义的经历。而在书写中，好的写作者因为掌握了叙事技巧和其他写作基本方法，会有更充足的准备，也能写出更吸引人的内容。

>>>
二、品牌塑造

过去只有成熟的产品才有品牌，比如电视机、汽车等，而随着媒体的发展，越来越多的组织和个人开始注意自身品牌的建设——公司要有自己的品牌，社团组织要有自己的品牌，甚至个人也有自己的品牌。

品牌不只是 logo（商品标识），而是用户对某个对象整体的认知和印象。举例来说，大家对莫言先生的认知就是“得过诺贝尔奖的小说家”；大家对刘墉先生的认知就是“写过很多哲理散文的台湾作家”；大家对耐克公司的认知就是“很酷的体育用品提供商”。这些标签成为大家的普遍共识，一提到这些对象，用户就会产生这些最直观的联想。

过去，品牌塑造是一个投入大、见效慢的事，要通过大量的曝光、宣传、炒作才能实现，但在新媒体日益发达的今天，公司或者个人如果希望打造属于自己的品牌形象，可以更多借助内容的力量。比如，很多厉害的自媒体人完全靠内容就可以成为意见领袖（例如罗辑思维）；很多企业，靠个性的广告创意就可以制造热点（比如杜蕾斯的创意广告）；还有的企业，就靠持续的故事挖掘，营造出自己独特的企业文化（比如海底捞火锅），这些都说明，创意加写作成为品牌塑造最经济、最便捷的手段。

普通人和小公司如何通过好的内容来塑造品牌呢？其实这个过程跟写作的过程是一模一样的。品牌塑造和好的写作都需要研究目标读者 / 用户是谁？写作 / 传播的目标是什么？讲什么内容？用什么方式讲？包括讲的技巧，讲的套路。解决了这些问题，品牌塑造才会有的放矢，成功的概率会提高很多。

传统媒体时代，企业整个营销部门加上广告公司的配合才能完成品牌塑造。到了新媒体时代，好内容的重要性日益凸显出来，也许几个人就可以完成这一工作。甚至对个人来说，如果掌握了基本的方法，通过写作，一个人就可以经营自己的品牌。

>>>

三、虚构创作

虚构写作是写作的一个重要分支，像小说、戏剧等都是虚构写作。诺贝尔文学奖获得者一般是小说家。甚至大家也会有一种误解，觉得写作就等同于写小说，小说就等同于文学。

过去，从事小说创作的一般是专职作家，那时候，小说创作的范围比较狭窄，发布的平台比较少，小说的读者也不是特别多。而现在，随着自媒体的发展、移动终端的普及，人人都可以读小说，人人都可以写小说，这一变化带动包括故事、小说等门类的虚构创作进入了一个空前繁荣的阶段。

目前社会对虚构创作的需求非常大，除了常见的故事、小说外，还有小视频、网剧、电视剧、电影的脚本，话剧、舞台剧的剧本以及其他虚构创作的内容。虚构创作来源于生活，需要作者有较多的阅历和较深的生活体验；同时，虚构创作又要高于生活，需要作者掌握叙事技巧，有深度挖掘和二次创作的能力。

>>>
四、写作疗愈

写作疗愈也属于面向个体写作的一种类型，它是指通过写作实现自我对话，通过陈述、罗列、分析、归纳、转移、升华的方法，解决自身遇到的问题，最终实现解压、放松、疗愈的写作方法。

作为医学诊疗手段的写作疗愈会比较复杂，可能会有专门医师的指导、督促和检查。但是对于普通人来说，通过有目的的写作实现自我对话本身也是广义上的写作疗愈。这个操作起来比较简单，不需要借助外界的力量，人人都可以完成。

写作疗愈中的“写作”有很多形式。比如最简单的罗列事实写作，把很多看起来困难的事情全部罗列下来，就会发现也许并不复杂。比如，分析式写作，把每一个可能的情况做好坏两方面的分析，用写作辅助思考，很快就能找到解决的办法。再比如归纳式写作，根据轻重缓急梳理事件，逐条总结，也有助于梳理思路。还有宣泄式写作，把困扰自己的事件记录下来，这本身就是一个排解的过程。而且在写的过程中，因为专注在写作中也会降低焦虑；另外，还有投射式写作，把眼前无法解决的问题编进一个小说故事里，借由自己设计的故事情节发展，找到最终解决的办法。

现代社会，工作节奏快，生活压力大，人们或多或少都存在一些精神紧张和压抑问题，借助写作进行心灵休养和疗愈，是安全易行又便捷的方法。

写作方法的入门是很简单的，但写作技巧的锻炼和写作实践却是可以伴随一生的。以上列出了四种进阶写作的出路，看起来每一种对应不同的场景，需要完成不同的任务，达成不同的目标，但这一切最后都可以归入一点，那就是：所有的写作技巧，都是让你更准确地定义自己。不管是个人表达也好，品牌塑造也好，虚构也好，写作疗愈也好，写作都不是让写作者成为另外一个人，而是表达最真实的自己。

找到最真实的自己也是写作的终极目标。写作在某些场合可能会发挥取悦别人的作用，但归根结底，写作是为了自己。个人表达是为了说出自己，品牌塑造是为了展示自己，虚拟创作是为了投射自己，写作治愈是为了安抚自己。总之，当写作从“工具”进阶到“技能”之后，写作这件事会越来越贴近它本来的面目，也会跟写作者有更好的融合。

对于写作者来说，写作最终也会从工具、技能变成一种体验。熟练掌握工具和技巧的写作者会把每次写作当作探索——每一次涉猎新话题、尝试新方法的写作不亚于一次未知目的地的旅行。这种体验带来的新鲜感和兴奋感也会成为写作者不断坚持的最好动力。

1. 写作是工具，是技能，也是体验。

2. 写作四个进阶方向：个人表达、品牌塑造、虚构创作、写作疗愈。

3. 找到最真实的自己是写作的终极目标。

第2章　积累素材

第1节　感受法积累素材

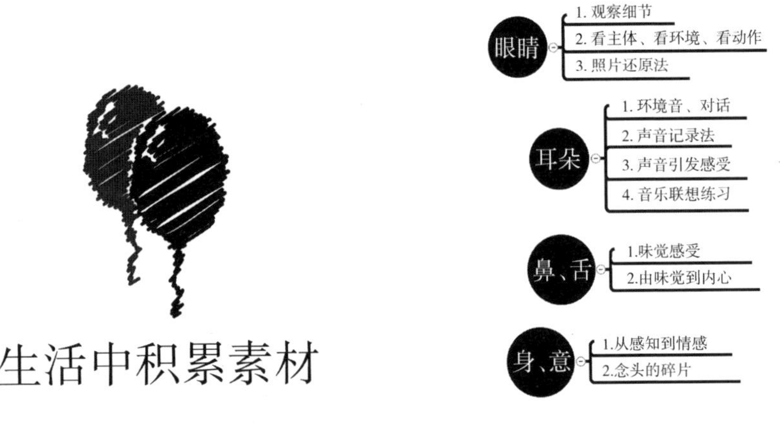

每时每刻的感知都在积累素材

“阳光之下，没有新鲜事”，写作也是一样，看起来平地起高楼，洋洋洒洒写出大篇的文字，其实都得益于写作者日常的积累。写作中难免要用到各种素材，比如要回忆某个场景，不可能让时光倒流回去看一眼，这时候就需要依靠记忆或者当时记录的材料。再比如，需要用到一本书上提到的观点，临时再把书翻看一遍是很浪费时间的，如果有做读书笔记的习惯，找起来可能就方便很多。

写作中的素材可分为两类，一类叫作直接素材，包括通过耳、鼻、口、眼等亲身感受获得的素材、采访素材和日常笔记素材；另一类叫作间接素材，包括通过读书笔记获得的素材和快速查取资料获得的素材。

在所有素材里，最容易积累，但也最容易被大家忽视的就是亲身感受获得的素材。

人体的感知有六个方面，分别是眼、耳、鼻、舌、身、意。这也是通过亲身感受积累素材的六个角度。

>>>

一、眼

我们经常说某人的写作有画面感，好像作者描绘的场景就在眼前，这种超写实的感觉其实就得益于写作者借助眼睛细微观察。比如有一个学员写自己的母亲，她回忆起了一个场景，写下了这么一段话：

我也醒了，起来去院子里厨房后面的厕所，看到母亲穿着那件土黄色的厚棉袄，蹲在厨房的角落里，昏黄的灯光下，母亲啃着生胡萝卜，面容憔悴清瘦。一见我：“俊，怎么起来了，别冻到了。”“妈妈，你怎么在吃胡萝卜？”“哦，今天赶路，怕下雪，没吃饭。你赶快去睡觉。”母亲一扫原来的倦容，起身摸了下我的头，轻描淡写地赶我去睡觉。当时十三岁的我躺在床上难以入眠，眼前就是母亲啃着生胡萝卜的瘦脸。

昏黄的灯光、土黄色厚棉袄、厨房的角落，这几个词很清晰地刻画了环境；面容憔悴、清瘦、啃着生胡萝卜、一扫倦容、轻描淡写，更是让读者有一种揪心又感动的感觉。寥寥几笔，一个勤劳、隐忍、不断付出的母亲形象就跃然纸上。（以上内容来源于写作班学员的作品《念亲恩》。）

能写出这样的文字，靠的不是文笔而是观察。国外有一种说法，说记住某个东西除了靠死记硬背还可以采用照片法。所谓的照片法，就是说眼睛要像一架照相机，把当时的情景拍下来，印在脑子里。注意，不是只记住某个元素，而是把所有细节全部照下来。因为只有你可以完整地还原画面，别人才能有画面感，也才能设身处地体会到你当时的心境。

生活中如何用眼睛搜集素材呢？一是看主体，比如上面例子中的母亲，要记住她的样子、穿着打扮、当时的状态，才能如实地描述；二是看环境，事件发生的时间、地点、周围的人、周遭的环境等；三是看人物的身体语言，很多时候细微的肢体语言往往能传达更多的信息，比如，我们说一个人不敢直视对方的眼睛，眼神游移，这就能传递很多信息，是不自信还是心里有鬼？是害羞还是刻意地回避一些事？

现在我们就可以练习一下这种方法，有准备地去跟一个人交谈，详细地把交谈过程写下来，要注意到现场所有元素的细节，就好像你用眼睛这架照相机拍了高清照片一样。

表 2-1　照片还原法表格

即时练习：用眼睛拍照片，并用文字把“照片”还原出来。
注意事项： • 尽可能多的细节。 • 抓住照片中最亮眼的部分。 • 如果能融入自己的感受就更好。
现在就去观察一个场景，并记录在下面：

\>>>

二、耳

听觉是我们经常会忽视的一种感觉。五官中，眼睛、嘴巴可以闭上，鼻子可以屏住呼吸，唯独耳朵，会一刻不停地从外界接收信息，正因如此，人们反而对一些声音充耳不闻。

通过听觉主要搜集两方面的信息，一是周遭环境的声音，通过感知某种信息，实现更细致的观察；二是因为某种声音产生某种感受，从而有感而发。

周遭环境的声音包括环境噪声、自然界动物的鸣叫、背景音乐、人物对话和其他耳朵能听到的声音。日常生活中，我们往往只注意跟自己有关的人物对话部分，其他的声音因为都混杂在一起，很难被注意到，也很难被区分。

为了积累写作的素材，我们可以锻炼自己的耳朵，让耳朵能更敏锐地感知声音。这里最常用的办法就是刻意去用耳朵辨识声音，具体做法是：任选生活中的一个场景，可以是喧闹的大街，也可以是夜深人静时候的房间。放下手头所有的工作，闭上眼睛，集中注意力去听周遭的声音，每抓住一个就顺着这个声音去找，并记录下声音的内容，然后忽略原来的声音，再转入下一个，去听、去记录。如此往复，记录下所有这个环境里的声音。

表 2–2 是一个练习和记录的模板，大家也可以按照这个方法制作自己的环境音辨识表格。

表 2–2　环境音记录表格（示例）

辨声练习：把混在一起的声音分开		
记录环境：家里的书房 记录时间：傍晚，20：30 记录时长：8 分钟		
声音来源	声音内容	声音故事
鸟叫	间隔五秒，叫了两声，另外一只鸟回应	也许是一对情侣鸟？
电视机	很模糊的电视机声音	电视剧里的声音，宫女在求情，让皇后不要杀自己
汽车	1. 车轮摩擦地面的声音 2. 司机按喇叭的声音 3. 刹车的声音 4. 发动机嗡嗡的声音	感觉开车的时候都很急躁
厨房	1. 炒菜的声音 2. 抽油烟机的声音	厨房里真忙碌

续表

挂钟	挂钟走时的声音	挂钟的频率真是非常稳定
小孩	小孩哭的声音	谁家的小宝宝在哭
空调	空调出风的声音	空调很安静，但是仔细听还是有声音
抽水马桶	水快速流动的声音	马桶冲水的声音
风	风吹动树叶	晚上好像起风了
钢琴	隔壁好像有人在弹琴	是不是又是家长逼着孩子上兴趣班呢？

环境辨音可以让耳朵更加敏感。在写作中，适时加入声音可以为文章增色不少。比如鲁迅的《故乡》，开篇就捕捉到一个声音：

时候既然是深冬；渐近故乡时，天气又阴晦了，冷风吹进船舱中，呜呜地响，从篷隙向外一望，苍黄的天底下，远近横着几个萧索的荒村，没有一些活气。我的心禁不住悲凉起来了。啊！这不是我二十年来时时记得的故乡？

前面是“呜呜地响”，后面说“苍黄的天底下”“萧索的荒村”，冷风的声音反衬出安静，一下子就营造出一种破败、苍凉的感觉。

用耳朵搜集素材的第二种情况是通过声音产生某种感受。国外有一句著名的广告语，说让人流口水的不是牛排，而是煎牛排时的吱吱声。为什么吱吱声会引发人们的食欲，就是因为这个吱吱声带给人们某种感受。

声音也是如此，我们听到的声音，除了作为声音信号之外，很多时候还会让我们产生某种奇妙的反应。同样的一种声音，在一种环境下是高兴的，在另外的情境里就能让人凄凄惨惨戚戚。同样的声音，有人听来就是悦耳的，在另外一些人听来，就是悲苦的，这是因为，对声音的感受很容易融入情绪的因素。

还是以鲁迅的《故乡》为例，来看看鲁迅是怎么感受声音的。

我躺着，听船底潺潺的水声，知道我在走我的路。我想：我竟与闰土隔绝到这地步了，但我们的后辈还是一气，宏儿不是正在想念水生么。我希望他们不再像我，又大家隔膜起来……然而我又不愿意他们因为要一气，都如我的辛苦展转而生活，也不愿意他们都如闰土的辛苦麻木而生活，也不愿意都如别人的辛苦恣睢而生活。他们应该有新的生活，为我们所未经生活过的。

潺潺的水声本是很浪漫的事，在鲁迅这里却成了感慨生活的引子。水是流动的，这代表着运动和改变；但是水流一去不复返，这又预示着人物的命运和注定的结局。所以，鲁迅联想到自己，“然而我又不愿意他们因为要一气，都如我的辛苦展转而生活”；联想到童年的小伙伴，“也不愿意他们都如闰土的辛苦麻木而生活，也不愿意都如别人的辛苦恣睢而生活”。最后得出结论，“他们应该有新的生活，为我们所未经生活过的”也就顺理成章。

关于对声音的感受，下面有个听音乐记感受的练习。很多人都喜欢听音乐，音乐作用于内心会产生某些联想或者感受，但通常情况下，人们却很少把这种感受记录下来。在下面这个练习里，你可以试试记录下听到的和感受到的。

表 2-3　音乐感受练习表格（示例）

音乐感受练习：这首歌带给你的感受			
乐曲名：*Forrest Gump Suite*（《阿甘正传》配乐） 乐曲时长：8 分 49 秒			
歌曲特色	歌词	旋律	感受
像一朵慢慢开放的花，不着急又注定会开	无歌词，纯音乐	舒缓、暖心	每当听到这首灵动、有波澜而又充满希望的配乐时，脑海中总会浮现出电影开头那片飞舞着的白色羽毛，还会回忆起《阿甘正传》里主人公阿甘起伏的人生与他淳朴善良、执着乐观的性格，自己的嘴角也会随着音乐不自觉地扬起一丝微笑……

主编课堂写作班有个学员推荐了这首歌曲，也写下了自己听这首歌时的感受。她把歌曲转化成了情绪，推荐了最能符合自己心境的《我的早安与晚安心语》这篇文章。喜欢音乐的朋友可以试试这种练习，写下你喜欢

的音乐，并写出这首歌带给你的感受。

自己会给喜欢的歌单里不定期加入几首新歌，但总有那么几首，持续保存了几周、几个月甚至是几年也舍不得删掉。其实，你有没有发现，那些不忍割舍的旋律背后，大都有着不同的故事与气味，连带着引出的，是内心深处珍藏着的回忆……

>>>

三、鼻 & 舌

鼻是嗅觉器官，舌是味觉器官，鼻子用来闻气味，舌头用来品尝味道。鼻、舌可以帮我们找到更多写作的素材，因为气味和味道很多时候是直通内心感受的。

很多人都看过《舌尖上的中国》，这部片子产生了那么大的影响力，是因为它不同于一般的美食纪录片，虽然它也是从食物入手，但它从食物写到人，从人写到家乡和故土，从故土写到感情，最后的落脚点在人与食物的关系、人与人的关系上。

转回写作的话题，用鼻和舌搜集写作的素材，看起来是感知和品尝，但这个过程调动的绝不仅仅是鼻、舌，更是全身的感受，甚至是内心深处的，由饮食带动的特定情感。

比如《舌尖上的中国》讲到酱：

在中国的北方，酱的意味更加直接。再过三个月就是下新酱的时候了，但是准备的工作却要从现在开始。做酱是东北人家的大事情，邻居也赶过来帮忙。煮熟的黄豆在锅里直接被捣烂。在中国的东北地区，人们做酱只用大豆这一种材料。这样的单一也是一种奢侈。

温暖的火炕上，六只手合力把豆泥堆砌成型。酱的味道甚至可以成为衡量一个主妇合格与否的标准。最后用透气的黄纸包裹，捆绑成结实的酱坯。酱坯被挂上墙。在之后的两个月里，它们静静地发酵。等到来年春天，再开始更深入的转化。

讲到饺子：

饺子是中国民间最重要的主食，尤其年三十晚上，吃饺子取更岁交子之意，在中国人的习惯里，无论一年过得怎样，春节除夕夜合家团圆吃“饺子”，是任何山珍海味所无法替代的重头大宴。如今，在几乎所有的传统手工食品都已经被放到了工业化流水线上被复制的今天，中国人，这个全世界最重视家庭观念的群体，依然在一年又一年地重复着同样的故事。

在这个时候，中国人心里，没有什么比跟家人在一起吃饭更重要的事情，这就是中国人的传统，这就是中国人，这就是中国人关于主食的故事。

从上面两段文字可以看出来，味觉只是一个引子。鼻子和嘴巴勾起人们的思乡之情，也激发出彼此的认同感。

吃饭是每个人每天必不可少的事情，所以可以借由吃饭或者品尝美食完成一次由鼻、舌到情感深处的联想，具体方法如下表所示。

表 2–4 从食物走入内心深处的步骤（示例）

逐渐抵达内心的感受练习：
食物名：杂菜包子 食物故事：年底，由杂菜包子引发的感想
1. 这个食物有什么故事? 2. 这个食物什么特别之处? 3. 这个食物的做法。 4. 这个食物的味道。 5. 跟这个食物有关的人和事。 6. 这个食物带给你的感触。 7. 所有跟这个食物有关的感想。 8. 因为这种感触，你接下来的打算。

以上八条，1—5 是食物本身的故事，6—7 是食物带来的情感，第 8 条是有感而发后的行动。这三部分，可以概括为事实、感情和行动。用叶圣陶、夏丏尊在《文心》一书里的说法，这三部分也可以叫作“知”“情”“意”，“知”为知识，说明一个事物是什么，与别的事物有什么关系；“情”为感情，说明对一个事物的喜怒哀乐；“意”为意欲，说明要把它如何处置。

写作中，通过鼻、舌获得“知”，通过内心表达“情”“意”，这也是一种常用的素材积累方法。

>>>

四、身 & 意

身、意强调由感知到想法的思维过程。靠身体感知，靠意念关照产生一些可以用于写作的素材，这是积累资料的高级形态，因为知觉和思考更加接近文章最终呈现的形态。

前面眼、耳、鼻、舌更多还是感受部分，看到光怪陆离的世界，听到新鲜事和别人没有注意的细节，闻到特定的气味，尝到让人感动的味道，这些还都停留在具体的感受上。身和意更进一步，讲到了人的感知和情绪。

比如作家张洁在《世界上最疼我的那个人去了》中写到她去给母亲买东西时候的感知：

行人熙熙攘攘，周遭的世界繁闹而虚空。我肩负着与这世界毫无干系的沉重，和与这世界毫无干系的轻松，走着、走着。明白了除了血肉相连的妈，不管你活、你死、你乐、你哭……你和生活于其中的这个世界其实毫无干系。没有，走遍王府井的食品商店都没有原装的“力多精”。香港造的口感和原装的口感就是不一样。没有那么沙口，也没那么容易冲化，看来还得到和平里去。在我办得到的情况下，我愿尽力给妈提供最好的服务。

最后母亲还是去了，文章没有记录她的悲伤和痛苦，满篇都是身体和意念的感知：

看到一位和妈年龄相仿、身体又很硬朗的老人，总想走上前去，问人家一句“您老人家高寿？”心里不知问谁地问道：为什么人家还活着而妈却不在了？

听到有人叫“妈”，我仍然会驻足伫立，回味着我也能这样叫“妈”的时光，忍咽下我已经不能这样叫“妈”的悲凉；

在商店里看见适合妈穿的衣服，还会情不自禁地张望很久，涌起给妈买一件的冲动；

见到满大街出租的迷你“巴士”，就会埋怨地想，为什么这种车在妈去世之后才泛滥起来，要是早就如此兴旺，妈就会享有很多的方便。

上面这些看似平和的叙述比只是用痛苦、思念、悲伤这样的形容词更打动人，因为这些感知非常具体，让人有画面感，而这些画面、场景、细节、环境、人物又都像是为了配合作者的情绪才出现的，完全能配合叙事的基调。也就是说，天还是那个天，环境还是那个环境，但一切都因为母亲的去世，被蒙上了灰暗的色彩。

写作中如何靠身、意去搜集素材呢？一个最简单的办法就是倾诉法，通过即时快速的倾诉，记录下情感、情绪最喷薄的状态。既然是倾诉，也就不必拘泥于形式，可以想到一点写一点，这样积累无数的碎片，渐渐就能拼凑出一个完整的内容，而这些碎片，就是写作第一手的素材。

因为感知可能转瞬即逝，所以在搜集这些感知碎片的时候可以直接用文字记录，也可以拿出手机录音，待到事后整理。

表 2–5　感知碎片汇总表格

<table>
<tr><td colspan="5">如何抓住转瞬即逝的感知：</td></tr>
<tr><td>事件：考研究生落榜，很难过</td><td colspan="2">是明年再考还是放弃呢？纠结。</td><td colspan="2">是不是今年找工作也耽误了？</td></tr>
<tr><td>要不要问问调剂的机会？</td><td>是不是分数错了，能查分吗？</td><td>要不要换个专业或者换个学校？</td><td>没考上，到底问题出在哪儿呢？</td><td>问问其他同学的情况吧。</td></tr>
<tr><td>倒是给家里省了学费。</td><td>可是留在这个城市能干吗呢？</td><td>要不要先去一个单位过渡一下？</td><td>怎么跟家人说？</td><td>要不考虑出国？</td></tr>
<tr><td>应该写写日记，不然太难受了。</td><td>找个哥们儿倾诉一下吧。</td><td>马上毕业了，论文还没写完。</td><td>考研的书怎么处理呢？</td><td>到底坚持这些对不对？</td></tr>
<tr><td>顺其自然吧。</td><td>焉知非福。</td><td>算了，还是别自我安慰了。</td><td>真的挺痛苦的。</td><td>不想学习，不想看书。</td></tr>
</table>

这些碎片里，有对事件本身的反应，比如因为失败而带来的难受、痛苦；有对下一步的思考和安排，比如到底是再考还是放弃、是出国还是换学校；也有对自己的反思，比如到底值不值得纠结；也有上升到哲理层面的思考，比如顺其自然、焉知非福等。这些内容很凌乱，但是也很真实，它们很真实地记录了当事人得知考研落榜后的反应。如果日后需要重现这些内容，这是最宝贵的素材。

生活中，处处有写作的素材。眼、耳、鼻、舌、身、意，这是每个人身上自带的雷达和感应器，很多时候，不是它们不好用，而是我们经常忘记使用它们，让它们蒙上灰，生了锈。按照上面讲的方法，尤其是图表中的练习方法，可以引导你完成小的作业，也锻炼感知的能力。这对以后的写作来说，都是最有用的基本功练习。

第2章　积累素材

1. 所谓写作的灵感，从生活中最简单的眼、耳、鼻、舌、身、意入手。

2. 拍照法记录细节。

3. 把嘈杂的环境音分离开，帮你磨耳朵。

4. 从音乐到写出音乐的感受。

5. 从食物走入内心的练习。

6. 用好感知碎片表格。

第 2 节　采访法积累素材

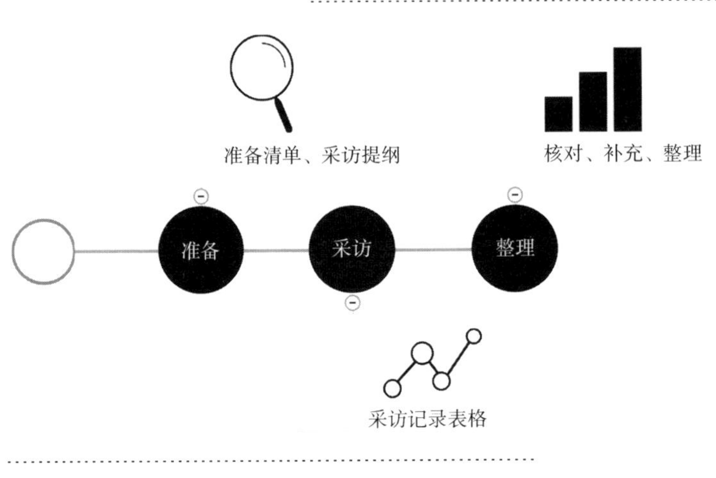

通过采访，获得一手信息

写作素材不会平白无故地来到写作者身边，大部分素材需要日常的积累和挖掘。日常积累就是记笔记，通过日常笔记、读书笔记等方式记录点滴的细节；特别的挖掘就是针对某个人、某件事的采访调查，通过了解细节、挖掘真相的方法来搜集素材。

大家最熟悉也最常见的采访就是新闻采访，新闻记者会就某个问题甄选采访对象，然后设置问题，通过跟被采访者交流、探访新闻发生的环境、询问相关当事人、实地考察等方式，得到关于某个事件第一手的资料，从而写出故事或者做出评论。

新闻采访法也被广泛应用于其他领域，比如市场调查、用户研究、口述历史，甚至对家人回忆的采集。这些采访的应用场景可能各不相同，但是原则和方法是一样的，只是新闻采访和研究型采访需要更细致的准备和更严谨的步骤，而家人采访可以更轻松和随意。

接下来，我们从一个比较专业的采访入手，了解一下采访全过程。最后再回归到日常写作最常用的对普通人的聊天式采访，看看针对不同话题，不同采访对象，采访的方法有什么不同。

所有的采访都可以分为三部分，分别是：准备模块、采访模块和整理模块。

>>>
一、准备模块

采访看起来是跟人聊天，但其实并不是简单的闲聊，对于采访者来说，应该在采访前充分了解被采访者和采访话题，做到有备而来。这样节省了被采访者的时间，提高了采访效率，也比较容易获得所有必要的信息。

为做好采访前的准备，可以使用采访清单检查法——列出采访前需要准备的项目，逐条检查。每做完一项，划掉一项。当整个采访准备清单都划完的时候，就代表采访前的准备基本上完成了。

表 2-6　采访准备清单模板（示例）

——对自闭症儿童学校创始人、校长张达明的访谈

采访对象：达明自闭症儿童学校（以下简称：达明学校）创始人张达明 预计采访时长：60 分钟 采访形式：面对面交谈 采访禁忌和注意事项：采访对象要求不提及个人生活问题 采访场地：达明学校办公室 采访准备清单：
一、物料清单 录音笔、笔记本、笔、手机（联络用）、相机（拍照用）、采访提纲、杂志报道、达明学校宣传单、之前其他媒体报道的新闻稿

续表

二、资料准备清单 1. 张达明个人资料（维基百科，百度百科）。 2. 媒体对张达明的采访资料。 3. 网上关于达明学校的介绍、新闻稿、评论。 4. 达明学校的网站、微信公众号、微博。 5. 了解自闭症。 6. 了解达明学校跟其他自闭症儿童教育机构的差异。 7. 达明学校近期大事件和活动。 8. 搜集媒体报道中张达明说过的话和相关的发言稿。 9. 自闭症儿童家长对达明学校的评价、反馈。
三、采访提纲和采访预案 1. 通过上述资料，制作采访问题清单。 2. 标注采访注意事项。 3. 采访中突发情况预案。
四、约见准备清单 1. 约见面时间（开始时间，采访持续时间）。 2. 约见面场地并确认场地（交通路线，是否需要通行证件等）。 3. 确认随行或者在场人员。 4. 是否需要提前发送采访提纲给采访对象? 5. 确认采访对象是否还有其他要求。

以上的清单基本涵盖了采访前需要准备的各项内容，采访者可以对照表单逐条检查，能通过表单熟悉被采访者和采访内容，做到心中有数、有备无患。

>>>

二、采访模块

采访经常被认为就是问问题，这其实是一种误解。采访除了要找到问题的答案，还有两项更重要的工作，一是观察细节，观察被采访者在采访过程中的肢体语言、情绪等，通过这些反应对照被采访者提供的问题答案，得到更多的信息；另外一个叫采访挖掘，除了采访提纲上列出的问题，在采访中，要结合现场的情况，增加追问、寻求解释等额外的要求，引导被采访者沿着某种叙述逻辑提供完整的资料。这两项工作有时候甚至比找到问题的答案更重要。

还是以具体例子说明。采访模块中，采访者可以制作采访表格，记录采访获得的内容信息、非语言信息和其他特别需要标注的事项。

表2–7　采访记录表格

——以对达明自闭症儿童学校创始人张达明的采访为例

采访提纲	内容要点	其他信息	特别事项
1. 为什么想到要做自闭症儿童学校的采访?	1. 自闭症儿童增多，父母缺乏应对办法。 2. 政府设立的自闭症学校少。 3. 自己的孩子就是自闭症儿童。自己正在这个领域摸索。 4. 政策扶持。	1. 办公环境简陋，条件差。 2. 办公室墙上是自闭症儿童的画。 3. 办公室的柜子里有自闭症儿童做的手工。	1. 国家对自闭症儿童的救助政策。 2. 国家对自闭症儿童学校的扶持政策。 3. 中国自闭症儿童数量和发展趋势。
2. 达明学校的特色是什么?	1. 自然疗法。 2. 培养孩子的适应性。 3. 家长和自闭症儿童共同成长。	1.展示了教学视频。 2. 展示了家长反馈手册。	1. 采访中提到自闭症儿童治疗的原则。 2. 国际上比较通用的自闭症治疗手段有哪些?
3. ……			

以上采集到的信息对应着接下来形成文章所需要的三类资料，分别是采访要点对应当事人陈述，非语言信息对应实地场景，特别标注的事项对应跟被采访者和被采访内容的相关资料。以上三类内容结合，有被采访者原话、有第三者视角、有话题相关的资料，这样的文章虚实结合，有趣味，也显得很完整。

>>>
三、整理模块

采访出来的东西需要去伪存真、去粗取精才能为写作所用，因为是对话的形式，采访获得的内容可能比较零散，需要通过整理，排列出素材的顺序和内在逻辑，这样获得的采访资料对写作才是有帮助的。

整理可以从两个方面入手，一是采访录音整理，需要把采访中的录音原封不动地还原成文字，整理中需要保证文字的准确性，也要保持上下文的关系；二是笔记整理，需要检查采访过程中的记录，该补充的知识和资料要进行补充，当时只是记录概要的要丰富完善。

除了还原之外，整理中还需要进行核查。包括内容的准确性核查、前后比对核查和相关资料核查。

内容准确性核查是核查被采访者提到的人名、故事、资料的准确与否。比如采访中张达明说到自闭症的 RDI 疗法。如果对这个词不熟悉，或者对 RDI 拼写不确定，可以通过上网搜索、事后二次确认（联系张达明或者张达明的助理，得到内容求证）予以明确。

前后比对核查是综合被采访者前后的表述，筛选出前后矛盾或者不一致的地方。比如张达明在采访最开始就提到了自闭症不可能治愈，但是在后面的采访中，他又提到可以通过 TEACCH 训练儿童对环境的适应能力，达到基本的生活自理。以上这两点是否矛盾，或者说如何理解“治愈”一词。也可以通过事后的二次确认，获得准确答案。

相关资料核查就是检查资料的准确性。比如张达明提到目前中国 0 ~ 14 岁自闭症儿童达到了 200 多万人，可是通过查阅其他资料，发现有一种说法是有 1000 多万人，数据差异明显，到底是双方讲的范围不一致还是一方的数据有误，也需要进行核实。

另外，在采访整理中，还会发现素材交叉的情况。比如张达明可能在第三、第五、第八个问题的解答中都提到了达明学校独特的教学方式。所以要在文章中汇总对达明学校的介绍，就需要综合整理这些零散分布的消息，力求全面、完整。

以上是采访积累素材的方法。除了上面这种正式的采访外，还有一种采访身边朋友、亲人、同事、合作伙伴的“聊天式采访法”。这种方法的原理跟上面讲的系统采访法是一样的，也需要事前的准备工作、有目的的提问、后续的整理。但不同的是，聊天式采访更加随意，也更加轻松，一般不会追问和逼问。下面的表格中给出了聊天式采访法的范例：

表2-8 聊天式采访法

——以对自家爷爷的采访为例

问题： 1. 爷爷，想听您说说当年打日本鬼子的故事。 2. 这是哪一年的事情？ 3. 当时您在哪儿？那个地方现在叫什么？ 4. 这是一张现在的中国地图，您还记得当时大概是在哪儿吗？ 5. 您那个部队当时叫什么？谁是军长？ 6. 您还记得日本军当时的将领叫什么吗？ 7. 你们那时候用什么武器，日本人呢？ 8. 当时日本人是怎样对当地老百姓的？	采访要点记录：

即便是聊天采访法，也应该做好前期准备，了解与被采访者聊天时可能涉及的相关知识。聊天中，最好用录音笔全程录音，便于日后整理。另外，对于聊天内容，特别是当事人回忆的内容，在采访后的整理阶段需要多方面验证，以保证准确性。

采访法的应用非常广泛，除了上文提到的两种，其他还有很多可以用到采访的场景。对名人和社会公众人物的采访可以挖掘新闻背后的故事，还原事实真相；对企业的采访可以搜集跟企业或者产品有关的信息，积累企业故事或者产品介绍的素材；对家里老人的采访可以搜集关于他生活经历的信息，积累人物传记或者回忆录的素材；对某一事件当事者的采访可以搜集故事的素材，积累小说等虚构创作的素材。总之，采访是直接、系统、快速获得信息的手段，是保证写作言之有物的好办法。

1. 采访的三个模块：准备、采访、整理；

2. 学会制作准备清单；

3. 学会制作采访表格；

4. 整理、核查和交叉内容梳理；

5. 采访是快速、系统获得信息的手段，在写作中有广泛的应用场景。

第3节　笔记法积累素材

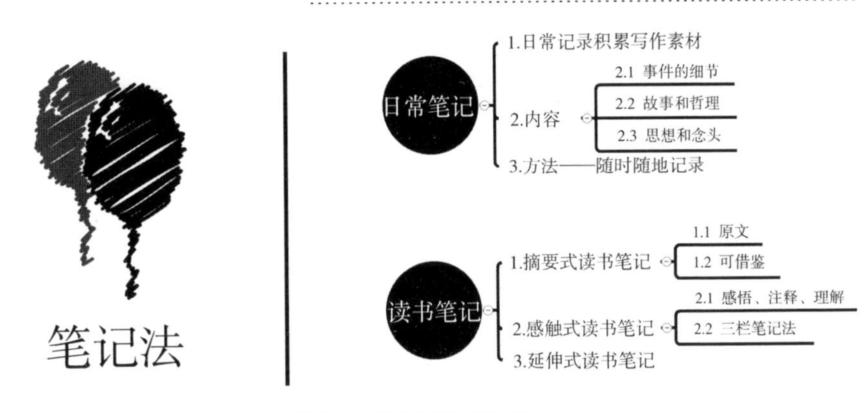

做笔记，是写作的基础功

有句话叫作“读写不分家”，这表明阅读和写作之间有千丝万缕的联系。一般文笔好的人也是阅读量比较大的人。阅读不但可以熟悉别人写作的套路，而且书里面讲到的知识、概念可以在写作时借鉴、引用，并因此丰富自己的文章。

但阅读跟阅读不同。有的人读书是走马观花，看完一本书，只记住了故事情节，最典型的就是看小说，很多人只记住了故事梗概，至于小说如何编排布局，使用了什么样的方法，有哪些写作技巧，他们是不会注意的。而有的人是阅读的有心人，边读边做笔记，一本书读完，自己也记了厚厚的一本笔记，通过做笔记，把别人的东西变成自己的，也把自己的评价、感悟、延伸思考记录在笔记里，这样的读书事半功倍。

如何记读书笔记呢？这是仁者见仁智者见智的事情。适用于一个人的方法，可能在另外一个人看来完全破坏了阅读的体验。或者换个角度想，笔记一定是边读书边记的吗？是不是只有读书笔记这一种笔记形式？

所谓笔记，其实有两个作用。一是记录想法，加深印象。很多人都有这样的体会，听（看）一遍，不如写一遍，把内容记在笔记里可以强化印象。二是记录重要的内容，以备日后查看。俗话说，“好记性不如烂笔头”，讲的就是这个道理，当时觉得印象很深的东西，也许过了几天就忘记了，所以要用笔记记下来，方便日后回顾。

以这两个功能为核心，人们会接触到两种笔记，一种叫日常笔记，记录自己日常的生活、状态、想法等；一种叫读书笔记，记录书籍的要点，读书的心得，延伸的思考等。这两种笔记都对写作有好处。

>>>

一、日常笔记是直接的一手素材

日常笔记不一定是每日都记的“日记”，它更要抓住的是转瞬即逝的日常点滴小事。比如生活中的经历、某一瞬间的感悟、戏剧性的小冲突或者突然冒出来的某个思考。

日常笔记法的形式也很多样，可以是几句话的记录，比如最近被大家讨论的胡适日记和季羡林日记，文字不长，很有趣味性，也反映了记录者当时的状态和心境。

5 月 14 日，“夜与刘千里诸人打牌。刘君已毕业，云下星期二将归祖国矣。”

7 月 2 日，“天热不能做事，打牌消遣。”

——胡适《胡适日记》

二日

今天才更深切地感到考试的无聊。一些放屁胡诌的讲义硬要我们记！大千走了，颇有落寞之感。

二日

今天作 Faust 的 Summary，

无论多好的书，even Fausteven Faust。

只要拿来当课本读，立刻令我感觉到讨厌，这因为什么呢？我不明了。

过午看女子篮球赛，不是去看想［打］篮球，我想，只是去看大腿。因为说到篮球，实在打得不好。

——季羡林《清华园日记》

日常的笔记本身是一种简单的写作练习，同时它也在为写作较为复杂的文章积累素材。举个例子，主编课堂写作班有个学员。有一天她发现了一个现象，就是同样一批杯子，也都是每天泡茶，她的杯子晶莹剔透，而她买给爸爸的杯子总是很脏，茶锈满满。直到有一天，她因为一件事，改变了行程提前回到公司，才发现原来公司负责清洁的阿姨每天帮她刷杯子。她也突然想到，原来自己很久没帮父亲刷过杯子了。

日记本身是绝好的写作素材，因为日常发生的事都是很具体的，有最细微的细节、有最符合人物身份的对话、有当时最真实的感悟，这样的内容，稍作加工就是一篇好文章。所谓生活处处都有美，就看你有没有一双发现美的眼睛。

如何记日常笔记呢？方法很简单，叫作“随时随地法”。随身带一个小本子，有任何的想法，就赶紧把要点记在本子上，晚上回到家，尽可能详尽地还原当时的要点。现在手机很方便，也可以把念头和想法记在手机上。更方便的，现在有了语音输入法，当时不方便打字的，把声音录下来，回头再整理。坚持这种方式，日积月累，就会形成一个庞大的写作素材库。

>>>

二、读书笔记是写作的间接素材

如果日常笔记是从自己身上往内找的话，读书笔记就是往外找，去书里，去别人的思想里、去外面的世界找到自己需要的东西。一般来说，做读书笔记有三种方法，分别是摘要法、感触法和延展法。

1. 摘要法

摘要法，顾名思义就是把文章中好的句子、段落、方法、图表等摘录下来。这是最常见的读书笔记的形式，也叫作“把书读薄”的方法。一本厚厚的书，按照摘要法，只记录要点或者标题，可以迅速提炼出一本书的纲要。这就好像抓住渔网中最关键的几个点，纲举目张，迅速把书里的干货抽离出来。

摘要可以记书中的金句，可以记提纲，也可以记一些特别有代表性的人物和数据。比如有一本书叫《奇特的一生》，主要说柳比歇夫的时间管理法。柳比歇夫最大的特点就是善于管理自己的时间，一般人都是规划自己一天一年的时间，柳比歇夫规划了自己一生的时间。作者说：“他 56 年如一日，平均每年工作 2006 小时，每年回信 283 封。他也是多个领域的专家，研究范围包括科学史、农业、遗传学、植物保护、哲学、昆虫学、动物学、进化论、无神论等。柳比歇夫一生有 70 部学术著作，论文和专著高达 125000 页。”

在做摘要式读书笔记的时候，就可以把柳比歇夫这个人物的资料记录下来，因为这个人物很有代表性，以后写作中提到时间管理、多学科交叉或者一个人最多可以取得的成就时都可以使用柳比歇夫的例子，而且只要列出这些数字，别人就能理解这个人物有多了不起。

2. 感触法

除了摘要，很多人看书时会记录下针对书本内容的感悟，包括注释、对书本内容的理解、延伸阅读提示、发散思考等。这在之前读书摘要的基础上又提升了一步。把读书跟自身实际、个人体会结合在一起，对书的内容会有更加深刻的理解。

感触式读书笔记有一种简便的方法，叫作“三栏笔记”，具体方法示例如下：

表 2-9 三栏笔记法（示例）

书名：《爆品战略：39 个超级爆品案例的故事、逻辑与方法》			
章节	内容	摘要	感悟
1.1 单品革命	1905 年，亨利·福特在赛车比赛现场发现了钒钢材料，并开始生产 T 型车。定价 850 美元，总计生产超过 1500 万辆。	T 型车成功的关键： 1. 材料革命——更轻更结实的钒钢； 2. 成本下降； 3. 流水装配线和渠道规模化。	1. 新技术、新生产模式、新商业模式带来革新的产品； 2. 延伸：阅读福特和 T 型车相关资料。
1.2 杀手级应用	2005 年，苹果首席设计师艾维向乔布斯展示多点触控技术，乔布斯说这就是未来。随后苹果启动代号为 P2 的项目——研发多点触屏手机。仅 2012 年，iPhone 就卖出了 1 亿多部。	苹果手机成功的关键： 1. 创新的多点触控技术； 2. 杀手级的软件体验； 3. 粉丝经济。	1. 为什么是产品而不是营销、管理或者其他因素改变了一个企业？ 2. 除了 T 型车、iPhone 之外，还有什么杀手级产品和应用？Snapshot？可汗学院？
1.3 硬件免费	2010 年，雷军开始用硬件免费的思路做手机。2011 年，小米发布第一代手机，双核 1.5G，售价 1999 元。2014 年，小米完成 11 亿美元融资，估值 450 亿美元。	小米手机成功的关键： 1. 硬件免费； 2. 软件体验； 3. 互联网服务； 4. 口碑为王。	1. 硬件免费需要大量补贴，多大的出货量、多大的投资可以实现硬件免费？ 2. 为什么同样是软件加硬件加社群，小米跟苹果的策略截然不同？ 3. 阅读黎万强《参与感》一书，了解小米的口碑营销。

作者：金错刀

出版信息：北京联合出版社，2016 年 7 月第一版感触式笔记的好处是边读边想，时刻保持对书本内容的思考和质疑。作者在书中可能会提到一些新名词、参考书，用三栏笔记法可以在感悟栏中特别注明，方便以后的查阅。

3. 延伸法

只记录和感悟还属于对书的表层理解，更深层次的学习应该是延伸式的。比如看完一本书后写一篇读书报告、一篇书评，甚至是就书里的某个问题深入研究后跟作者探讨。以下面这篇书评为例，这篇延伸式读书笔记不但概括了书里的内容，还模仿了张爱玲写作的风格，由《红玫瑰与白玫瑰》这本书延伸开去，讲到了男女相处，也提到了不同文学家风格的对比。这篇书评后来发表在 2015 年 8 月的《厦门文学》上。摘录如下：

看热闹的，张爱玲成了语录，我又在这些语录中翻到个别的语句，然后奉为珍宝。“朱砂痣”“蚊子血”，其实原本是这样说的，红的是蚊子血，白的还是床前明月光，说白的是饭黏子，红的就成了心口的朱砂痣。这是女人估揣男人的心态，讲得很多男人心惊。心惊的还算好的，至少还有些恐惧、担心，不管是对于自己还是环境的。若只是这样的三角恋，理解张爱玲又要大打折扣，她丰富得多。于是有了《红玫瑰与白玫瑰》。

以上介绍了日常笔记和读书笔记，有句话叫开卷有益，只要打开书就有益处。在写作中，也有个类似的词，叫“动笔有益”，哪怕只是记几笔自己的生活，哪怕只是看书时的摘录，都对写作有帮助。记日记、记笔记这些看起来零零散散的工作，都是在为写作这座摩天大楼打好地基。

>>>

三、笔记的整理和应用

每个人多多少少都会记一些笔记，即便没有记日常笔记或者读书笔记，上学的时候也有记听课笔记。但最大的问题是，很多人记完笔记就再也不会看了，或者根本就找不到了，所以如何整理、查阅和应用记录的内容也是很重要的。用好笔记有时候甚至比记笔记更重要。

要用好笔记首先要对笔记进行归类，比如这一本是读书笔记，最好全部是读书的内容；另外一本是课堂笔记，就全部是课堂上记录的内容。分门别类才能方便日后查找。这是第一点，要做好整体分类。

其次，要养成给笔记加索引或者目录的习惯。笔记不像写论文，可能记之前并没有一个事先想好的结构框架。一本读书笔记，在开始写的时候，你并不知道接下来要读什么书，会记录什么内容，只有在完成之后，再回头看，才会有一个综合的了解。比如一本读书笔记里，记了 3 本工具书、6 本小说和 4 本学习成长的书，那你应该在笔记的最前面标注一个简单的目录，记录下这 13 本书的名字，甚至可以用一句话概括每本书的要点，方便以后需要的时候查阅。

为了让标记更明显，也可以使用彩色笔和便签条，把重要的内容标注出来。如果是电子版，就可以用不同颜色做标记。标记也是为了便于查阅。复习的时候，或者写作需要提取资料的时候，可以方便地找到信息点。

关于笔记的管理，有人会使用一种方法，叫作“笔记的笔记法”。什么意思呢？就是定期把所有笔记的内容再归纳一下。比如这一年来你做了 3 本读书笔记、5 本课堂听课笔记、3 本日常笔记，这 11 本笔记记录了你一年来学习和思考的历程。一般可以在年底做一个汇总：11 本笔记里，哪些东西是彼此联系的？哪些给你留下了深刻的印象？哪些又是值得再复习一下的？或者说，如果用 1000 字概括这 11 本笔记，这繁杂的内容里有什么内在逻辑性？这些内容又带给你什么成长和能力的综合提升？这些汇总比目录更进一步，因为它不只是列举，还找到了不同渠道获得信息的内在逻辑性和关联性。

而关于笔记的应用，主要有三个方向。第一是检索。通过笔记中的标记，快速找到你需要的内容。第二是线索。很多书值得反复读，很多问题值得反复思考，当再次读一本书的时候或者再次思考一个问题的时候，可以比照之前读书笔记的内容，引发“站在自己肩膀上的思考”。第三是思考工具。读书、经历是输入，记笔记是输出，再次回顾笔记是重新思考输入和输出的逻辑关系。通过这种不断地输入输出，外部的知识、信息才能真正变成属于自己的东西。而这也是笔记最大的作用——把外界的素材，真正内化成可以被自己所用的资料。

1. 笔记分日常笔记和读书笔记。
2. 日常笔记不一定是“日记”，记录的是生活中的事情和感悟。
3. 日常笔记本身也是写作。
4. 读书笔记的三种方法：摘要、感触和延伸。
5. 笔记的整理和应用有时候比记笔记更重要。

第4节 利用网络快速积累素材

用好网络搜索

现在生活节奏很快，就实际情况来说，很少有人积攒半年素材后才开始动笔。一般要写一篇文章，大家会先搜寻一下脑袋里的印象，看看自己过去留存的资料，更多是要靠临时的网络搜索得到写作素材。

写作时的网络搜索，其实就是写什么话题找什么内容，而且是临时找，甚至边写边找。过去写文章，如果脑袋里储存的东西不够，大家会去图书馆查资料，去过往期刊和报纸里找信息，现在因为有了网络资料库，只要计算机能联上网，就可以获得海量的资料，连跑图书馆都省了。

可问题是，网上资料虽然多，却不一定好用。比如随便搜索一个新闻热点，大概40%的内容是重复的。而且对同一个信息，很多网站有不同的解读，真假难辨，这实际上也给大家积累素材增加了难度。

如何通过现有的工具快速搜集素材呢？这里给大家提供一些方法和简单的小工具。

>>>
一、搜索引擎

现在的写作者离不开网络资料。从写毕业论文的大学生，到搞学术研究的教授，从自媒体从业者到把写作当成爱好的普通人，大家都会通过网络找寻写作的素材。有一种说法，说写作中除了灵感之外，其他任何内容都可以在网络上找到。这个说法有失偏颇，但的确也显示了新媒体时代网络之于写作的巨大意义。

写作中最常用的网络工具就是搜索引擎，像谷歌、百度、搜狗等都可以快捷方便地帮写作者找到素材。一般从搜索引擎中得到的素材有如下几类：

1. 知识素材。不确定的人名、地点、时间、事件等，需要通过搜索引擎找到资料确认的；不确定的词语、原文和用法，需要了解确切意思的；新闻事件、数据、事实、资料，需要核实的。这三类资料都属于能找到确切答案的，可以通过搜索引擎查漏补缺，予以确认。比如“瑶池返驾”这个词，是指人去世，但这个词仅仅指老年女人去世，如果是老年男人去世，对应的词是“灵山添座”。所以如果遇见不太确定的词，最好搜索确认一下，不要闹出笑话。

2. 意见及趋势。网络上不但汇集资料，还汇聚了各种意见，对同一个事件，可能有截然不同的评论，综合这些意见和评论，基本上可以比较全面地看到一个事件以及读者和用户对事件的态度。

比如 2016 年，媒体人罗尔因为女儿得了白血病，为女儿募捐。他的几篇文章引爆网络，引来无数好心人伸出援手，罗尔也迅速募集到 200 多万元善款。但是一夜之间，风向大变，罗尔被曝光他所说的治疗款，大部分都通过医保报销了，个人只负担了很少的一部分。随着事态的进展，大家又发现隐藏在这件事之外的另一家 P2P 公司“小铜人”以及这件事背后的策划团队。到这里，事情的原貌才基本真实地呈现在大家面前。由这个例子来看，互联网时代，如果只是依靠局部的资料，不管是写文章还是做评价，都很容易被一面之词误导。

写作中，选定一个话题之后，也要有针对性地搜集跟话题有关的事实和评论两部分的信息，尤其是现在这样的媒体环境下，UGC（用户产生内容）和PGC（专家产生内容）高度发达，更要注重内容背后的信息。

接下来，可以通过一个小练习，熟悉搜索引擎找到资料的方法。

表2-10　使用搜索引擎搜索练习表格（示例）

网络搜索练习：
题目：《到底应该如何评价罗辑思维》 工具：搜索引擎
步骤1：罗辑思维是什么？ • 罗辑思维成立时间、大事记、发起人 • 罗辑思维推出的栏目 • 罗辑思维的用户和收入情况 • 罗辑思维的投资和市场反馈情况 • 罗辑思维重大新闻事件
步骤2：罗辑思维受到哪些评价？ • 媒体如何评价罗辑思维 • 用户如何评价 • 竞争对手如何评价 • 罗辑思维的团队（在职团队和离职团队） • 罗辑思维针对评论的回馈

以上是个小练习的模板。任何大家感兴趣的话题，或者在写作前需要构思的内容，都可以先做做网络研究——确定几个搜索关键词，分别搜索出内容，然后对不同内容进行对比、甄别，渐渐就可以了解事情的本来面貌。

>>>

二、内容大数据

搜索引擎能找到内容，但看不到数据的趋势。举个最简单的例子，我们都知道一条新闻会在有限的时间内被大家关注，但这个时间到底有多短？大家在关注这条新闻的时候还会关注什么？到底是谁在关注这个新闻？跟其他内容比，到底什么是大家关注的头条？这些，单靠搜索引擎看不到，就需要借助内容大数据。

内容大数据会对媒体里的各种内容进行定量分析，对同类的内容进行分类、汇总，给出相关的趋势分析，并提供话题热度、内容关联度、舆情、阅读人群构成等数据。

举个例子，人们都愿意关注时下最新、最热门的新闻，大家都想知道在一天中，到底什么样的新闻是头条。过去的媒体，头条是主编定的，主编说什么是头条什么就是头条，网络上可不是如此，大家关注多的、评论多的才是头条。媒体内容数据工具就会做这样的分析，比如像新浪微博和百度搜索上，都会提供“实时热点”“实时热搜榜”这样的排名，让人很容易就找到热点。

表 2-11　微博、百度热门话题

微博热门话题

热门话题

话题	热度
#5岁设计师毒舌点评李...#	156.4万
#胡歌为兄弟点赞#	4168.7万
#你的名字#	13.2亿
#胜利1212生日快乐#	4亿
#孤单又灿烂的神-鬼怪#	7亿
#大年初一大闹天竺#	7534.5万
#蓝色大海的传说#	25.6亿
#与李易峰天长地久#	14.4亿
#宋茜王牌对王牌#	2305.6万

百度实时热点

实时热点　七日关注

排名	关键词	搜索指数
1	东莞奔驰连撞4车 新!	21857
2	尼日利亚教堂坍塌 新!	5981
3	游客食物砸醒熊猫 新!	2887
4	偷洋水仙包饺中毒 新!	948
5	美法打击IS 新!	949
6	广东小学发生命案 新!	123395
7	棚遭强拆猪满山跑 新!	7415
8	厦门3.2级地震 新!	1847
9	慰安妇画册首发	32190
10	花光积蓄打赏主播	41601

贴　完整榜单

除此之外，在百度指数（网址：index.baidu.com）和谷歌趋势（网址：google.com/trends/）里，也会有更细致的分析数据。以百度指数为例，就包括：趋势研究（关注热度的变化）、需求图谱（相关搜索分析）、舆情洞察（媒体的报道指数）和人群画像（读者分布和特点）。

大家可以进行这样的练习，任选一个词语，比如，牛奶、春节等，去搜索一下，看看内容大数据计算出的结果跟你预想的是不是一样。

表2-12　使用搜索引擎搜索练习表格

内容数据搜索练习：	
题目：任选某个单词或者新闻热点 工具：百度指数或者谷歌趋势 任务：搜集以下写作资料	
• 1. 趋势（关注热度的变化）；	• 2. 需求（相关搜索分析）；
• 3. 舆情（媒体的报道指数）；	• 4. 用户构成。

以上就是快速找寻资料的方法。未来，越来越多的资料会共享到网络云平台，在浩瀚的资料海洋里，如何快速找到资料为自己所用是人人都需要学会的技能。除了上文提到的搜索引擎和内容大数据工具外，快速寻找资料的渠道还有很多，比如，查询企业相关信息可以去公开的企业信息网站，查询上市企业经营状况可以查询企业年报，查询宏观经济数据可以去统计局网站，查询论文和科研成果可以去论文数据库等。

在网络上快速找到自己需要的写作素材是目前人们常用的方法，它与前面讲到的笔记法、采访法、生活感知法共同构成积累素材的四种方法。网络搜寻的特点是目标性强、速度快，但在网上公开的资料往往不是第一手资料也没有唯一性，很多资料没有经过求证。更重要的是，网络资料是零散的，它不像日记、读书、采访、感知获得的资料，已经在脑袋里酝酿了很久，跟个人的生活经验、感受发生了很多化学反应，所以网络搜寻可以作为临时抱佛脚的方法，却不能当作写作积累素材的唯一方法。

1. 网上找资源快又准，所以临时抱佛脚也有用。

2. 通过搜索引擎，找事实又要找评价。

3. 尝试用一下内容数据工具。

4. 找资料的方法一定要多元，不能因为网上搜索简单就偏废了其他几种方法。

第3章　掌握文章的叙述方法

第1节　故事叙述法

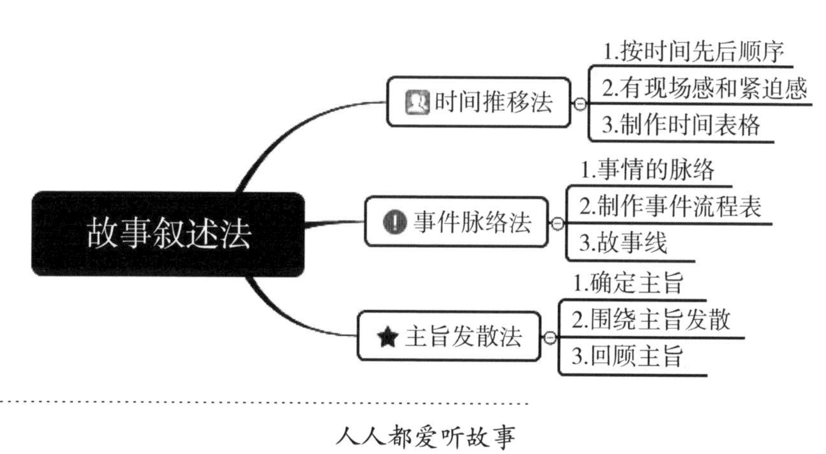

人人都爱听故事

写作说难很难，每次都要凭空创造出一个本来没有的东西。说简单又很简单，写作就是根据想法或者主题有条理地把话说清楚，落实到纸面上，就是写作。

把话说清楚的方法就叫作叙述方法。在写作的叙述方法里，最常用也最容易掌握的就是故事叙述法。所谓故事叙述法，就是像讲故事一样，把事情的前因后果、来龙去脉、出场人物、发展过程、结局和解决方案都说明白的一种方法。故事叙述法就好像我们跟身边的人描述一件事，希望通过语言让别人进入我们所描绘的情景中，让人跟着故事的节奏，一步步了解事情的全貌。

讲故事一般有三种顺序模式，第一种叫按时间推移，按照时间的先后，先发生的先说，后发生的后说；第二种叫按事件脉络，按照事件的推演，层层递进；第三种叫主旨发散法，内容围绕一个核心点，向外延伸。运用在写作中，也可以用这三种方法叙述清楚一件事。

>>>

一、时间推移法

时间是最自然的叙述线索，小到每一分钟的变化，大到每一年发生的大事，都在推动着故事和情节往前发展。而且因为有明确的时间节点做标记，文章中的叙述天然带有连贯性，让人易于接受。有时候，为了营造某种紧迫感，也会特意强调时间和事件的关联。

举个例子，中学课本里有篇文章，叫作《为了六十一个阶级兄弟》，讲的是 61 名工人因为食物中毒生命垂危，急需一种特效药，而且要在 48 小时内完成注射。为了完成这个抢救任务，全国总动员，各关联部门通力配合，终于在时限内把药品送达，抢救了 61 个阶级兄弟的生命。

在写到药品运送过程的时候，作者就用到了时间推移的方法，节选里面的一段文字予以说明：

现在，是夜里十一点二十三分。

“请平陆准备！准备！飞机再有七分钟就到你县，马上点火！”

董局长把这空军领导机关的电话通知，立刻传给守候飞机的人群。不知是谁，向每堆柴草上泼了一些煤油，火苗冲天而起，大火把天空和大地都照红了！

这时，飞机已越过黄河，来到平陆上空。现在飞机的高度是二千七百米，为了空投的准确，必须降低，越低越准！机长周连珊压了压操纵杆，飞机迅速下降，二千、一千五、一千、五百米，巍峨的山影从机身旁掠过，好危险哪！这是一场勇敢加技术的搏斗！

飞机上的全部人员，双眼睁得溜圆，心情极不平静！机长突然兴奋地命令：

“准备空投！”

保伞员、机械师还有小陈，早就把药箱上的电灯接亮了，只听电铃一响，他们“嗖”的一声准确地把药箱推出机舱，一千支“二巯基丙醇”带着降落伞，向预定空投地点坠下去，坠下去！……由县委打电话向北京求援，到神药从天而降，这其中牵动了多少单位，牵动了多少人。可是这全部复杂辗转的过程，却只用了八个多小时，这是多么惊人的高速度！

我们不是常说：“千里送鹅毛，礼轻人意重”吗，这一箱从天而降的神药啊，盛满了首都无数人的最美好的感情，它比泰山还重！

就在同一个时间内，在平陆县城外的圣人涧，四大堆火越烧越旺。人流如春潮，数不清的手电光点缀着夜空，活像国庆夜首都天安门的探照灯光。郝书记、郭县长等都亲赴现场来了。

“看，天上有个亮灯下来了！”突然有人叫道。

“那是降落伞，那是神药！”

几千双手高高地举起来，谁都想把这一箱药擎住！人们向飞机、向降落伞此起彼伏地欢呼！

这篇文章先是设置了几个时间节点。在节选的这段文字里，时间首先被定格在夜里十一点二十三分，看得出来，这是一场特殊的营救活动。接着，作者使用了一些表示时间推进的词，比如“再有七分钟”“立刻”“这时”“早就”“只用了八个多小时”“就在同一个时间内”，这些词和故事联系在一起，迅速推动情节发展，也营造出了一种紧张的气氛。

类似的以时间推动情节的用法在影视剧里很常见。商业电影里经常有炸弹爆炸倒计时的桥段——为了赶在炸弹爆炸前逃命，镜头会多次切换定时炸弹上的时间，然后再切换同时间各个场景里的故事。通过时间不断提醒观众，时间越来越短了，危险也越来越近了。

以时间推移顺序作为叙述顺序，这也是帮写作者梳理素材的一种方法——面对杂乱的素材，时间顺序提供了组织资料的好方法。所以，不只是小说和记叙文中会使用时间叙事法，在各个文体中，如果需要结合时间叙述某个内容，都可以用到时间推移叙述法。

为了保证材料连贯，每次在使用时间推移法叙述的时候，都可以制作一份时间表格，通过表格理顺时间关系。具体示例如下：

表 3-1　时间叙事表格（示例）

主题：总结这一年的工作		
时间轴线	事件	前后衔接关系
2016 年 1 月	学习了新媒体运营课程	
2016 年 3 月—11 月	服务 A、B、C 三家客户	无
2016 年 10 月	开始帮助 A 公司微信运营公众号	得益于 1 月份的知识储备
2016 年 11 月	A 公司续签协议，B、C 两家公司都不再合作	有直接关系
2016 年 11 月	开始开发微信运营客户	与上月客户流失有关系
2016 年 12 月	新签 5 家中小公司客户，负责微信公众号运营	

通过整理这份表格，可以发现这一年的工作有延续性，也有“跳跃性”。从 3 月份开始到 11 月，一直在持续服务 A、B、C 三家客户，但是 10 月份帮助 A 公司运营公众号这个事为年底签约做了准备。而 10 月份为什么可以服务 A 客户呢？是因为年初 1 月份的学习获得了某种技能。而这种技能和客户的变化又一起导致了客户拓展的结果——丢了两个客户，新增了 5 个客户。

如上的例子也说明了一点，时间推移不是流水账的记录，不是只记录先发生什么后发生什么。在运用时间推移法的过程中，首先，要把事件当作一个整体来看，在表格中列清楚什么时候开始，什么时候结束；其次，要找到时间发展中的规律，比如越来越接近目标，或者即便因为某种波动，但最后还是达成了一定成果；最后，要注意不同时间事情的内在联系。比如，我们会发现下一秒发生的事不一定跟上一秒有关，也许跟三个小时前的安排有关。所以在使用时间推移法的时候，不但要弄清楚具体的时间节点，也要抓住时间推进中的关系。

>>>
二、事件脉络法

事件脉络法就是描述事情一步步发展的轨迹，让读者跟着故事的脉络走。常见的事件脉络叙述法由三部分构成，就是我们常说的：故事的起因，故事的经过和故事的结果。

举个例子来说，鲁迅有一篇文章叫《一件小事》，说自己乘坐的人力车挂倒了一个老太太。看开头，这件事可大可小。那到底扶不扶呢？车夫和作者各自是怎么做的呢？

跌倒的是一个老女人，花白头发，衣服都很破烂。伊从马路边上突然向车前横截过来；车夫已经让开道，但伊的破棉背心没有上扣，微风吹着，向外展开，所以终于兜着车把。幸而车夫早有点停步，否则一定要栽一个大斤斗，跌到头破血出了。

伊伏在地上；车夫便也立住脚。我料定这老女人并没有伤，又没有别人看见，便很怪他多事，要是自己惹出是非，也误了我的路。

我便对他说，“没有什么的。走你的罢！”

作者很担心老太太惹事，心想还是赶紧走算了，反正也不是车夫的责任。

车夫毫不理会——或者并没有听到，却放下车子，扶那老女人慢慢起来，搀着臂膊立定，问伊说：

“您怎么啦？”

“我摔坏了。”

我想，我眼见你慢慢倒地，怎么会摔坏呢，装腔作势罢了，这真可憎恶。车夫多事，也正是自讨苦吃，现在你自己想法去。

车夫听了这老女人的话，却毫不踌躇，搀着伊的臂膊，便一步一步地向前走。我有些诧异，忙看前面，是一所巡警分驻所，大风之后，外面也不见人。这车夫扶着那老女人，便正是向那大门走去。

车夫却很认真地对待这起交通事故，这让作者有了很大的感触。

我这时突然感到一种异样的感觉，觉得他满身灰尘的后影，刹时高大了，而且愈走愈大，须仰视才见。而且他对于我，渐渐地又几乎变成一种威压，甚而至于要榨出皮袍下面藏着的“小”来。

我的活力这时大约有些凝滞了，坐着没有动，也没有想，直到看见分驻所里走出一个巡警，才下了车。

巡警走近我说：“你自己雇车罢，他不能拉你了。”

我没有思索地从外套袋里抓出一大把铜元，交给巡警，说，“请你给他……”

风全住了，路上还很静。我一路走着，几乎怕敢想到我自己。以前的事姑且搁起，这一大把铜元又是什么意思，奖他么？我还能裁判车夫么？我不能回答自己。

车不能坐了，作者也掏了一把铜元，然后陷入了沉思。

这个故事叫《一件小事》，的确在情节上非常简单。如果非要细分的话，有如下几个情节步骤：坐车—撞人—勘查情况—纠结—车夫救人—进巡警房—掏钱给车夫—沉思。这每一个步骤是环环相扣的，因为坐车才有了撞人，因为撞人才有了勘查和纠结，然后车夫进了巡警房，车坐不了了，但故事的主人公也因这件事受到触动。

其实不管大事还是小事，事件推进的线索是一样的，从起因到发展，从经过到结果，一个完整的事情都会经历这样的过程。写作中，为了完整地展示事件，可以用流程图的方法来梳理事件。比如，写作班有一位学员，写了一个让人猜不到结尾的故事，如果用流程图画出来，故事的脉络如下：

表3–2　事件流程表（示例）

出场人物：Marry	场地：办公室楼下	事件：单身女子、抽烟、走路
	↓	
出场人物：老外Jason	场地：办公室楼下	事件：搭讪
	↓	
出场人物：Jason和他的朋友们	场地：办公室楼下	事件：原来是打赌，Jason求Marry配合自己
	↓	
出场人物：Marry、Jason和他的朋友们	场地：酒吧	事件：误会解除，大家相约去喝一杯，Marry喝醉了
	↓	
出场人物：Marry、Jason	场地：酒店	事件：Jason把Marry安顿在酒店里，悉心照顾
	↓	
出场人物：Marry	场地：酒店	事件：Marry发现钱包丢失，手机上有自己的裸照。Jason留言说，报警也没用，自己就要回国，警察也查不到

如上这种事情发展的轨迹也叫故事线，就是人物和故事沿着某种线索在往前发展。故事线可以引导叙述者（写作中就是作者）把一件事有条理地讲清楚。

事件脉络有时候符合正常的时间先后，比如，先有起因，再有经过，最后有结果，但也可能先有结果，或者先有经过。叙述中如果先有结果，再补充原因和经过的，叫作倒叙；先有经过，再补充原因的，叫作插叙。

在写作中，倒叙一般表达某种领悟，或者呈现一个发人深省的结局，为事件定下一个基调。像杜拉斯的《情人》，是经典的倒叙开头：

我已经老了。

有一天，在一处公共场所的大厅里，有一个男人向我走来，他主动介绍自己，他对我说：我认识你，永远记得你。那时候，你还很年轻，人人都说你很美，现在，我是特地来告诉你，对我来说，我觉得现在你比年轻的时候更美，那时你是年轻女人，与你那时的面貌相比，我更爱你现在备受摧残的面容。

倒叙是把结果设置在最前头，所以这个结果一定要夸张或者引人注意。比如，作家池莉在小说《所以》的开头，倒叙了结果：

这场早恋进行了三个月，婚姻持续了两个月。不到半年，一切结束。太快了。形如闪电。我从街道办事处一个女人手中接过离婚证，出门就撕碎了。抬头望苍穹，我的天空依旧湛蓝，雁过无痕。

早恋、短暂婚姻，把离婚证撕碎，这个结果是不同寻常的，因为这个倒叙，小说牢牢吸引了读者的注意力。所以在写作中，想要表达出人意料的结果，可以使用倒叙的形式，先给读者以震撼。

插叙一般起到补充说明的作用，有时候也用插叙的内容形成和现实的反差。比如，鲁迅在《祝福》一文中，插叙对祥林嫂的回忆：

然而先前所见所闻的她的半生事迹的断片，至此也联成一片了。

她不是鲁镇人。有一年的冬初，四叔家里要换女工，做中人的卫老婆子带她进来了，头上扎着白头绳，乌裙，蓝夹袄，月白背心，年纪二十六七，脸色青黄，但两颊却还是红的。卫老婆子叫她祥林嫂，说是自己母家的邻舍，死了当家人，所以出来做工了。四叔皱了皱眉，四婶已经知道了他的意思，是在讨厌她是一个寡妇。但是她模样还周正，手脚都壮大，又只是顺着眼，不开一句口，很像一个安分耐劳的人，便不管四叔的皱眉，将她留下了。试工期内，她整天地做，似乎闲着就无聊，又有力，简直抵得过一个男子，所以第三天就定局，每月工钱五百文。

对祥林嫂的介绍本来完全可以放在文章最开头，但是作者先说了她的近况和遭遇，再提到她的身世，这样的效果是，读者会很注意半路插进来的这个故事。这就好像乔布斯在苹果的产品发布会上非常喜欢用“One more thing”（多说一句）一样，一般补充的内容，其实都不是刚刚忘记了需要顺道说的，而是非常重要的信息（苹果的发布会上，每次“One more thing”之后，必有激动人心的新品登场）。插叙也是如此，绝不是作者疏漏了，而是故意通过插叙做一种反差，让读者印象更加深刻。

写作中想要用好插叙就要了解哪些段落适合做这样的处理。一般有反差的人物介绍、看起来平淡但让人惊讶掉下巴的突然背景资料或者某种突然而生的感情等都可以用插叙。插叙的作用除了补充信息，最重要的是改变了文章的节奏，让人产生思维的跳跃。

其实，不管是顺序、倒叙还是插叙，事件脉络法最接近日常生活中人们描述一件事情的过程。为了让叙述的内容更生动，人们也会调整先说什么后说什么的顺序，但是不管如何调整，事情的脉络要讲清楚，这是事件叙述法的核心。

>>>
三、主旨发散法

时间推移法和事件脉络法主要是叙述情节性比较强的事情，在散文或者一些情节推进不那么明显的文章中，主要使用的是主旨发散法。

所谓主旨发散，就是内容都围绕一个核心点，所有的内容都是核心点的延伸，也用以支持主旨结论。举例来说，有一篇文章叫《这不是一颗流星》，主旨是孙子和外婆的感情。作者写了三个场景，第一个场景，马戏团表演，孩子突然说，要是黑熊死了就好了，就可以有熊皮手套了；第二个场景，病房里，孩子在外婆的耳边说，等我长大了，我一定给你买一副熊皮手套，这样你的手就不会生冻疮了；第三个场景，外婆去世了，孩子如星星般的眼睛一闪一闪地说，那怎么昨天做梦还梦见她了呢？

这三个场景都是围绕着孙子和外婆的感情这个主旨，并以这个主旨为核心，发散出很多回忆的小碎片。在文章的最后，作者再次回到这个主旨。

我想跟他说梦的原理，我想跟他说人死了就不能复生，可是我什么也没说，我模糊的眼睛里只有孩子那星星般的眼睛在一闪一闪。我原以为，孩子天真纯朴的念头像流星一样会转瞬即逝，现在我明白，这绝不是流星，而是一颗心，这颗心比大人们更真诚更纯洁。

——王周生《这不是一颗流星》节选

写作班有个学员，也用主旨发散法写了一篇文章，叫作《我家的元气少女》。故事的主旨就是这个不同寻常的“元气少女”。

为了保证人如其名，作者先是让这个人物露了个脸，“酒红色的短外套，黑色的九分裤，脚蹬一双圆头的小短靴，手里提着一个棕色的小挎包，正向着我慢慢地走过来。”

这个人是谁呢？这个人是作者的母亲。首先这个母亲很爱美，每次出去玩之前，都要仔细梳洗打扮，没有 30 分钟一定不出门。另外，这个母亲还是个美容达人，用面膜，自己做丝瓜原液，给女儿普及美容常识，比年轻人懂得都多。当然仅有这些还是不足以称得上元气少女的，这个母亲还有超强的好奇心。比如，自制零食，有接纳新事物的心态等。

到这里，还都是基本的描述，如果文章就此打住，整个文章会很平淡，也没有突出主旨——新潮就是元气少女吗？作者最后揭示了原因：其实母亲并不是养尊处优的老太太，她看透了生活，却依然热爱生活。然后作者花了很大的篇幅去回忆母亲经历的辛苦，以及她如何靠自己的努力为孩子们创造好的生活条件。文章最后的结论就是，时间和苦难并没有在这个62岁的老人身上留下什么，她依然保持少女般的热情，永远年轻。

如果用图形画出文章主旨和叙述之间的关系，就可以看清楚文章的结构脉络。

图 3-1　主旨叙述法分析图表（示例）

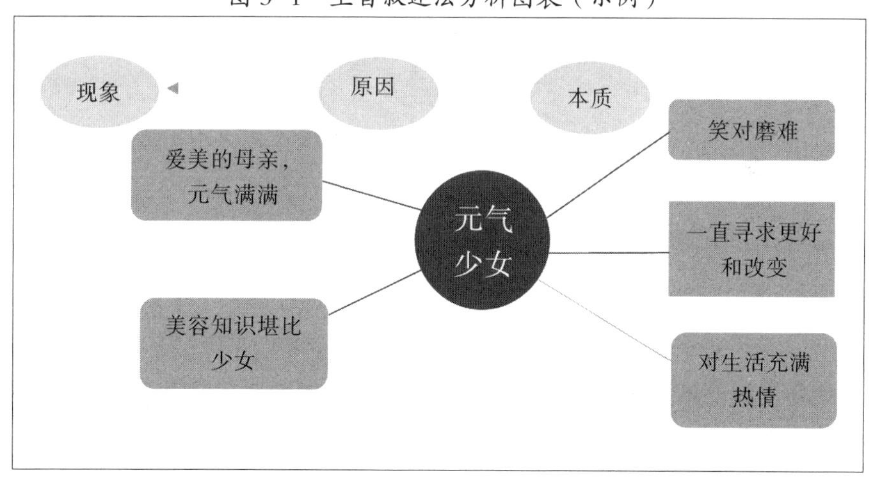

以上时间推移法、事件脉络法和主旨发散法是故事叙述法的三种形式。人人都爱听故事，通过故事把事情讲清楚会很有吸引力。但讲故事不是每个人天生就会的本事，要注意时间的先后顺序、事件的脉络延展、主旨的发散归纳，这些都是需要练习才能掌握的技巧。

1. 先发生的先说就是时间推移。
2. 讲清楚事件发展就是事件脉络。
3. 围绕主旨展开就是主旨发散。
4. 人人都爱听故事，但讲故事的方法需要练习。

第 2 节　金字塔式叙述方法

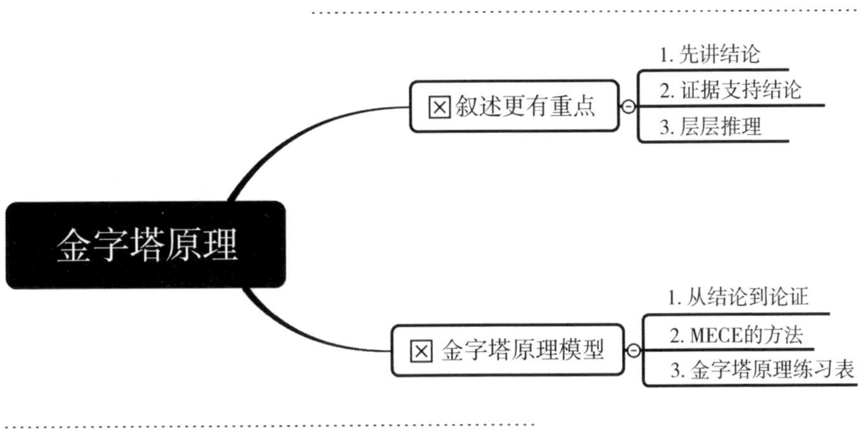

先说结论的叙述方法

一、神奇的叙述方法

把事情讲清楚，这是写作最核心的要求。所谓讲清楚，其实包含两个层面的意思：第一是讲出来，要依照某种顺序和方式讲出来；第二是要讲清楚，让人能明白作者的意思，不至于凌乱。

同样的一件事，是否使用了正确的叙述方法，差别会很大。举个例子来说，办公室秘书需要协调王总经理和三名副总开会的时间，她问清楚了情况，给领导写了封邮件。

王总：

您好！

肖总说今天不能参加会议，李总说周二 9：30 以后才行，孟总出差去了，周二之前不能参加，还有，会议室周一已经被预订了，只有周二有空。您看，会议约到周二上午的 9：30 开行吗？

写完后，秘书自己都觉得写得乱，于是重新写了一遍，还是同样的内容。

王总：

会议我们想定在周二上午9：30，你看可以吗？

因为肖总和李总可能那时候比较方便，孟总刚出差去了，周二才能赶回来，我刚查了，会议室那天正好有空。

在这封邮件中，她首先把最重要的事讲了——开会时间是周二上午9：30。至于为什么选这个时间，她有三个理由：第一，两位副总那个时间方便；第二，有一位副总那个时候刚回来；第三，会议室正好有空。

同样的内容，只是调换了一下叙述的顺序，一下子就清晰了很多。换位思考一下，如果你是王总，你也会觉得这个安排是有道理的，不需要自己再考虑更多。作为老总，看后面这个邮件更省心，也更轻松。

我们在说明一个事情的时候，为了让别人抓住要点，需要把结论放在最开始的位置。讲了结论之后，再说做结论的原因，这样有主有次，有论点也有论据，不但叙述很清晰，也会更让人信服。这种让结论先行的神奇叙述法就是金字塔原理。

>>>

二、金字塔原理

什么叫金字塔原理呢？简单来说，就是先说结论，再解释原因的方法。我们都知道金字塔的形状是下面宽上面尖的三角形。金字塔原理是说，我们在讲话或者写文章的时候，要在最开头，就是金字塔塔尖的位置，提出全文的主旨和结论，然后再层层分解，一层层地去解释上面的结论，直至最后，所有的基础要点，也就是塔底的位置，都可以解释得很清楚。

对金字塔结构做一个拆解，就是由总结论到支撑论点，从支撑论点到分论点，最后再逐个击破分论点的模式。举个例子来说，如果我们想要说明 ABC 公司的机器人是世界上最先进的机器人，这就是总论点，那我们需要有两个论点支撑：1. 基于深度学习的机器人是目前世界上最先进的机器人类别；2. ABC 公司的机器人在深度学习机器人领域是最先进的。

为了证明支撑论点 1，我们需要两个分论点：①深度学习机器人集合了目前最先进的机器人技术；②深度学习机器人代表了未来机器人发展的方向。为了证明支撑论点 2，我们需要三个分论点：① ABC 公司掌握了该领域核心技术；② ABC 公司有能力把技术转化成产品；③ ABC 公司的产品在各项指标上领先其他产品。再往下，需要用论据支撑这五个分论点。比如有数据，有研究报告，有检测报告等，通过这些数据支撑了这五个分论点，就解释了这个结论，为什么 ABC 公司的机器人是世界上最先进的机器人[①]。

以上就是金字塔原理的应用模型，以图形表示为图 3-2：

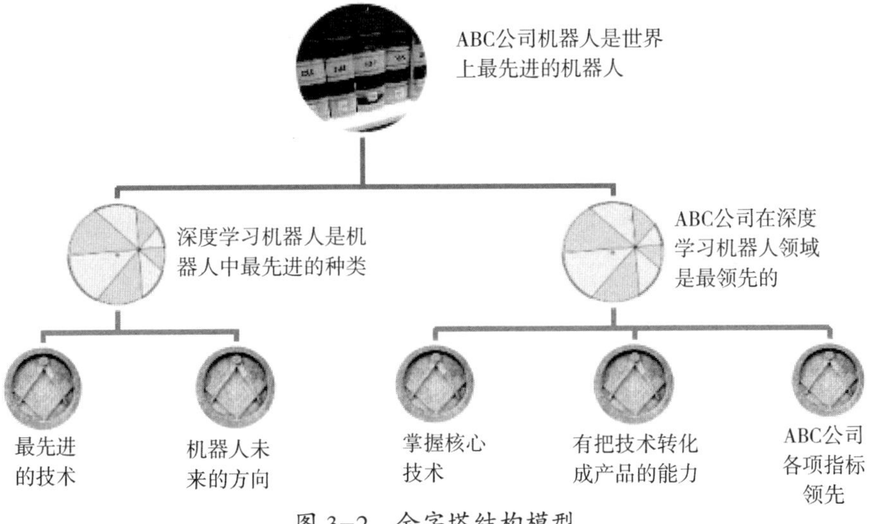

图 3-2　金字塔结构模型

写作不是科学推导，大部分时候没有这么复杂的论证过程，一般也不

① 这个例子只是为了说明写作模式，至于到底什么机器人最先进，不是本文探讨的目标。

会用到这么严密的层级结构，但是结论先行的方法是一样的。举个例子来说，写作班有个学员写了一篇文章，叫作《我为何允许孩子打爸爸？》听起来，这个结论很惊人。作者在开篇给出结论："我命令老公，你就趴下来让他打两下吧，都等了一个晚上了。"

读者一定很奇怪，为什么要让孩子打爸爸呢？作者在后面揭示了原因。首先，这是一个约定，儿子跟爸爸约好，如果爸爸回来晚就打爸爸屁股。后来爸爸因为忙的确没有按时回家，儿子要履行约定。其次，借这件事，妈妈也想教育孩子几件事，第一是言而有信，有约在前要兑现。第二是对行为负责，爸爸要对行为负责才能给孩子做榜样。第三是民主意识，大人跟小孩是真正平等的。第四是亲子关系，通过打爸爸屁股，加强了父子关系。最后，作者在结论中说，打爸爸不是不尊重长辈，偶尔给孩子一次"放肆"的机会实现教育的目的，也未尝不可。

对于初学者，可以使用下面的金字塔原理练习表，通过层层分解的办法，先理清因果关系，再动笔写文章。

比如，确定的题目是"'勤奋'的人最懒惰"。这句话也是文章的结论。为了要说明这个结论，需要从四个方面入手。第一，假勤奋其实是不动脑子；第二，假勤奋其实是装样子；第三，不动脑子的人最懒惰；第四，没有目标导向的人最懒惰。

至于什么是假勤奋，为什么假勤奋是不动脑子，为什么假勤奋其实是没有目标的瞎忙，为什么不动脑子就是懒惰，这些问题可以放在每个段落里，逐一解决。当所有的小问题都解释清楚，最后汇总起来，就能得出结论——"'勤奋'的人最懒惰"。

表 3-3 金字塔练习表（示例）

（一级论点）论点：“勤奋”的人最懒惰
（二级论点）分论点： • 1. 假勤奋其实是不动脑子； • 2. 假勤奋其实是装样子； • 3. 不动脑子的人最懒惰； • 4. 没有目标导向的人最懒惰。
解释论据 • 1. 什么是假勤奋？穷忙、瞎忙、让自己很忙。 • 2. 假勤奋只是看起来很忙。 • 3. 不动脑子就只是麻木地工作。 • 4. 没有目标再忙都没有意义。

像这样的练习表，写作者可以先列好要点，包括重点段落的中心意思、核心句子，然后找出句子之间的层级关系，按照层级表（一级论点还是二级论点）规划清楚，基本上就有了写作的思路。

金字塔式写作需要写作者运用逻辑思维，尤其在分论点和归纳结论的时候，需要很强的分析能力。反过来，培养这种分析能力对写作也是有帮助的，它会帮助写作者理顺文章的逻辑，让文章的叙事更清晰。

1. 用金字塔原理，讲话和写作都会更清晰；
2. 金字塔原理可以画出来；
3. 先分级，再找到层级关系；
4. 金字塔叙事也是锻炼思维的方法。

第 3 节　脑洞大开式叙述方法

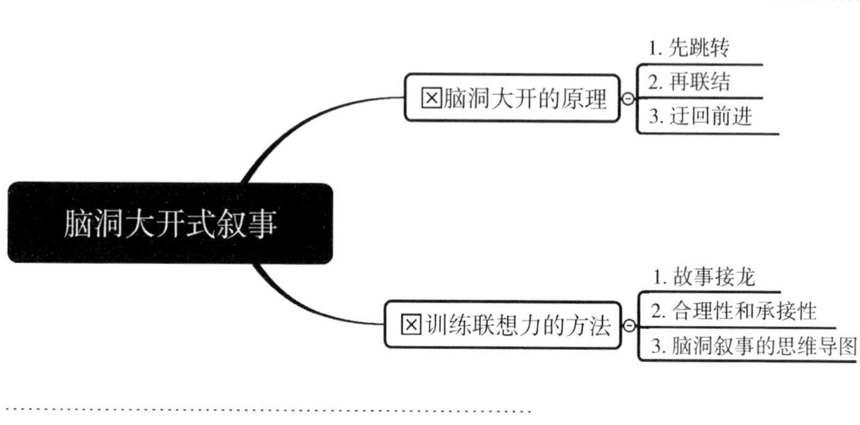

跳跃的思维模式和叙述方法

>>>

一、为了更有趣

有一句话叫“文似看山不喜平”，意思是好的文章就像青山一样，如果只是平平淡淡就没有什么吸引力，最好是层峦起伏的，有一些让别人意想不到的东西。

写文章如何才能“不平”呢？这需要从以下三方面下功夫。第一，要找别人没有见过的素材。比如做新闻评论的，你有别人没有的证据；写报告的，你有别人没见过的第一手资料。第二，要有别人没有的想法。人们常举一个例子，说第一个把美女比作鲜花的人是天才，第二个把美女比作鲜花的人是庸才，第三个再这样说就是蠢材。这就说明不能因循守旧，要突破常规。第三，要有足够的想象力，脑洞要开得足够大。尤其在现在这个新媒体蓬勃发展的时代，人们期待有趣、有想象力的叙事方式。

前两点，关于多找素材、丰富观点已经是老生常谈了，要写好文章当然需要积累，这是一个长期且缓慢的过程。而第三点，脑洞大开式叙事方法，却是可以通过短期练习培养的一种写作技能。尤其对很多年轻人来说，因为经常接触新媒体，愿意看也愿意写这种脑洞大开的文章。

但脑洞大开不代表可以瞎说胡说。写作不管怎么变，核心的原则不会变，就像这一章开篇说的，写作就是把事情讲清楚。脑洞大开呈现出的可能是无厘头的形式，但在这背后，需要有比平铺直叙更复杂的设计，也需要有更强的脑洞，把看起来风马牛不相及的东西汇总到一起，实现服务结论的作用。

举个例子来说，有一次，我们要做一个课程的招生宣传，课程内容是讲解《孝经》。《孝经》是儒家十三经之一，也是儒家的伦理著作，里面有很多为人处事的方法。课程宣传自然就是介绍课程内容、学习这个课程的意义、授课老师、上课时间和收费这些，但很明显，如果只是这样介绍，人们肯定不买账，因为这个课听起来就很枯燥，满是教条和之乎者也这种让现在的年轻人头痛的东西。

在写课程宣传的时候，我们就用了脑洞大开的叙事方法。首先，因为《孝经》这个名字本身不吸引人，我们换了一个标题，叫作《如何通过一本不到2000字的书走上人生巅峰？》，不到2000字的书自然就是指《孝经》，走上人生巅峰是现代年轻人常用的词汇，如何走上人生巅峰这种问句也吊起了人们的胃口，吸引人想一探究竟。

在文章开篇，不说《孝经》，先讲了一个故事，这也算脑洞大开的一种方式，就是先讲一个看起来跟叙述主题不太相关的东西，迂回地往前推进。

汉文帝时，有一位名医叫作淳于意。

淳于意医术高超，行医多年，救治了许多病人。

淳于意治病有一个特点，就是立志为贫苦百姓服务终生，遇到困难户和五保户，诊费什么的直接免掉，堪称中国好医生，差一点就感动中国了。

……

后来，淳于意得罪了权贵，要被杀头。女儿缇萦舍身救父。

“愿入身为官婢，以赎父罪，俾得自新。”

汉文帝把淳于意放了，私下里拉住他偷偷问道：

“哎呀爱卿，你看咱都是当爹的，虽然我的都是儿子，你的都是闺女，可是你这闺女啊，教育得可真好，孝顺，懂事！你是怎么教育的，传授传授经验呗。”

淳于意想了想，连忙跪下：“陛下，臣确有方法，不知当讲不当讲？”

汉文帝：“爱卿请起，今日你我不是君臣，就是两位父亲，但说无妨！”汉文帝挥挥手，示意两侧人等退下。

淳于意环顾四周，清清嗓子，低声说：“《孝经》。”

从缇萦救父到引出《孝经》，这个跨度不可谓不大，关键是作者还在对话和人物的心理活动中添油加醋，脑洞大开地使用了很多现代人的思维和语言。

>>>

二、面对更聪明的读者

像上面这样的例子相信很多人都见过，一个汽车广告，不讲汽车性能，非要讲唐僧取经；一个化妆品广告，不讲功效和品牌，非要讲《红楼梦》，这都是脑洞大开的叙事方式。

有一个说法，说现在的读者更聪明了，过去要 100%、120% 地介绍产品才能起到说服的作用，现在只要 10% 就好，最后点到为止即可，一样能让别人明白你的意思，而且效果更好。比如，上面宣传《孝经》的例子，全文花了一多半的篇幅讲缇萦救父的故事，只在文章结尾提到《孝经》。

不过这还不算完，脑洞大开造成了“跑题”的效果，最后还需要再回到文章主旨上来。像上面宣传《孝经》的例子，引出这本书后，如果还只是讲修身养性、君子的德行，可能很多人还是不接受。于是，作者再次脑洞大开，把《孝经》套用到了现代生活的场景中。

《孝经》总共有18章，1900多字，每篇篇幅短小，字字珠玑，不仅适合儿童学习语文打基础，也适合热爱传统文化的成年人，还适合追求内心平静的老年人。

学习了《孝经》，妈妈再也不用担心我的语文成绩了。

如果命题作文写《我的妈妈》，答应我，再也不要写“百善孝为先”之类的陈词滥调了，好吗?

“夫孝，始于事亲，中于事君，终于立身。《大雅》云：‘无念尔祖，聿修厥德。’”

作文分立马UP。

……

面对更聪明的读者，作者并没有直接介绍这本书，而是联系到语文考试成绩、命题作文、作文分等现代人关心的话题。如此脑洞大开，自然能吸引年轻读者的兴趣。

以上这个例子，说明如何脑洞大开地叙述一件事。脑洞大开有时候像是跑题万里，看起来东拉西扯讲了很多不相关的东西，但其实每个叙述都跟主题相关，只是作者有意隐藏了材料间的逻辑，让读者一直带着一种好奇，想看看到底葫芦里卖的什么药。直到最后揭示谜底，哦，原来如此，读者再回想起前面的铺垫，可能会会心一笑，而在这个过程中，读者不知不觉就走进了作者设置的文字“圈套”。

脑洞大开式叙述不只在写广告文案上有用，任何一种文体，如果需要制造一些跳跃，或者为了吸引读者注意力，都可以使用这种方式。

但需要注意的是，脑洞大开不是说几句俏皮话、插入几张图片，或者加几句网络流行语就行了，这种“形式上的脑洞”只会让人摸不着头脑，真正的脑洞大开应该是“意料之外，情理之中”。脑洞叙述的内容要形成内在逻辑性，就像上面宣传《孝经》的例子，缇萦自己很孝顺，愿意舍身救父，所以她的父亲才有机会说是因为他用了这本书教育孩子。而且《孝经》

中的一些理念，现代人的确很需要，除了应付考试，也可以帮助自己教育孩子，自我约束，这本身也呼应了标题——靠一本不足 2000 字的书走上人生巅峰。

>>>
三、开脑洞练习

很多人觉得自己脑洞不够大，也没有想象力，是不是就不能掌握这种方法呢？脑洞大开式叙述方法要如何练习呢？

在教学中，我们摸索出一套方法来练习思维的发散能力，这种方法叫作故事接龙法。故事接龙很简单，就是顺着某个固定的开头，把故事写完整。故事的开头会设置时间、地点、人物，除此之外，不再有任何其他线索，练习者需要增加人物、编造故事、设置冲突，直至最后结尾。

以“抽烟的 Marry”这个开头来看看不同的学员如何进行故事接龙：

故事开头：

午夜，街灯、穿梭的汽车和雾气笼罩的街道。这是 11 月底的一天，她又是最晚离开公司的那一个。风很大，北方冬天的大风，直接透过围脖灌进脖子里。她觉得冷，但更觉得无聊，于是从包里掏出一根香烟，背过身，点燃了。这时候，背后有个声音喊她：“Marry，真的是你啊。”

这个开头之后，每个人独立完成一篇文章。限于本书的篇幅，仅摘录个别同学的部分文章。

表3-4 故事接龙（学员作品）

@青果铺子 一个浑厚而充满磁性的声音，她心中一惊，这是她曾经迷恋而熟悉的声音。她转过身，看到这个男人。时光一晃，居然已经六年了。这个男人站在她的面前。她的心仿佛要跳出来，眼神迷乱，她曾经想过无数次与他相见的场景，但又并不想再见到他，自从那年她离开，虽然两个人生活在同一个城市，却再也没有见过面，一晃竟然六年了。她慌乱中，将正在抽的烟熄灭。“Marry，这些年你都还好吗？”江山问。Marry深吸一口气，冲他笑了笑：“一切都好！”
@大小宝 马丽心头一紧：“糟了，会是谁？”这声音有些陌生，但是名字又分明是自己。马丽已经好久没听过有人这么叫自己了，她掐掉烟头，快走几步，拐进了街角的一个店里。透过小店的玻璃窗，马丽面对着靠墙一侧橱窗里的商品，目光却偷偷地瞥向外面。三三两两的行人从店前经过，她在悄悄打量着其中是否有认识的人。
@泡咖啡的狐 “哦？”Marry微微转过身子看去，烟还噙在唇间：“你是……哪位？” 一个身材修长、腰肢柔软的女子笑吟吟地走了过来。她穿着毛茸茸的黑色皮草，在街灯下看不出什么牌子，但是式样和裁剪都非常自然，把主人那妩媚懒散的气质衬托得贵气十足。
@小幸福h 一听到这个声音，Marry浑身一震，脚底一滑，心里嘀咕：“是老大吗？！见鬼，这里怎么会碰见他！……保持微笑，自然，加油！当他只是你若干年未见的老朋友。”
@桃三娘 陈蓉胡乱拉了拉围脖，想把寒风挡在外头，将烟放进嘴里。忽然，有一只手拍了拍她的肩膀，她一哆嗦，差点把烟扔了，转头一看，一老外正咧着满口大白牙，灿烂地冲她笑着。那英俊的相貌，高大的身材，就跟从时尚杂志里走出来的一样，脸上还带着真诚的笑，真诚到仿佛连带着他脸上的小皱纹都在笑。

续表

@ 樱木 hanamichi 女子缓缓转过身去，手中刚点燃的香烟从指尖轻轻掉落，烟头的火星在地上一闪，即刻消失。 只见来人生得极美，白皙脸庞配红唇在别人那里是冷艳，在她这里却是纯真，直直的黑发如海藻般散落至胸前，一身卡其色风衣，配利落的牛仔裤，蹬一双黑面白边的运动鞋，夜色也遮掩不住勃勃的生气，一股青春气息扑面而来。

关于这个练习，需要注意三个方面。第一是要有想象力。开头设置了有人喊 Marry 的名字，那她一定会回头看到底是谁叫自己，这一回头，就有无数种可能性，是旧日的恋人？是同事？是朋友？是追债的仇人还是陌生人？每一个不同身份的人都会带来故事发展的不同走向，这就需要作者脑洞大开去构想。第二需要逻辑性。开头设置的时间是午夜，地点是公司楼下，人物是抽烟的女子，所以基本上给接下去的人物限定了一个框架。比如，就不太可能是 Marry 的父母喊她（中国父母不太可能叫孩子英文名），更可能的是她的同事、朋友、亲人或者恋人。第三要有衔接性。深夜点着一根烟的女子，加上开头营造的很冷很肃杀的氛围，那后面更可能跟什么，孤单？悲伤？曾经的一段故事？或者另一个真实的自己？

关于脑洞的练习，可以使用思维导图的方法。思维导图就是把可能出现的人物、环节用图形画出来，推演出各种可能性，大家可以用如下的思维导图完成“抽烟的 Marry”这个练习，也完成自己的故事接龙。

表 3-5　脑洞叙事思维导图表（示例）

主题：抽烟的 Marry
出场人物：Marry、Bob 场景：街边、酒店、公司会议室 故事梗概：

续表

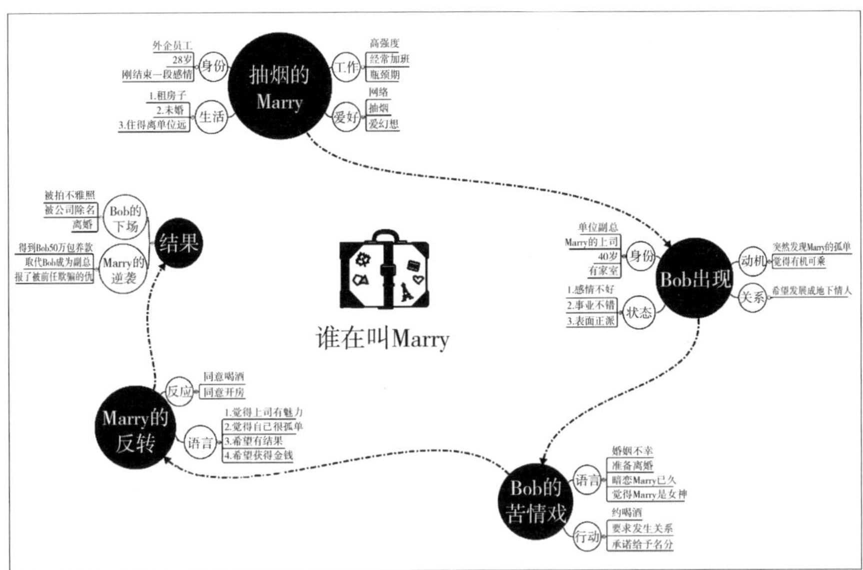

1. 脑洞大开不是胡说八道，而是换一种更跳跃、更符合现代读者习惯的叙事方法。

2. 脑洞大开的两个特征：要扯得够远，要能拉得回来。

3. 用故事接龙练习脑洞大开叙事法，用思维导图梳理逻辑。

第4章 行文的逻辑

第1节 把重要的话放在开头说

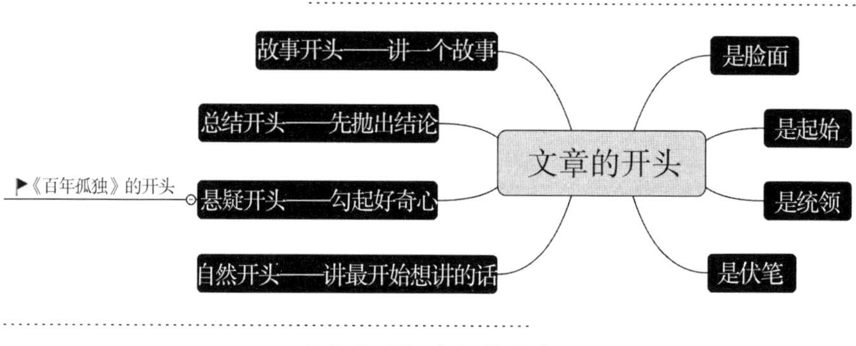

开头和开好头都很重要

文章的开头是文章最先呈现给读者的内容。好的开头，要么开宗明义，带领读者由浅入深地理解文章内容；要么提纲挈领，层层递进展现文章的内容框架；或者至少有点悬念，让人欲罢不能地急切想了解接下来的内容。

文章的开头有几个作用。首先，它是一篇文章的脸面，文章好不好看开头就能知道个大概。文章的语言风格、逻辑、立意都会体现在开头的文字里；其次，开头是一篇文章的起始，一般开头是个引子，要引出接下来要展开的话题；再次，开头是一篇文章的统领，就好像打仗时指挥千军万马的将领，开头决定着文章内容的方向；最后，开头往往埋伏着一篇文章最大的未解之谜，等待着读者在下面层层深入揭开谜底。

因为承载着这么多的功能，所以写作时要特别重视文章的开头。设计文章开头最核心的原则是——重要的话要放在开头说，要把文章最吸引人、最精华、最能引起读者注意的内容最先抛出来，这样既可以把读者牢牢留住，也便于写作者顺着开头找到叙述的方向。

围绕着重要的话要放在开头说这个原则，有一些常用的开头方法：

>>>

一、故事开头

讲故事是最容易吸引读者注意力的方法，好的故事不但可以抓人眼球，而且可以在开头就设置好出场人物和矛盾冲突的线索，为接下来的内容做铺垫。

比如，在电影《重庆森林》里，就用了一个故事做开头：

我们分手的那天是愚人节，所以我一直当她是开玩笑，我愿意让她这个玩笑维持一个月。从分手的那一天开始，我每天买一罐 5 月 1 日到期的凤梨罐头，因为凤梨是阿 May 最爱吃的东西，而 5 月 1 日是我的生日。我告诉我自己，当我买满 30 罐的时候，她如果还不回来，这段感情就会过期。

很明显，接下来的故事是围绕着“我”和阿 May 的，文章一开头就设置了一个命题：感情是有期限的，到 5 月 1 日还没结果的话，我和阿 May 的感情就过期了。

其实，不只在小说、剧本这种虚构创作中可以用故事开头，很多文章，为了拉近跟读者的关系，也习惯在开头讲个小故事，引人思考，也把读者带进呈现的情境中去。

比如，有一篇文章，想说共识比努力重要。但“共识”是一个很抽象的概念，如果按照常规行文，首先要解释什么叫共识，再讲为达成共识需要做些什么，最后再比较为什么共识比努力重要。如果这样写，这篇文章可能会非常枯燥。于是，作者在开篇写了一个小故事。

第一次世界大战时，有一支德国军队在阿尔卑斯山迷路了，当时下着大雪，缺衣少粮，如果不能尽快找到出去的路，他们可能都会困死在这里。大家尝试过各种办法：爬到山顶放信号弹，尝试沿着太阳升起的方向走……都没有用，大雪把一切都遮盖了，根本看不见路。

有一天，大家发现了一个小木屋，所有人欣喜若狂地冲进去。虽然木屋里没有人居住，但也许能找到一些有用的线索。好运果然降临了，大家在屋子里找到了一张地图，里面密密麻麻地标注了地形、路线，不过地图用的语言是没有人能看懂的拉丁文。即便如此，这也是最后的希望，大家按照地图的指引，边猜测边行进，最后居然走出了大山，辗转回到德国。

军队的指挥官一直保留着这份救命的地图，直到多年后，他拿给一个懂拉丁文的朋友看。朋友看了之后说，这根本不是一张欧洲地图，这里头标注的是非洲某个地方，也就是说，德国军队靠着一张谁也看不懂的非洲地图，走出了阿尔卑斯山。

这个故事说明什么？为什么错误的地图可以指路？为什么看不懂拉丁文也能找到方向？这是地图的功劳还是大家的心理作用？

接下来，作者给出了自己的答案：地图除了指路以外，还有一个作用，就是统一了大家的思想。在找不到路的情况下，每个人都有自己的判断，部队四分五裂，当然没有方向。地图凝聚了军心，也给了指引的方向（虽然谁也不知道对错），在尝试中，大家找到了对的路。

看似错误的尝试不一定会失败。但如果开始你就认为尝试是错的，那根本就没有成功的可能。如果在做一件事的时候大家能达成共识，坚定地沿着某个方向前进，也许就能突出重围。这就是共识的作用，也是作者在这篇文章中真正想讲的内容。

除了引出人物、启发思考之外，通过故事也可以营造出一种生活化的场景。比如下面这篇文章《免费资源这么多，我为什么还要付费学习》。看起来是在讲道理，但如果作者上来就讲原因，会显得比较沉重。所以作者写了一个很轻松的开头：

一个半月前，我花了 999 元参加了一个写作训练营。跟朋友提起这事的时候，有的朋友大吃一惊。“我的天！你钱多得没地方花了吗？到网上搜搜，大把教写作的教材啊！”

文章以这种富有生活气息的小故事开头，会显得有亲和力。

如何写故事开头呢？第一，根据文章主旨构思一个故事，可以是真的，可以是听过的，也可以是虚构的；第二，尽量在200字以内把这个故事讲完整，包括起因、经过和结果；第三，要在故事最后，点明故事和文章的关联。

>>>

二、总结开头

总结开头就是在文章的最开始，开门见山地给出见解和结论，让读者知道文章的立场和主旨。然后在接下来的段落里，像剥洋葱一样，一层一层展开，解释清楚。

举个例子，写作班一位学员写了对生活的反省，她这样设置自己文章的开头：

一张别人的美丽照片，大多数人的第一反应会是，这谁拍的？

一张自己的漂亮照片，大多数人的第一反应会是，我真好看！

所以，人们总把自己的获得归功于自己的努力，而把别人的成果视为环境、机遇的恩赐，人性就是如此。

到底是自己的努力还是环境的恩赐？作者举了正反两个例子解释上面的问题，最后得出如下结论：

所以，其实我们在工作和生活中遇到的绝大多数问题，不外乎推卸外因责任还是自我内因解决这两个反应。推卸外因责任的时候，内心自然是崩溃的，因为好像全世界都在跟自己作对。自我内因解决的时候，多少是斗志昂扬的，因为迎难而上总是需要勇气的。

以总结和结论做开头对写作者和读者来说都是有好处的。对写作者来说，有了结论悬在头顶，写作中就会一直围绕这个中心不跑题；而对于读者来说，先看到结论，好奇心被调动起来，在整个阅读过程中，就容易沿着作者的分析层层剥茧抽丝。

一般总结式开头的行文框架是先结论后原因，先全局后细节，先结果后过程。比如，小说的总结开头："躺在病床上回顾自己的一生，他仿佛再难以找到一个词比折腾更能恰当地形容这 30 年。"开了这个头，作者就可以回忆他 30 年来的经历；再比如哲理散文的总结开头："不动脑子的勤奋是最懒惰的行为"，开了这个头，作者就可以举一些不动脑子假勤奋的例子。

如何写总结式开头呢？所谓总结式开头，也有人称为"金句"式开头。金句就是有闪光点的句子，也是朗朗上口的句子。写作班有个学员写了一篇文章，叫作《不能天生丽质，就要天生励志》，这就很适合做总结式开头。金句在哪里找，一般从文章中找，或者通过归纳文章的内容进行提炼。比如，一篇小说的开头，"我觉得我会报复社会，因为这个社会报复了我太多次……"，这个句子，一看就是概括了后面要讲的故事的内容。

>>>

三、悬疑开头

文似看山不喜平，其实，不管是写作者还是读者，都希望在文字里找到乐趣，而开头是绝佳的乐趣入门通道，所以很多的开头会呈现破碎的结构——包括当时事件中的某个场景、站在现在对过去某个时间的假设或者是当事人在某一刻的体验。比如，马尔克斯在《百年孤独》里写下的第一句话就是："多年以后，面对行刑队，奥雷良诺·布恩地亚上校将会回想起，父亲带他去见识冰块的那个遥远的下午。"这个开头很巧妙地打乱了时间的顺序，从现在看将要发生的事。单单这种错乱都让读者觉得好奇——是不是有些东西注定会发生？是不是会有某种反思？是不是还夹杂着宿命论的态度？

《百年孤独》的这个开头被奉为文学史上的经典。下面的表格里是其他文学作品悬疑开头的例子，观察这些开头的模式，找到制造悬疑的方法，在最下方空白处写出你的模仿：

表4-1　仿写一个《百年孤独》式的开头

原版：《百年孤独》的开头： “多年以后，面对行刑队，奥雷良诺·布恩地亚上校将会回想起，父亲带他去见识冰块的那个遥远的下午。”
“那天早晨，俺公爹赵甲做梦也想不到再过七天他就要死在俺的手里；死得胜过一条忠于职守的老狗。俺也想不到，俺一个女流之辈俺竟然能够手持利刃杀了自己的公爹。俺更想不到，这个半年前仿佛从天而降的公爹，竟然真是一个杀人不眨眼的刽子手。” ——《檀香刑》
“很多年以后，我站在竖立着一块炼泅石的海岸，面朝大海，面朝我的王国，面朝臣服于我的子民，面朝凡世起伏的喧嚣，面朝天空的霰雪鸟，泪流满面。” ——《幻城》
“日后人们记起杨天宽那天早晨离开洪水峪的样子，总找不到别的说法儿。他们只记住了一件事，不知道是不是顶重要的一件事。‘他背了二百斤谷子。’这没滋没味儿的话说了足有三十年。” ——刘恒《狗日的粮食》（1986）
“很多年之后，我有个绰号叫作西毒。任何人都可以变得狠毒，只要你尝试过什么叫嫉妒。” ——王家卫《东邪西毒》（1994）
“很多年后，我爱上过很多的女人。当她们紧紧拥抱我的时候都会问，我会不会记挂她们。我想我当时心里是说会的。但是我真正唯一没有忘记的，是从来没有问过我的人，那就是玛莲娜。” ——《西西里的美丽传说》
仿写一个《百年孤独》式开头：

靠时间切换造成悬疑是悬疑开头的一种方法，除此之外，还有靠情节推动的悬疑（例如，他并不像外人传说的那样妻妾成群，常年跟他在一起的只是一只猫……）；靠违反常见逻辑造成的悬疑（例如，我们之前有比较好的营收，但即便如此我们仍旧认为我们的商业计划完全是个错误……）和语言结构悬疑（这个没有读过书的农村妇女连续培养出三个就读世界名校的孩子，而她的方法只有一条……），等等。

悬疑开头如何写呢？有三种常见的套路。最常见的就是百年孤独式悬疑开头，颠倒时空的界限——“多年以后，我想到自己当时那个决定，真的没有后悔过……”；第二种是故意营造不合情理的场面——“被捉住的那一刻，她拼命挣扎，她不怕死，而是怕她手里这点钱再也不能送给她要感谢的那个人了……”；第三种是提出疑问造成悬疑——“一个人，15 天，积累了十万粉丝，这个可怕的写作狂人，到底用了什么方法？”

>>>

四、自然叙述开头

开头虽然有很多技巧，但还是有很多人使用自然叙述开头。所谓自然叙述开头，就是把作者想跟读者说的第一句话作为开头，看似没有经过刻意的设计，但可能反而更打动人心，因为这些未经修饰的淳朴开头可能是作者最想说的、最重要的话。

比如，鲁迅《秋叶》一文中的开头，看起来非常朴素，甚至有些啰唆：

在我的后园，可以看见墙外有两株树，一株是枣树，还有一株也是枣树。

看似无意义的重复，结合作者所处的时代，以及文章后面的内容，就可以理解，这个开头准确表达了他当时苦闷的心情。

而同样是讲苦闷，朱自清在《荷塘月色》中也未加修饰，自然而然地开头：

这几天心里颇不宁静。今晚在院子里坐着乘凉，忽然想起日日走过的荷塘，在这满月的光里，总该另有一番样子吧。月亮渐渐地升高了，墙外马路上孩子们的欢笑，已经听不见了；妻在屋里拍着闰儿，迷迷糊糊地哼着眠歌。我悄悄地披了大衫，带上门出去。

开头有时候也能容纳最本源、最澎湃的感情，一位母亲写文章怀念刚刚夭折的孩子，第一句是“我就是想死，不顾一切地想死，我不想再看到这个世界，或者跟这个世界有任何瓜葛，天是灰的，我一刻也不能等地要去另外一个地方见他……”这个开头看起来好像就是普通的倾诉，但是积聚了足够丰沛的感情，直指人心。

自然叙述式的窍门是捕捉细微的情感。对于初学者来说，有三个模板可以套用：第一种是人称模板，我你他三个人称 + 感受。比如，“我心里真的很不平静……”“你难道就这样算了吗？”“他当作一切都没有发生……”；第二种叫托物言志，看似写风景，其实有深意。比如，“最近一直很燥热，让人心情烦躁”“风来的时候，整个城市都变得萧瑟，我此刻的心情也是如此”；第三种叫对话模板，看似自言自语，实际上是思考对话。比如，“结束了吗？好像一切都结束了，但又好像没有……”“我还能说什么呢？说说我的委屈，说说我的愤怒和不满？也许都太晚了……”

以上是文章开头常见的几种模式。其实不管哪种方式，开头无非是要引起读者注意，给人留下深刻的印象。未来，随着新媒体的发展，呈现在每个人面前的内容会越来越多，相应地，每个人用来阅读一篇文章的时间会更短，如果不能在开头就牢牢抓住读者，再好的内容都展现不出来。这也就要求写作者要把重要的话放在开头说，让读者一目了然，有继续读下去的兴致。

1. 开头的四个作用——脸面、起始、统领、伏笔。

2. 开头的四大套路——故事开头、总结开头、悬疑开头、自然叙述开头。

3. 开头万变不离其宗的原则是——重要的话要放在开头说。

第 2 节　让松散的材料连贯起来

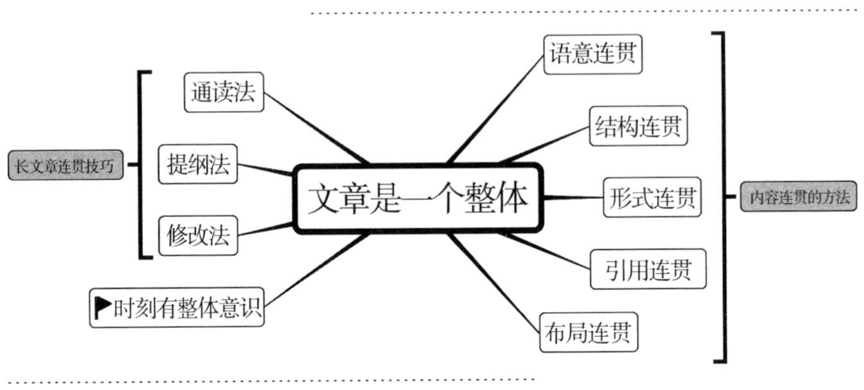

文章的结构和内容是一个整体

好的文章像带着读者爬山，起起伏伏，错落有致，有引人入胜的叙述，有思维缜密的推理，有慷慨激昂的抒情，有一锤定音的总结，这一切就像带着读者经历了一场文字构建的奇妙旅程。

但不管如何起伏，也不管运用了多少写作技巧，文章一定要有逻辑，这会让所有的素材成为一个整体，而不是单独分散的存在。举个例子，有人写文章会大段引用文献，文献是从各个地方摘录过来的资料，难免有各自的语言风格和逻辑结构，如果只是简单地引用和堆积，不加以归纳，文章就会变成一盘散沙。

如何保证文章内在逻辑的完整性呢？最常见的就是列提纲法。在动笔前想好文章的结构和呼应关系。尤其是在写复杂文章的时候，一定要先列提纲，想清楚开头如何写，中间有几点，引用哪些资料，提供哪些数据，等等。有了提纲，再去填充提纲需要的支撑材料，所有的资料都为提纲服务，为中心服务，这样的写作就比较容易有整体性和全局意识。

每个人列提纲的习惯不同，有人喜欢只写几个关键词或者小标题，有人喜欢把每一段的意思都大致描述出来，对于希望锻炼写作能力的同学，可以试着模仿下面的文章提纲表：

表 4-2　文章提纲表（示例）

文章主题：我怎么看待中学生中存在的霸凌事件
第一部分：起因（引用媒体报道） • 通过回顾中关村二小霸凌的新闻，解释何为霸凌
第二部分：事件的严重性 • 1. 这些年，中学生霸凌有哪些案例（插入具体数据） • 2. 以往对霸凌的处理结果 • 3. 霸凌对孩子的影响 • 4. 大家对霸凌如何评价
第三部分：霸凌的根源是什么（查看有无专家访谈） • 1. 一方比较蛮横 • 2. 一方比较软弱 • 3. 学校管理不力 • 4. 家长教育不够 • 5. 缺乏相关法律法规 • 6. 社会舆论对霸凌认识不足
第四部分：对霸凌的处理（查阅有无相关法律条文） • 1. 霸凌是否涉及违法 • 2. 学校对施暴者有无惩处 • 3. 被霸凌者的心理救助 • 4. 有无杜绝措施 • 5. 处理方法对其他人有无警示作用
第五部分：其他国家对霸凌的处理经验（插入具体案例） • 1. 美国如何处理霸凌 • 2. 日本如何处理霸凌
第六部分：意见和行动 • 1. 要求校方、施暴者、施暴者家长提高重视 • 2. 要求学生提高防范意识 • 3. 赔偿和救助

以上用提纲法保证了文章布局的连贯，在行文过程中，还需要注意具体行文的四种连贯性，分别是语意连贯、结构连贯、形式连贯和引用连贯。

>>>
一、语意连贯

一篇文章往往不只用到一种写作技巧，叙事、议论、评论，甚至虚构、感慨也许会同时出现在一篇文章里。比如，张嘉佳的小说《摆渡人》中大部分是叙事，讲了主人公的故事，但也有“我是个摆渡人，他在岸这边落水了，我要把他送到河那岸去”的归纳；有“愿做个逗号，待在你脚边”的感慨，也有“但你有自己的朗读者，而我只是个摆渡人”的总结。一篇文章里头，结合了多种写作手法。

讲故事、评论、感慨，这么多手法会不会让读者觉得混乱呢？不会的，因为上面所有的内容都是服务“摆渡人”这个主题的。首先，故事的中心线是陪伴。主角小玉多次说自己是摆渡人，不求结果，只求把人渡到彼岸，以此为中心，文章的素材被串到了一起。其次，文章的精神内核是关于陪伴和勇气的。所以不管叙事也好、总结也好、感慨也好，都是在讲这个道理。最后，文章的落脚点是摆渡人通过摆渡别人找到了自己的归宿。所以，看起来好像讲了很多事，但是由于内容连贯，每一句话都能支撑主题，文章就显得很完整、很连贯。

语意连贯讲的就是这个意思。文章可以用到多种表达，可以由故事偏离出去发感慨，甚至跳脱出去讲另外一件事，但所有表达的意思要连贯，不管跳出去多远，最后一定要回归到主线。

>>>
二、结构连贯

过去上语文课，老师总是会让大家给文章分层，当时很多人不理解这种练习的意义，为什么要把文章分层呢？其实，分层就是为了看清作者是怎么把零散的内容合并成一个整体的。

写作时，为了讲述一个复杂话题，人们会搭建文章的内部结构。长的文章，没办法一口气说到底，人们就会分章，分小节，分层次，分段落，这种层级结构会辅助写作者更好地连贯内容。所以不管是文章分层练习，还是发现隐含在文章中的层级结构，说的都是同一件事，那就是如何让文章结构变得连贯。

之前韩寒有一篇文章《太平洋上的风》，这篇文章在结构上有三个层次：第一层叫“我以为”。我以为台湾是张艾嘉和陈升的歌曲，是侯孝贤和杨德昌的电影，是魏德圣和九把刀……第二层叫“我看到”。通过修眼镜、打车后失而复得的物品说明台湾的人情味；第三层叫“我觉得”。因为有了实际体验，作者改变了对台湾的印象，并由此引发了感慨，原来台湾和香港有很多值得我们学习的地方。

单从结构来说，这篇文章是很完整的。首先由误解到理解，这是第一环。因为有误解，自然要破解误会，作者的行文有逻辑，读者看起来也觉得自然；从理解到发现原因并发出感慨，这是第二环。因为看到了台湾的好，所以思考好的原因。作者用了一系列排比句，表达了对原因的思考。文章到这里已经很完整了，作者在最后加了个小尾巴，“坐在空客 330 的机舱里，飞翔在两万英尺的高空，一个半小时就到了上海，窗外望去，都是海水。既然我们共享着太平洋的风，就让它吹过所有的一切。”内容上，点出了标题“太平洋上的风”，在结构上，也很完整地表达了期待。

这就是结构连贯的例子。因为表述的内容一环扣一环，所以作者写起来很自然，读者读起来也很流畅。

>>>

三、形式连贯

写作时，为了更好地表达语意，写作者可以设计很多特殊的形式让文章更像一个整体。比如，文章中要引入某种表现形式，但限于篇幅又不可能整篇引用，那就可以做成“附录”或者“索引”的形式，只在文中提及，但并不全文展示，有需要的人可以在文后找到。再比如有些新闻采访稿件，被采访者的回答很精彩，但碍于篇幅又不可能全篇照抄，那就可以做成附文的形式，在最后有问与答的部分，完整展示对谈的过程。类似的设计还有很多，像评论某篇文章时，正文是评论，附录是被评论的原文；比如，写总结时需要提供各种材料文件，以摘要、大纲的形式展现出来。

>>>
四、引用连贯

现在的写作者越来越习惯使用除文字以外的多种表达手段，包括表格、结构图、甘特图等辅助工具。借助这些工具，有些数字、趋势、规律、结构会比单纯用文字表达更清晰。而文字和辅助工具的结合，也能帮助读者更容易地抓住文章的整体结构。

但这些插入，不只包括上述非文字资料，还包括其他人讲话、例子、某本书的结论等，都可能会打乱文章的整体性。所以很多写作者就此陷入了两难的境地：不引用吧，文章的内容很干瘪，没有活力；引用吧，又不能很好地吸收这些材料，最后倒是这些外来材料把文章切割得支离破碎。

比如，我刚刚在讲到语意连贯时引用了张嘉佳的文章，但也有“我是个摆渡人。他在岸这边落水了，我要把他送到河那岸去”的归纳。引号里的句子本来更长一些，全文是“我不是备胎。我想了想，我是个摆渡人。他在岸这边落水了，我要把他送到河那岸去。河那岸有别人在等他，不是我，我是摆渡人。”大家可以感觉一下如果全部引用，放在上下文中是什么感觉：

（全引用）小说大部分是叙事，讲了主人公的故事，但也有“我是个摆渡人。他在岸这边落水了，我要把他送到河那岸去。河那岸有别人在等他，不是我，我是摆渡人”的归纳。

（部分引用）小说大部分是叙事，讲了主人公的故事，但也有“我是个摆渡人。他在岸这边落水了，我要把他送到河那岸去”的归纳。

虽然全部引用更接近作者原本的意思，但很明显，全部引用会让我的文章段落变得奇怪。所以我选择了只引用一句话的方式。

解决引用连贯性问题还是需要回到文章逻辑这个最基本的概念上来。一篇文章不是拼凑一些资料、汇总一些表格和数据，而是要有一个整体的纲领，就像开篇提到的写作提纲。如果提纲是一棵大树，引用的资料就是树上的叶片，它们应该被点缀在最需要的地方，而不应该喧宾夺主。所以，除了要把握引用资料的价值（是不是非引用不可），也要在引用数据、资料的前后增加一些连贯性的词语，保证引用连贯性。

总的来说，写作的内在逻辑考验的是写作者调度资料的能力。尤其在复杂写作中，比如，写大型报告或者写中长篇小说，一旦故事和人物关系变得复杂，写作整体性的问题就会更加突出地表现出来。

要解决这个问题，除了上面提示的五种方法，还要不断通读之前写过的文字，反复琢磨提纲，边写边调整。其实，即使对于专业的文字工作者，要想一次就实现大型文章的完整性，也是不容易的。

1. 文章要像一个整体，不要被切割破碎。

2. 五种方法护航文章的整体性：布局连贯、语意连贯、结构连贯、形式连贯、引用连贯。

3. 长篇文章除了上面的五种方法，还有三种练习方法：通读法、提纲法、修改法。

第 3 节　把孤立的内容变成整体

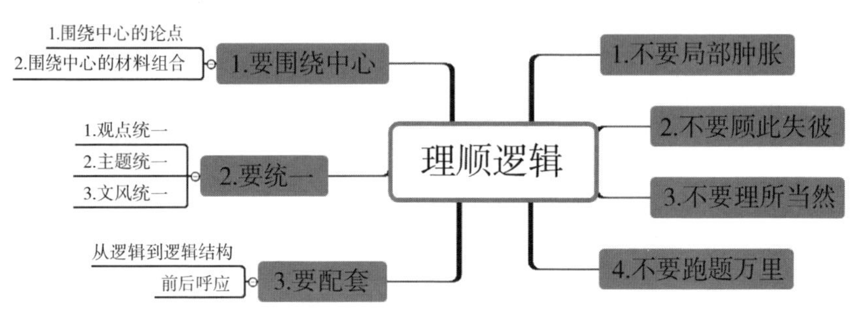

写作的“三要”“四不要”

写文章就像建一栋房子，不是什么建筑材料都可以用。本来四根柱子就可以支撑起一栋房子，非要塞五根，不但不好看，还破坏了建筑的整体结构。写文章也一样，不是堆的资料越多越好。文章的内容需要按某种逻辑来组织，哪些内容应该要，哪些内容应该舍弃，哪些内容非但没有帮助还会拖了文章的后腿，这都是搭建文章结构时需要考虑的问题。

文章结构是为了构建文章内容之间的合理关系，把孤立的内容变成整体，简单来说就是找到贯穿文章内容的主线。一篇文章是一个整体，要有一以贯之的价值观，要有层层递进的推理，还要有前后一致的写作目标。有的文章，可能开头不错，中间写得很丰满，结尾也很有特色，可如果缺乏主线，每一段文字各自为政，就会让别人觉得很混乱。

文章的结构千差万别，很难说哪种结构更好，也很难总结出一个准确的公式，但行文结构中经常出现的问题却是有规律可循的，表现出来，主要有四种症状，分别是局部肿胀、顾此失彼、理所当然和跑题万里。

>>>
一、局部肿胀

局部肿胀是指该强调的地方没强调，不该强调的地方却加重了笔墨。比如，命题作文《今天印象深刻的一件事》，很明显，重点是落在印象深刻的事上，可很多人会跟着感觉写，把点落在了“今天”上。早晨做了什么，遇见了谁，错过了什么，怎么一步步到了……2000 字的文章，前面 1000 字都在铺垫印象深刻的事之前发生了什么。这种文章会让读者觉得很难受，像吃包子咬了两口都没吃到馅，文章的吸引力自然也打了折扣。

其实不只开头，在所有不该过分着墨的地方拖延时间都容易造成局部肿胀。比如，过多的环境描写，迟迟不引入人物；比如，结尾部分个人观点和评论过多，不给读者留下回味的空间；比如，文章的对话过于细碎、啰唆，反而冲淡了人物个性，等等。这些都会导致文章不通畅，文字和语意淤积，形成肿胀。

举个例子来说，有一篇作文，题目是《我的奇葩遭遇》，文章的开头是这样写的：

又是一个百无聊赖的周末，我决定给自己找点事情做，所以一大早，我就在微信朋友圈发了一条状态，询问大家有什么好的活动推荐。

没隔几分钟，就有好几个朋友回复我，有人说你一定是太孤独了，应该参加相亲活动；有人说请他吃饭、看电影；有人酸溜溜地说：“有周末真好，哪像我们这些加班狗，连周末都不能休息。”才半个小时不到，我收到 50 个赞，十几条回复，但竟然没有一个人给我一个靠谱的建议。

说实话，我不知道问问周末应该干什么有什么好点赞的，也不知道那些回复我的人是不是比我更无聊，那一刻我甚至对所谓的“朋友圈”有点质疑，这个圈子里哪有什么朋友，大家不过是“点赞之交”，好几年不联系的朋友，一张嘴就是请你为他刚刚发的消息点赞，可是他孩子的涂鸦评选跟我有什么关系，他老婆的十佳模范跟我有什么关系，我只想知道是不是在我需要找人询问到底应该干点啥的时候，有人能提供些靠谱的建议。

说说我那天的奇葩遭遇吧。当时不是无聊嘛，我就去了公园……

这篇文章讲的是“我的奇葩遭遇”，但是讲遭遇前的铺垫就写了近 400 字。而且前面的完全是个人感受，想到哪儿说到哪儿，从朋友圈说到朋友，又从朋友说到人际关系。也许作者想通过这些内容描述自己的心情和态度，但是因为太长、太随意，反而破坏了文章整体的结构逻辑。

如何避免文章的局部肿胀呢，可以使用下面这个反肿胀练习法。在写作前，先规划好文章每一部分的比例，搞清重点和非重点部分的分配。

表 4-3　反肿胀练习法

<table>
<tr><td colspan="5">文章主题：我的奇葩遭遇</td></tr>
<tr><td colspan="5">故事的开头，引入人物，占 20%
故事的发展，展开事件，占 30%
故事的结尾，占 10%
对故事的联想及感慨 20%
反思占 20%</td></tr>
<tr><td>开头部分 20%</td><td>故事的发展 30%</td><td>结尾 10%</td><td>感慨 20%</td><td>反思 20%</td></tr>
</table>

举个例子，韩国有一部电影，说的是人类被丧尸攻击的故事。故事里出场人物很多，情节也比较复杂，但是经过编剧的设计，故事紧凑又不失细节。

开篇的 10% 说了主人公石宇和女儿秀安的背景。父亲无暇照顾女儿，满怀愧疚，所以决定放下手边的工作带她去釜山见妈妈。这里头交代了石宇的工作，也为最后丧尸危机为什么会爆发埋下了伏笔。10% 的比例，交代清楚了情况，也营造了一种紧张、压抑的气氛。

中间 20% 是他们在火车上遇见的人，摔跤手和怀孕的妻子，棒球队的年轻人，还有客运巴士公司的常务理事。通过短暂的交流，彼此有理解也有敌对。20% 的比重顾及每个在接下来要出场的主要人物，也刚好把人物的冲突展开。

接下来50%，剧本的重点放在了丧尸与人的交锋上。大家逃命，跟丧尸搏斗，不断沦陷。在这个过程中，人性开始展露，有的人只顾自己，有的人顾及大家。在人和丧尸之间、人和人之间，丧尸和丧尸之间，戏剧冲突得以展开。

最后20%是结尾。人一个个死去，亲情、人性、生命、信任，这些抽象的概念在故事设定的情境里一遍遍被拷问。剧本在最后的节奏变慢了，20%的篇幅里，留下了供人反思的空间。

很明显，《釜山行》的重点是冲突，所以最核心的是中间部分。前面的铺垫和后面的反思是必需的，但都比较轻。在结构上，作者规划得很好，张弛有度，保证了内容节奏的起伏。

>>>
二、顾此失彼

顾此失彼是因为观点混乱，前面讲一个意思，到后面自己推翻自己。或者前面有一个重点，写到后面写成了另外一个重点。比如，有人写了一篇文章叫《跑步可以治疗抑郁吗》，前面作者用大量篇幅列举了医学研究和数据，证明跑步治疗抑郁是有科学依据的，后面，为了让文章更客观，作者说："虽然很多人靠跑步治好了抑郁，但即便专业运动员，也有人会得抑郁症。"作者呈现了一个我也没有结论的中立姿态，文章标题提出的问题，作者也没有明确地解答。

就上面那篇文章讲，如果作者想呈现一个不确定的结论，正确的逻辑应该是在前面和后面都要呈现这种不确定。比如，开头就要讲清楚医疗数据的成立有没有条件，在什么情况下跑步可以治疗抑郁，千万要避免自己否定自己的状况。

写文章需要在动笔前就有整体的逻辑，不能一边想一边写，这样很容易不断否定自己的观点，造成前后不一致。比如，接下来这篇文章《节约的人才是可耻的》，作者提出了很新奇的观点，但是顾此失彼。文章摘录如下：

为什么我不提倡节约？因为好多节约反而是浪费。比如家里的老人每次都把剩饭热了又热，殊不知剩饭中有多种有害物质，看似省了几个钱，以后一旦生病会花大量的医药费。

还有就是现在人特别节约时间，走路都要看手机，吃饭都要听音乐，总希望把一分钟掰成八块用，殊不知一心不能二用，看起来节约，其实哪个都没干好。

还有一种人叫贪小便宜吃大亏，比如现在很多人买 P2P 理财产品，看起来收益很高，每个月都能拿到利息，但这种小便宜往往占不得，因为 P2P 的高收益是建立在高风险上的，也许有一天就会血本无归。

贪小便宜和节约都是出于一种多占一点的思维，这种思维挺害人的，该是你的就是你的，一点也不会少，不该你要的，如果你刻意强求，最后的结果会很不好。比如有人会把超市装蔬果的塑料袋拿回家，本来这是超市方便大家的，有人偏偏要趁人不注意据为己有，这种行为就很可耻。

当然，反对节约也不是要大家浪费，不节约就是不占小便宜，不要不该要的东西，不拿不该拿的东西，这样的节约没有意义，很多时候会变成更大的浪费。

这篇文章讲了很多很对的例子，比如不要吃剩饭，不要一心二用，不要贪图理财产品的高收益，这些都没错，可是这些例子既不是节约，也不是贪小便宜，作者在开始就没有界定清楚标题中所说的节约到底是什么意思。所以到后面讲结论的时候，一会儿说不鼓励浪费，一会儿又说不贪便宜，造成逻辑混乱。

那应该怎么说呢？文章的开始，作者就应该说明他反对“假节约”，就是那些看起来省钱其实反而更浪费钱的做法。因为“假节约”是算错了账，吃剩饭吃进了医院不是要花更多钱吗？一心二用都没做好不是更耽误时间？买理财产品折本不是更没收益？所以作者真正反对的是没有想明白账要怎么算的行为，而不是节约。如果能围绕这个点讲明白，文章就会很有逻辑性。

如何避免顾此失彼呢，大家可以使用下面这个核心观点练习法。在写作前，一定要先想好自己的观点，围绕着核心观点写，要相信自己的观点，并不断提醒自己。

表 4-4　核心观点练习法

核心观点：我为什么不提倡节约
第一步：界定概念 反对的节约是“假节约”
第二步：破题 什么是假节约 • 1. 吃剩饭； • 2. 一心二用； • 3. 买看起来划算的理财产品； • 4. 买假货
第三步：归纳 假节约的原因 假节约是因为没有算好一笔账，对应上面四个例子分析： • 1. 吃剩饭——病了花更多钱； • 2. 一心二用——两个都做不好更浪费时间； • 3.P2P 理财——风险大投资没保障； • 4. 假货——买着便宜用着贵。
第四步：结论 做一个会算账的人，反对假节约。

>>>

三、理所当然

理所当然表现为只呈现跟主题相关的内容，却没有推理过程。写作中，我们不能相信理所当然的推理，一定要找出材料跟结论的联系。不然的话，读者会一头雾水，找不到方向。

比如下面这篇文章《每个熊孩子的背后都有一个熊父母》：

熊孩子是指那些特别顽皮，甚至疯到没教养，无所顾忌的孩子。比如有些孩子拿不到玩具就会大哭不止，满地打滚，伤害其他小朋友；再比如有的孩子随便摆弄别人的东西，甚至失手打碎别人贵重的收藏品。这已经不是孩子小不懂事可以搪塞的了，这就是无药可救的熊孩子。

但很多父母可不这么看，他们觉得这是孩子天真可爱的一面，批评自己孩子的人是没有爱心、不通情理的人。这简直就是跟熊孩子对应的熊父母。这也充分印证了一点，为什么熊孩子讨人烦，因为他们的父母就讨人烦。熊孩子的多动、没礼貌都来源于这样的熊父母，所谓有其父必有其子，熊孩子的背后一定有更过分的熊父母。

这两段讲了两个概念，两个推论。两个概念分别是熊孩子和熊父母。两个推论，一是熊孩子是熊父母惯出来的；二是熊孩子是熊父母遗传的。所以文章的结论是：我们看到的熊孩子的恶劣品行，全部都是熊父母一手造成的。

文章的意思大家可以理解，但是这样表述显得非常没逻辑。第一，熊孩子的成长环境非常复杂，有的孩子是保姆带大的，有的孩子是老人带大的，有的孩子是父母带大的，在成长的道路上，孩子会受到家人、老师、亲戚、邻居等很多影响，所以到底是不是父母惯出来的，不能说得这么绝对。第二，孩子遗传了父母的基因这没问题，但是不是多动、没礼貌、毛手毛脚都是父母遗传的？这个需要再推敲。小孩的身体和大脑都没有完全发育成熟，会存在四肢不协调等问题，用成年的父母去类比孩子，显得很不妥当。

写文章很忌讳理所当然的推论，如果别人觉得你的推理没有根据，就会质疑你的结论，整个文章就会站不住脚。

>>>

四、跑题万里

跑题就是偏离主题。我们上小学、上中学的时候，经常听老师说某人的文章跑题了，说的就是文章的内容和主旨不相符。而常见偏离主题的方式归纳起来有：流水账式跑题、核心不明式跑题、跳跃式跑题和多中心式跑题。

流水账式跑题表现为叙述太散没中心，看起来所有的内容都罗列了，但是别人读起来却抓不住要点。一般这种问题经常发生在写工作汇报、游记、测评中。

核心不明式跑题表现为内容太散没中心，看起来每个部分都是有逻辑的，但是凑成一篇文章却没有了逻辑。

跳跃式跑题表现为写作中心的偏移，一篇回忆老师的文章，因为某个部分提到了同学，又开始说同学这几年的发展，就完全偏移了之前营造的回忆、思念、感伤的文章调性。

多中心式跑题表现为文章呈现出多个中心，比如一篇名为《女人不可以穷》的文章，先说了女人物质上要富足，又说了精神上也要富有，最后文章开始纠结，如果物质富有但精神贫穷怎么办？精神富有物质贫穷怎么办？文章的中心开始不再明确，反而让人看不懂。

像上面这种多中心式跑题的情况，可以对照下面这个表格。写作中，如果担心跑题，就在最开始限定关键词，找到关键词，死死抓住不放，把问题说透。

表 4–5　跑题对照表（示例）

标题：女人不可以穷
第一步：核对中心词 • 1. 穷不是指家境贫寒； • 2. 穷是指自己没有挣钱的能力； • 3. 穷是指自己没法养活自己。
第二步：核对重点 • 1. 有了钱女人才能昂首挺胸； • 2. 有了钱才能孝敬父母； • 3. 有了钱才能自信独立。

续表

第三步：核对主旨 • 1. 金钱给人底气； • 2. 金钱给人自由。
第四步：核对结论 • 1. 精神的丰富弥补不了物质的匮乏； • 2. 人会反目，钱不会； • 3. 钱给女人安全感。

上面讲了结构逻辑的四个问题。如果把文章比作一架飞机的话，文章的主旨就是发动机，它起到了指引的决定性作用；文章的论点就是机翼，它可以把握方向；文章的论据就是机身，它形成了文章的框架；文章的语言就是飞机座椅、小桌板，它是切切实实让乘客可以感觉到的东西。而一架飞机要把发动机、机身、机翼、飞机座椅、小桌板合理配置起来，需要一定的方法，这个方法放在写作里，就叫作写作的结构逻辑。

以下有三种方法，它们可以帮助写作者快速理好思路，找出合理搭建文章结构的方法：

1. 中心原则法

写作一定要有中心，一个道理也好，一种意境也好，一个说明主题也好，一定要有个中心，如果你发现文字开始跟中心没关系了，那说明写偏了。

中心有时候也叫作写作的“点”。写人物，人物性格，甚至人物性格的某一方面是点；描述事物，事物的某个特性或者某个局部细节是点；写评论，某一个观点，或者对某一个观点的解读是点，抓住这个点延伸分支，文章就会很有说服力；写小说或者故事，人物潜在的戏剧冲突是点，围绕这个点反复强调、放大，就会制造出让人印象深刻的段落。

2. 统一原则法

一篇文章是一个整体，要实现整体效果，需要有三个统一，分别是观点统一，主题统一，文风统一。观点统一很简单，就是不能前后矛盾；主题统一就是在讲清楚一件事之前不轻易跳转到另外一件事；文风统一就是表述要有连贯性，让读者更容易接受你通过语言所呈现出来的词语逻辑。

3. 配套原则法

逻辑看起来是非常难以琢磨的事情，但是“逻辑结构”却有套路可循。什么是逻辑结构？简单来说，就是构成一个逻辑的必要组成部分。比如，“例子+结论”式逻辑结构，前面讲例子，后面要有归纳总结；比如“故事+升华”式逻辑结构，前面讲故事，后面要通过感悟实现升华；比如，“伏线+抒情”式逻辑结构，前面所有的叙事都暗藏着某种情绪，最后挑明感情点，抒发情绪。逻辑结构展示了快速理顺文章结构的套路——如果前半部分是展示，后半部分就要有专门的内容做配套。

有中心，有头有尾，有配套，这是写文章理顺逻辑的三个关键词。

1. 有逻辑，文章才是整体。

2. 逻辑不顺表现为四个方面：局部肿胀、顾此失彼、理所当然、跑题万里。

3. 快速理顺结构逻辑的三步法：中心原则法、统一原则法、配套原则法。

第 4 节　让所有的铺垫为结尾服务

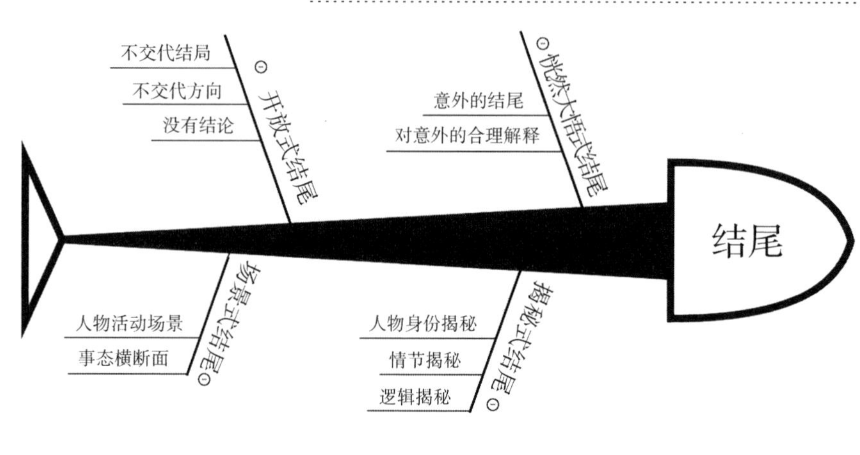

结尾的内容和形式也都是为“结尾”服务的

大家都知道写作要围绕着一个中心，所有的内容要为主旨服务，但是在为主旨服务的内容之间，彼此是什么关系呢？比如，开头要为中心服务、中间部分要为中心服务、结尾要为中心服务，这肯定是没错的，但是开头、中间和结尾之间是什么关系呢？是各自独立，还是平级关系呢？

从写作逻辑上来看，有一句话可以概括文章各部分的关系，那就是——所有的铺垫都是为结尾服务的。文章的开头也好，中心内容也好，叙事逻辑也好，都不是简单的陈列，前面的所有设置，最后都是为了结尾服务的。

为什么结尾那么重要呢？这就涉及人们阅读和认知的习惯。人们的认知通常是由开头到结尾，由简单到复杂，由不熟悉到熟悉。我们阅读一本书，了解一个知识，看一篇文章，虽然接触的介质有所不同，但认知的模式是一模一样的，都是从开始引入，到深入了解，到最后形成结果。如果过程中断，人们就会很不舒服，觉得不符合自己的认知习惯。比如，有人故意写了个开头，没有分析也没有结尾，大家就会觉得这只是个讨论，而不是篇文章；如果给了开头和中间分析，但是没有结尾，大家也会觉得很别扭。

正是利用了人们认知的这个特点，有人故意写出下面这样的标题："苦行 20 载，到过 200 多个国家，他终于选择了……"或者"这个新手妈妈，养育了三年熊孩子，终于找到了……"，省略号后面自然是结果，但作者并没有写出来。他是要忽略这个结果吗？其实并不是，他要吸引你来读这篇文章，在文章的最后再揭示这个结果。

这说明什么呢？这说明结果其实就是文章内容铺垫的最终目标。虽然文章所有的内容都需要为主旨服务，但在内容之间的逻辑关系上，文章所有的内容、铺垫都是为结尾服务的。结尾可能是结论、可能是开放式的问题、可能是抒发某种感情、可能是提出问题，也可能是回顾汇总，不管是上述哪种形式，结尾都是在前面有了大量铺垫之后，自然而然的产物。按这种逻辑写文章，文章的目标性和针对性才会更强，更像一个整体。

文章的结尾有千千万万种形式，很难说哪种最好，但不好的结尾却很明确，最不好的结尾叫口号式结尾。很多人写文章，整篇没有目标也没有中心，只能在最后喊口号。"为了更好的未来加油努力""从今天做起，马上行动"，等等，这种标语式的口号，看似可以把文章的情绪推到高潮，却因为缺乏铺垫，让人觉得空洞、虚假。

根据结尾的形式和结尾与前面内容的呼应方式，推荐常用的几种结尾方法。

>>>

一、恍然大悟式结尾

一般写故事最忌讳平铺直叙，让读者看到中间就知道结局，这种故事会让人觉得索然无味。好的写作者，不但要学会设置故事主线，也需要设置让人为之一振的结尾。所谓"情理之中，意料之外"，说的就是这类结尾。

比如，大家很熟悉的莫泊桑的小说《项链》。女主角忙活了半辈子，最后才知道项链是假的，这个结局可能很多人并没有想到，但这个结尾在行文逻辑上让前面所有的铺垫都有了意义。

莫泊桑《项链》的结尾：

“我从前还给你的项链是另外一串完全相同的。到现在，我们花了十年工作的工夫才付清它的代价。像我们什么也没有的人，你明白这件事是不容易的……现在算是还清了账，我是结结实实满意的了。”

伏来士洁太太停住了脚步：

“你是说从前买了一串金刚钻项链来赔偿我的那一串？”

“对呀，你没有看出来，是吗？那两串东西原是完全相同的。”

说完，她用一阵自负而又天真的快乐神气微笑了。

伏来士洁太太很感动，抓住了她两只手：

“唉！可怜的玛蒂尔德，我那一串本是假的，顶多值五百法郎！……”

在文章里设置推翻之前所有铺垫的结尾，让人恍然大悟，这本身也是所有内容为结尾服务的一种方式。写作班学员有一篇文章叫《炫富》，是说自己遇见了一个十多年前的老同事，十年不见本该叙叙旧，但这个老同事各种炫富找优越感，但不巧的是，对方远比她条件好，所以她没有找到任何的优越感。

文章的结尾是这样的：

下班时想起她来过，礼貌性地发了个消息过去：到家了吗？以后常来玩哦！结果，需要对方认证好友……非好友可以看到的最新十条分享里赫然新躺着一句：“社会真浮躁，有些人就是喜欢炫富！”

恍然大悟式结尾在内容上会让人大吃一惊，但是在逻辑上却是完整的闭环，也就是说，所有的铺垫都是为了读者最后的“哇”的一下，所以这种形式不只可以应用在写小说、写故事里，还可以应用在所有需要最后揭示谜底的文章中。比如，现在很多新媒体广告，前面东拉西扯讲了很多事，最后放出广告，让人有顿悟之感。这种前后的逻辑关系，就是因为设计了恍然大悟式结尾。

>>>
二、开放式结尾

一般的文章都是在结尾展现故事的结局，或者给出讨论话题的结论，但是也有不少文章是以开放式的形态结尾。比如虚构写作中的小说和故事，最后不交代故事的结尾；比如非虚构写作中的人物描写，没有给出主人公未来方向的展望；再或者议论文或者说明文中，只陈述事实，没有总结和判断。

开放式结尾其实是让读者一起来完成故事创作。虽然读者不一定会把自己设想的结尾写下来，但是因为他们希望阅读是完整的，就会回味或者把这个故事构建齐全。这样安排结尾，一方面可以吸引读者的注意力，另一方面，也可以给读者留下想象的空间。

钱钟书的小说《围城》就采用了开放式的结尾，到底方鸿渐和孙柔嘉有没有和好？不知道。到底事态要往哪里发展？不知道。结尾处用了一个挂钟，让时间倒回五个钟头以前，但站在现在来看，谁也不知道下一步会如何。

鸿渐走出门，神经麻木得不感觉冷，意识里只有左颊在发烫。头脑里，情思弥漫纷乱像个北风飘雪片的天空。

……

那只祖传的老钟从容自在地打起来，仿佛积蓄了半天的时间，等夜深人静，搬出来一一细数，“当、当、当、当、当、当”响了六下。六点钟是五个钟头以前，那时候鸿渐在回家的路上走，蓄心要待柔嘉好，劝她别再为昨天的事弄得夫妇不欢；那时候，柔嘉在家里等鸿渐回家来吃晚饭，希望他会跟姑母和好，到她厂里做事。这个时间落伍的计时机无意中包含对人生的讽刺和感伤，深于一切语言、一切啼笑。

开放式结尾是一种结尾的逻辑，它在前面呈现出所有的事实、感受、冲突，最后不给出结论，突然收尾，留给读者一个不完整的结局。这种做法有时候会让人不快，觉得文章不完整，但大多数时候会让人陷入思考，主动卷入文章中去，让人觉得意味深长。

开放式结尾的逻辑在写作中有非常广泛的应用，比如在比较几个类似产品的时候，也可以不给出结论，留下一句“至于孰优孰劣，就需要各位自己去权衡了”，一样可以让人回味。

>>>

三、揭秘式结尾

好的作者，为了让文章有意思，会在文章中设置很多小机关，比如在开头不经意提到一句话，或者在中间安排一两个看似突兀的桥段。这些机关在揭秘之前，会让读者觉得很不舒服，而这恰恰也是作者如此安排的目的。因为不舒服，读者才会一直希望平息这种不舒服，才会进一步阅读，甚至主动去搜寻相关的答案。写作中，常把对机关的破解放在最后的结尾部分，通过呼应、举例、解答等形式，打开机关，让读者串联起整体内容，从而发现阅读的乐趣。

常见的揭秘式结尾包括人物身份揭秘（比如一直在讲述一个人的故事，最后才公开这个人的身份）、情节揭秘（安排一个不合逻辑的情节，最后解释为什么）、逻辑揭秘（故意在开头讲出匪夷所思的结论，最后解释）等。

美国作家斯蒂芬·金在小说《丽塔海华丝及萧山克监狱的救赎》（后来被改编成电影《肖申克的救赎》）中设置了主人公安迪越狱的情节，可安迪要怎么从连鸟都飞不出去的肖申克监狱逃跑呢?

小说的最后揭示了这一切。首先他有一把据说需要 600 年才能凿穿墙壁的小凿子，他一直凿墙并且搬运凿下来的沙土，然后他用一张海报掩护开凿中的洞穴，最后，只用了 27 年，他就凿穿了墙壁，通过下水道逃跑。

这个结尾让整个故事变得有意义。通过最后这个揭秘，读者再回想之前安迪在狱中所有的举动，所有的内容全都变得合理了。

在写作的逻辑上，揭秘式结尾可以制造惊喜，让人印象深刻。写作中有一种手法叫作“欲扬先抑”，意思是，如果想要赞美一个东西，不急于在开始时就表达这种感情，可以先控制，先假装毫无亮点，最后再给出惊人的戏剧效果。这就是揭秘式结尾的好处，它会给人一种意料之外的惊喜，而且因为往往揭秘式结尾一般都极富故事性，所以文章可读性也比较强，最后秘密公开，推动文章结局到达最高潮。

>>>

四、场景式结尾

一般文章的结尾都是结论或者抒发最激昂的感情，但也有文章采用故事或者场景式结尾。比如，写人物的文章，最后不去总结人物的优缺点，而是呈现一个人物工作或者生活的场景，将读者带入人物实际生活的环境里；写事件的文章，最后不是展望或者感慨，而是截取一个事物的小片段，再现事物的风貌。这种以有画面感的语言做结尾的方法最近被广泛地采用，因为这种结尾既能给读者留下思考，也比较平易近人，让人容易接受。

比如《人物》杂志上有一篇写庞麦郎的文章《惊惶庞麦郎》，文章写了很多记者观察的细节。文章的最后，作者并没有评价或者总结，而是用了一个非常典型的场景结尾：

采访次日，与《人物》记者走在街上，一个胖男生突然冲出来：“妈呀，你就是庞麦郎吗？哎呀，我是你的超级大粉丝！”庞明涛点点头，很受用，合影完，他卷着舌头说“Thank you”回应对方的“I love you ”，转头问记者：“我发（音）对了吗？”

他邀请记者去一家名叫“巴黎春天”的KTV唱歌，他从没来过这里。在汉中的KTV切水果时，他曾渴望能有一天在KTV唱自己的歌。一出电梯口，整层楼正好在放《我的滑板鞋》，他先是得意，继而生气，觉得版权受到侵犯。他考虑了一下，要不要报上名字以求打折，想到“明星要维护形象，要低调”，放弃了。

在包间里，他点了两次《我的滑板鞋》，两次唱得音调完全不同，也都跟 MV 里的音准合不上，他靠在沙发上，渐渐松弛，长期浮现在他脸上的惊惶和用力过猛的神色，渐渐消失了。无人喝彩，他为自己按响了屏幕上的“欢呼”键。

这个结尾里并没有评价，作者抓住了三个场景：说 Thank you 的时候不知道发音是否准确、KTV 想求打折、自己为自己欢呼。这三个场景应该都是真实的，但也一定是作者精心选择的，因为在这三个场景的背面，也就是文字后的逻辑里，有着非常高的价值判断。而且以这三个场景来收尾，呼应了之前所有采访中的对话，也留给读者极大的思考空间。

以上是四种结尾的写法，是不是某种类型的文章就对应某种结尾呢？比如什么样的文章会使用揭秘式结尾，什么样的文章会使用开放式结尾，或者说一些常见的文章类型，比如鸡汤文，是不是就对应着总结结尾？抒情散文是不是就对应着感慨结尾？其实并不是如此，文章的结尾没有固定的模式，鸡汤文也可以使用揭秘式结尾（例如，原来，这就是不会贫穷的秘密）或者场景结尾（他又开始敲敲打打，开始了他新一轮的折腾……）

文章结尾的方法非常多，没有好坏之分，但万变不离其宗，要把握的一个原则就是这一节反复强调的“所有的铺垫要为结尾服务”。在具体技巧上，我列举了四种有趣的结尾方式，大家可以试着用这些方法改写自己文章的结尾，也许会有不一样的惊喜。

总的来看，文章的结尾有两个属性：在内容上，结尾是文章重要的组成部分，它承担着总结、归纳、引发思考的任务；在形式上，它又是前面所有铺垫的目标，所有前面的铺垫都是在为结尾服务的。而这两点也共同构建了写作的逻辑——一篇好的文章，一定要在形式和内容上都是一个整体。

1. 结尾一定要收得住——不要“节外生枝”。
2. 结尾的地位——所有前面的铺垫都是为结尾服务的。
3. 结尾的四种形式：恍然大悟式、开放式、揭秘式、场景式。
4. 结尾既是内容，又是形式。

第5章　锤炼语言

第1节　语言的三层结构

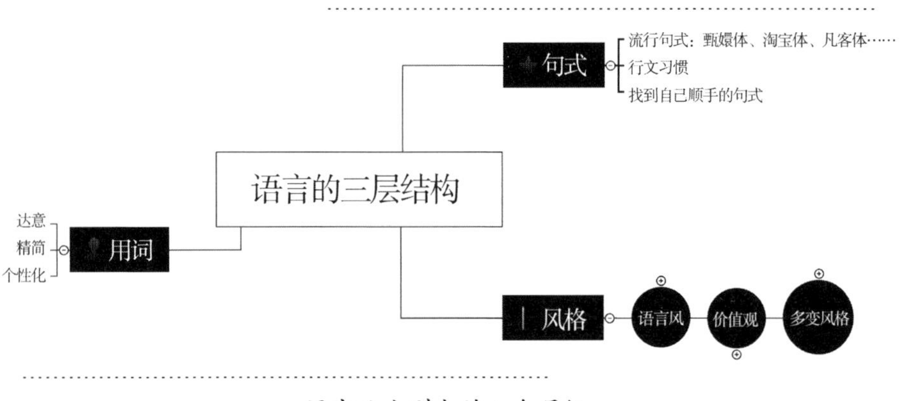

语言从小到大的三个层级

一篇文章有构思，有框架，有修改，有调整，有各种为了写文章所做的工作，但这些读者统统都看不见。读者只看得见语言，也就是文章所呈现的最外层的东西。我们判断文章好不好最直观的感受也是语言，语言优美，语言犀利，语言有个性，统统说的都是文章外在呈现出来的样子。

如何组织语言？这是每个写作者最直接面对的问题。语言运用跟一个人的阅读、阅历和日常练习有关，这些都是非常难以在短时间内提高的。作为普通写作者，有什么办法能快速提升语言表达能力吗？

学习语言，最简单的方法就是认清语言表达的三个维度——用词、句式和风格。

>>>
一、用词

词语是语言中最小的单位。为想要表达的意思找到特定的、准确的词语也是写作的基本功。比如，同样是形容生气，写男性生气，就是怒不可遏，一触即发；写女性生气，可能就是涨红了脸，气得浑身发抖。

但词语和意思之间不是一一对应的关系，同一个词语在不同句式、不同语境下会有不同的含义。比如，“让你看看我的厉害”中的厉害一词，可以是展示自己的本事的意思，也可能是威胁别人的意思。而同一个含义，也可以找到不同的词语来表达。比如，形容一个女孩好看，可以说秀气、端庄、养眼、喜俏、国色天香、小家碧玉、闭月羞花等。

关于如何用词，过去有一个标准，叫信、达、雅。意思是语言要准确、顺畅、优美。现在，人们的阅读习惯较以前有很多变化，写作用词强调快、准、狠，总结出来用词的标准也是三个词：达意、精简、个性化。

用词的第一条原则叫达意，尽量让词语表达清楚所需要表达的意思。“鸟宿池边树，僧敲月下门。”作者贾岛当时纠结用“推”字还是“敲”字，推有试探并长驱直入的意思，敲有询问和探索的意思，词语细微的差别带来意境的差异。

现代人写文章，同样要面临选词的问题，写给领导的报告，是请领导“海涵”还是“包涵”？写给用户的广告，是希望用户“笑纳”“接纳”还是“悦纳”？看起来细微的差别，却带给读者不同的感受。

用词的第二条原则叫精简，多余的词不要加，反复修饰的词尽量删掉。很多人写文章喜欢循环解释。一句话说完一定要加上“也就是说”“换句话说”“这意味着”“由此可见”，这种词语的后面经常接一大堆只是徒增字数的段落，显得很啰唆。

有了达意和精简，用词的第三条原则叫个性化。词汇是最能传达作者个性风格的。比如微信公众号上有一篇文章，《有趣是最好的春药》，为什么用春药？一来简单明了，含义丰富；二来符合作者犀利透彻的风格，让人过目不忘。

写作中用到的字、词、句，主要靠日常的积累，但因为我们现在发微信、朋友圈，写邮件用的都是很简单的短句子，在字词练习上的时间反而变少了。为了锻炼语言的运用，也就是写作中用词的部分，可以经常进行下面这个词句快速练习：

表 5-1　词句快速练习表（示例）

A：词意大爆破
写出 20 个跟“高兴”有近似意思的词： 1. 兴奋、2. 开心、3. 欢喜、4. 喜悦、5. 心花怒放、6. 欢天喜地、7. 愉快、8. 弹冠相庆、9. 手舞足蹈、10. 难掩笑意、11. 雀跃、12. 痛快、13. 欢愉、14. 得劲、15. 振奋、16. 怡悦、17. 得意、18. 快活、19. 乐意、20. 舒畅
B：句式大变身
用 10 种说法形容一个人安于现状： 1. 他啊，烂泥扶不上墙。 2. 胸无大志，说的就是他。 3. 每天吃饱了睡，睡饱了吃，他过得也算安逸。 4. 人生的意义莫过于此，像他，安于斯、守于斯、固于斯。 5. 他躺在沙发上，隐约听见老鼠打翻了酱油瓶，他翻了个身，又睡去了。 6. 从未见过如此懒惰不求上进之人。 7. 他觉得现在挺好，富一分则多，穷一分则少。 8. 他经常看不惯社会上的现象，觉得变化来变化去都不如自己安稳。 9. 他好像是一个座钟，每天九点，六点十五，三点半，都准时走成个 90 度。 10. 他经常被人说，懒死算了。

一个词要写出 20 个近义词，一个句子要换 10 种方式，这的确不容易。这个小练习逼着大家锻炼表达的多元化，尝试我们从来没有用过的表达方法，虽然过程有点“痛苦”，但对丰富写作中的语言是非常有好处的。

以上就是写作中快速提升语言魅力的方法，定好自己的语言风格，定好行文的框架，使用准确、精炼、个性化的语言，一篇精心设计的文章渐渐就有了雏形。

作为最基础的语言单位，词和句子构成了文章的基本样貌。每个人有自己写作的习惯，慢慢会形成自己的语言风格。

二、句式

句式就是写文章常用的表达方式，比如，有人喜欢用复杂的长句子，有人喜欢用简单的短句子；有人喜欢用比喻，有人喜欢用排比；有人喜欢特别朴实的大白话，有人喜欢华丽辞藻的堆砌。我们经常说每个人有自己的行文习惯，这里头的“行文习惯”多半是指这个人常用什么句式写文章。

举几个例子，之前网上流传过各种文体，甄嬛体、凡客体、红楼体、咆哮体、淘宝体等，其实就夸大了句式的形式。

表5-2　网上流行过的句式风格（示例）

甄嬛体	高考临近，方才翻阅书籍，忽觉些许焦虑，想必是近来经常熬夜又早起上课，私心想着若能每月放十来天假，我定可以不再犯困，这对我高考发挥那必是极好，各位姐姐妹妹若是都能取得好成绩，那便是再好不过了。
凡客体	爱英语、爱唱歌，爱喝啤酒，也爱 15 一件的深 V 低胸汗衫，更爱能垫 5 厘米高的汗血宝靴。我不是神马教主，我是黄 **
红楼体	人家这会子都听李玟、张惠妹，独你这样不入流，总听这些悲悲切切的音乐……扰了大家的兴致……往后还是改了吧，到底还是合群些的好……
咆哮体	办公室上班族你伤不起！每天手机打卡机跟你作对有木有！聊个 QQ 还得小心被抓到有木有！上下班挤成饼干有木有！
淘宝体	“亲，快车道很危险哦！”“亲，红灯伤不起哦！”
舌尖体	收盘了，股民小刘合上电脑，用滚烫的开水泡制一碗腾着热气的老坛酸菜面。中国股民更偏爱拉上窗帘，在黑暗中享受这独特美食。他们相信，用这种方式，能够抹平买在顶部和卖在底部带来的大部分忧伤。
微博体	吾日三省吾身……高否？帅否？富否？好，都不是，那就滚去加班吧。

写作中，很少通篇使用这种戏剧化的句式。但是个人的行文习惯还是相对固定的。比如，著名作家老舍，他喜欢用很简单平实的短句子。在《济南的冬天》这篇文章里，可以看出他的语言特点。

对于一个在北平住惯的人，像我，冬天要是不刮风，便觉得是奇迹；济南的冬天是没有风声的。对于一个刚由伦敦回来的人，像我，冬天要能看得见日光，便觉得是怪事；济南的冬天是响晴的。**（用北平、伦敦来对比济南，但不是对比城市，而是通过两个“像我”转为对比自己的感受。）**自然，在热带的地方，日光是永远那么毒，响亮的天气，反有点叫人害怕。可是，在北中国的冬天，而能有温晴的天气，济南真得算个宝地。

设若单单是有阳光，那也算不了出奇。请闭上眼睛想：一个老城，有山有水，全在天底下晒着阳光，暖和安适地睡着，只等春风来把它们唤醒，这是不是个理想的境界？小山整把济南围了个圈儿，只有北边缺着点口儿。这一圈小山在冬天特别可爱，好像是把济南放在一个小摇篮里，它们安静不动地低声地说：“你们放心吧，这儿准保暖和。”**（把城市这种抽象的事物想象成一个画面，把山比喻成摇篮，贴切又有趣。）**……

上面这篇文章看起来并没有复杂之处，行文一看就是老舍的风格。通过亲切的语调、精妙的比喻，老舍把济南的冬天写得活灵活现。

在锻炼句式的时候，可以结合自身特点，从以下四个方面入手，选择适合自己，用起来顺手的句式。

1. 长句子 VS 短句子

长句子结构比较复杂，句子内部有语法和逻辑关联，适合表达严密、复杂的事情；短句子结构简单，表达的意思清晰，一般只能表达有限的内容，句与句的衔接和转折比较多。

2. 具体的句子 VS 抽象的句子

具体的句子主要是描写具象的事物，讲的都是生活的大白话；抽象的句子逻辑关系比较复杂，使用抽象的名词，像意义、感知、推理等。

3. 严肃的句子 VS 幽默的句子

严肃的句子以表达清晰意思为主要目标；幽默的句子经常是无厘头的，思维比较跳跃。

4. 陈述的句子 VS 抒情、质问的句子

陈述的句子比较平和，抒情、质问、反问的句子带给读者更多思考和感情冲击。

句式没有好坏对错，关键是找到自己用着顺手的，坚持下来，经常练习，过不了多久，这种句式就会成为你写作时的有效工具。

>>>

三、风格

风格是文章的价值观和精神内核，表现出来就是文章的特点和调性。比如大家说王朔的文章透着痞气，是因为他写了很多脏话吗？倒不是，而是他在文章中表现出来对问题的看法让大家有这样的感觉。比如大家说台湾作家吴念真的文章很暖心，是因为他说了很多安慰别人的话吗？倒不是，而是他在文章中表现出来对普通人的温情让大家觉得暖心。

举个例子来说，安妮宝贝的《七月与安生》中写两个人的出场：

七月第一次遇见安生的时候，是十三岁。

新生报到会上，一大堆排着队的陌生同学。是炎热的秋日午后，明亮的阳光照得人眼睛发花。突然一个女孩转过脸来对七月说："我们去操场转转吧。"女孩的微笑很快乐。七月莫名其妙地就跟着她跑了。

很久以后，七月对家明说，她和安生之间，她是一次被选择的结果。

只是她心甘情愿。

虽然对这种心甘情愿，她并不能做出更多的解释。

熟悉安妮宝贝的人一眼就可以看出上面这几段是她的文字。在开头这短短 100 多个字里，叙述的事情并不多，但通过这些叙述，作者营造出了一种氛围——安静的、略带忧伤的、宿命的。这就是作者语言中“筋”的部分，它让读者感到某种力量，一种区别于其他人的调性，一种独特的符号。

不同的作者有不同的调性，即便同一个作者，在写不同文章时，风格也不相同。

同样是龙应台，写《中国人，你为什么不生气》的时候跟写《孩子，你慢慢来》时的风格是完全不同的。因为作者给自己设定的身份不同，前面她是一个冷眼旁观的批评者，后面她是一个爱心满满的母亲。文章的“筋”不同，文章的感觉就会完全不同。

龙应台《中国人，你为什么不生气》中的文字，调性是愤怒的、质问的：

经过郊区，我闻到刺鼻的化学品的味道。走进海滩，看见工厂的废料大股大股地流进海里，把海水染成一种奇异的颜色。湾里的小商人焚烧电缆，使湾里生出许多缺少脑子的婴儿。我们的下一代——眼睛明亮，嗓音稚嫩，脸颊透红的下一代，将在化学废料中学游泳，他们的血管里将流着我们连名字都说不出的毒素。

你又为什么不生气呢？难道一定要等到你自己的手里也温柔地捧着一个无脑婴儿，你再无言地对天哭泣？

龙应台《孩子，你慢慢来》节选。虽然是同一个作者，文字感觉截然不同：

回到欧洲已是秋天。苹果熟得撑不住了，噗突噗突掉到草地上，有些还滚到路面上来。

妈妈把自行车靠着一株树干，眼睛寻找着最红最大的苹果。漫山遍野都是熟透了、红透了的苹果，果农一般不在乎那踏青的人摘走一两颗。妈妈给小兄弟俩和爸爸一人一个苹果，然后弯身从草地上捡起几个。

“走，去喂马。”

马，就在前面转角。有一匹棕色的马把头伸出来要吃飞飞手里的苹果，飞飞不高兴地骂着：

“嘿——这是我的苹果，你吃你的，地上捡的。”

安安搁下单车，有点胆怯地把一个苹果递过去，马迫不及待地伸出舌头，“啪啦”一声就将苹果卷进嘴里。咀嚼时，苹果汁不断地从马嘴涌流出来，散发出浓浓的酸香。

我们在练习写作时也是如此，不同风格的内容，文字的感觉是截然不同的。以上述龙应台的两篇文章举例，第一篇充满着斗志，第二篇明显就柔和很多，充满着母爱的光辉。

关于语言风格，以下是一个小练习。同一个话题，尝试写出不同风格的内容，体会不同的风格会把文章带到什么地方。

表 5-3 同一个话题的双面练习

文章主题：谁去关注这些留守儿童？
A 面：严肃、公立、客观 写作提示：谁应该去关注？这是谁的责任？ 内容练习：
B 面：温情、感动、力量 写作提示：描述留守儿童的困境，呼吁大家关注 内容练习：

1. 语言是文章最外在的呈现。
2. 语言的锤炼是个综合性工作。
3. 找到自己熟悉的句式，并坚持使用。

第 2 节 每一句话都不应该是多余的

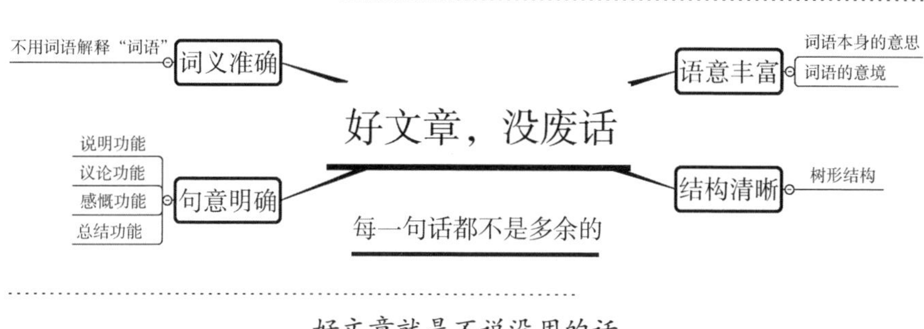

好文章就是不说没用的话

很多人一提起写作，还存有小学语文“不少于 800 字”“不少于 1500 字”的印象，所以不管是写报告、写论文还是写总结，都会努力凑字数。一件事正着说一遍，反着说一遍，语意重复啰唆，内容毫无营养。这样的文章空洞无物，读者读起来完全没有乐趣可言。

文章的价值不在长短，而在于是否能用最精炼的语言表达出完整的意思。古人写诗，短短 20 个字或者 28 个字，就能把一件事讲清楚，甚至营造一种意境，抒发一种感情。骆宾王的《鹅》，“白毛浮绿水，红掌拨清波”，只 10 个字，就描绘了色彩斑斓的画面。一个“浮”字，一个“拨”字，把鹅的悠然自得描绘得很生动。王昌龄的《从军七首·其四》“黄沙百战穿金甲，不破楼兰终不还”，不过 14 个字，就把西北边塞的荒凉、战争的艰苦和战士们的斗志淋漓尽致地展现了出来。而反观现代人的一些凑数文章，动不动就是几千几万字，长篇大论不知所云，这样的文章最终只能沦为文化废品。

写作要做到惜墨如金，不多用一个没用的字，也要表意明确，语意丰富，要完整而准确地传达出文章希望表达的意思。以此为原则，关于写作中的语言运用，要从四个方面入手：

>>>
一、词义准确

写作中的语言有两个最基本的要求，一是准确，二是简练。

准确是指写作中要找到最恰如其分的词充当句子成分，不要一句话说完后还有额外的补充和解释说明。比如，《水浒传》讲到武松杀西门庆这一段，原文中用的标题叫作“郓哥大闹授官厅，武松斗杀西门庆”。斗杀这个词用得就很好，一个“斗”字写活了过程。凸显了武松的英勇，也表明西门庆到最后仍然在垂死挣扎。

第二个要求叫“简练”。同样一层意思，是不是能用最简洁的语言表达出来。冰心写过一篇文章叫《小橘灯》，里面说她去看望一个小女孩。女孩一个人在家照顾生病的妈妈，她最后送作者出门，“不久，我爸爸一定会回来的。那时我妈妈就会好了。”她用小手在面前画一个圆圈，最后接到我的手上，“我们大家也都好了！”显然，这“大家”也包括我在内。这段话里，只用了两个非常简单的“会好的”，就表现出女孩的乐观和期待。

在写作中，检查词义是否准确可以从三个方面入手。第一，看词语是不是表达了合适的意思，避免词不达意；第二，看词语跟句子的搭配，避免句子不通顺；第三，看一个句子是不是有好几种理解，避免歧义。

词不达意的情况举例：

我提起麻木的脚步。（只能提起脚，不能提起脚步。）

他承认之前的行为是完全没有灵魂的木偶。（人可以是木偶，行为不可以。）

词语在句子中的错误举例：

律师辩护着被告的罪行。（辩护是不及物动词。只能说律师为被告的罪行辩护。）

检查是否完成工作需要从三个角度看。（这个句子只能有一个谓语。“检查是否完成工作需要从三个角度”或者“是否完成工作需要从三个角度看”。)

词语歧义错误举例：

巴勒斯坦游击队对以色列的进攻是早有准备的。(到底是谁在进攻？)
今天来了几个出版社的编辑。(到底是几个出版社还是几个编辑？)

关于词义，在下面的词义辨析表里，举了 10 个例子，答案附在最后，可以尝试自己独立完成再对答案。

表 5-4　词义辨析表

题目:
• 1. 牺牲了自己，损失了国家。 • 2. 这个人很势力。 • 3. 他知道这里头的厉害关系。 • 4. 他教诲这些孩子。 • 5. 他的那些话让别人感到感动。 • 6. 他是个不齿下问的人。 • 7. 雪溶化了。 • 8. 他有很强的语言工夫。 • 9. 我看见你那年才九岁。 • 10. 涉外秘书班和商务管理班的部分学生迟到了。
参考答案: • 1. 牺牲了自己，损害了国家。 • 2. 这个人很势利。 • 3. 他知道这里头的利害关系。 • 4. 他教育这些孩子。 • 5. 他的那些话让别人感动。 • 6. 他是个不耻下问的人。 • 7. 雪融化了。 • 8. 他有很强的语言功夫。 • 9. 我看见你那年你才九岁。 • 10. 涉外秘书班和部分商务管理班的学生迟到了。

>>>
二、句意明确

句子是完整意思的最小单位，一个句子可能只是一个字、一个词，也可能是由几十字、几百字构成。每一个句子，不管长短，都对应着文章中的一个功能。看一个句子是否句意明确的标准就是，要能讲清楚到底这个句子讲的是什么？为什么出现在这里？

举个例子来说，斯蒂芬·金在《肖申克的救赎》的最后写到瑞德准备逃离。他准备按照约定去跟安迪会合，走之前，他清点了一下自己的家当：

我有手稿。我的所有行李跟我的医疗用急救包一样大小。我有十九张五十美元，四张十美元，一张五美元，三张一美元和一些零头。我换开了一张五十美元来买拍纸簿和一包烟。

——斯蒂芬·金《肖申克的救赎》

数钱这几句，看起来有点复杂，但如果熟悉瑞德背景的话，就会知道这一段没有一句话是无用的。瑞德长年待在监狱里，他已经被训练出某种行为模式——把东西整理好，这是监狱里长期养成的习惯，所以他会仔细清点，详细记录，把每一笔钱怎么花记得清清楚楚。结合前面提到的“体制化”一词，这个句子出现在这里起到了呼应的作用，意指即便离开监狱，瑞德还是保持着跟过去一样的行为模式。

另外，文章写到这里，瑞德准备投奔安迪开始新的生活，一方面瑞德对未来还是担心的，所以他依然是小心谨慎，把一切计算得很清楚；另一方面，瑞德希望带着这简单的“全部财富”告别旧的生活再不回头，所以这个整理钱的动作又预示着瑞德的决绝。

写作中如何做到句意明确呢？有非常简单的五点检查法：

表5-5 句意检查表

1. 这句话是否可有可无?
2. 这句话是否可以精简?
3. 这句话是否完整表达了一个意思?
4. 这句话用在这里是否合适? 跟前文是否矛盾?
5. 这句话有歧义或者让读者有不恰当的联想吗?

>>>

三、语意丰富

语意,可以解释成语句的意思,也可以解释成语句带来的意境。一个词可以有语意,一个句子可以有语意,一个段落,甚至一篇文章都可以有语意。写作对语意的要求是:它最好同时具备实际的作用和想象的空间。

比如大家津津乐道的贾岛"推敲"的故事,"鸟宿池边树,僧敲月下门"。"推月下门"和"敲月下门"在表达意思方面都没有问题,差别就是语意营造的意境。前面是"鸟宿",后面又有"月下",这一切给人的感觉是静谧的,作者用了一个"敲"字打破了宁静,"僧敲月下门"既在语言上有意义,也让整首诗有了动态的画面感。而且因为这个词用得好,丰富了语意,作者就不用额外费笔墨去铺陈其他了。

关于语意带来的意境,《老残游记》中有一段描述,历来被认为是文学史上的经典段落:

王小玉便启朱唇,发皓齿,唱了几句书儿。声音初不甚大,只觉入耳有说不出来的妙境:五脏六腑里,像熨斗熨过,无一处不伏贴;三万六千个毛孔,像吃了人参果,无一个毛孔不畅快。(从声音到熨烫和吃人参果,把不容易传达的声音感受转化成容易想象的味觉、触觉感受)唱了十数句之后,渐渐地越唱越高,忽然拔了一个尖儿,像一线钢丝抛入天际,不禁暗暗叫绝。(形容声音高,用了钢丝抛入天际的比喻,把不可见的声音转化成可以想象的画面)哪知她于那极高的地方,尚能回环转折。几啭之后,又高一层，接连有三四叠，节节高起。恍如由傲来峰西面攀登泰山的景象：初看傲来峰削壁千仞，以为上与天通；及至翻到傲来峰顶，才见扇子崖更在傲来峰上；及至翻到扇子崖，又见南天门更在扇子崖上：愈翻愈险，愈险愈奇。那王小玉唱到极高的三四叠后，陡然一落，又极力骋其千回百折的精神，如一条飞蛇在黄山三十六峰半中腰里盘旋穿插。（**声音变化比声音更难描述，作者在这里用了动态的形象，高飞、回旋、翻转，简直像飞行特技动作**）顷刻之间，周匝数遍。从此以后，愈唱愈低，愈低愈细，那声音渐渐地就听不见了。满园子的人都屏气凝神，不敢少动。约有两三分钟之久，仿佛有一点声音从地底下发出。这一出之后，忽又扬起，像放那东洋烟火，一个弹子上天，随化作千百道五色火光，纵横散乱。（**声音从低到高，逐渐升起，直到爆发。写出了声音丰富的质感**）这一声飞起，即有无限声音俱来并发。那弹弦子的亦全用轮指，忽大忽小，同他那声音相和相合，有如花坞春晓，好鸟乱鸣。耳朵忙不过来，不晓得听哪一声的为是。正在缭乱之际，忽听霍然一声，人弦俱寂。这时台下叫好之声，轰然雷动。

声音是很难用文字描绘的东西，但在上面这段文字中，作者用到了文字的意境，把对声音的感受变成了味觉、触觉以及可以想象的画面。从最开始，初听起来的熨帖和舒服（被熨斗熨、吃了人参果），到后面，高音飞入天际（像抛了一线钢丝，又快，又细，又漂亮），渐渐地声音不见了，然后又从地上钻出来，作者用了一个比喻，像是烟火，突然爆发。这个细节非常具体，也非常有想象力。烟火是绚烂的，是让人目眩神迷的，也是向四面八方发散的，叫好这个声音，让人没有准备，又给了人们很多惊喜。

所谓语意丰富，上面是个很好的例子，透过文字本身描摹的内容，让读者有画面感，甚至从一件事联想到另外一件事，这样文章中的语意就不再只是字面上的意思，而有了更多的层次感和可延展性。

>>>
四、结构清晰

写作中语句啰唆，很重要的一个原因是作者没有搞明白文章结构。明明前面已经讲清楚一个问题了，后面的章节却又说了一遍；明明是五个论点需要平均用力，却反反复复只解释第一个。所以，要从根本上精炼文章内容，最重要的还是梳理文章结构。结构清晰的文章像参天大树，每片树叶都有自己归属的枝条，而结构不清晰的文章像流水账，东记一笔，西记一笔，看起来杂乱无条理。

比如接下来这篇文章，只有短短500多个字，讲了故事也讲了道理，但是就因为文章结构设置得好，所以没有半句废话，内容也很紧凑。

我们家的后园有半亩空地。母亲说："让它荒着怪可惜的，你们那么爱吃花生，就开辟出来种花生吧。"我们姐弟几个都很高兴，买种、翻地、播种、浇水，没过几个月，居然收获了。（简单交代了背景，花生的来由。特别提到了通过自己的劳动获得收获。）

母亲说："今晚我们过一个收获节，请你们的父亲也来尝尝我们的新花生，好不好？"母亲把花生做成了好几样食品，还吩咐就在后园的茅亭里过这个节。

那晚上天色不大好。可是父亲也来了，实在很难得。

父亲说："你们爱吃花生吗？"

我们争着答应："爱！"

"谁能把花生的好处说出来？"

姐姐说："花生的味儿美。"

哥哥说："花生可以榨油。"

我说："花生的价钱便宜，谁都可以买来吃，都喜欢吃。这就是它的好处。"（设置了让大家发散讨论的环节，这样可以先把花生一般的、众人皆知的好处说出来，为父亲说出最后有启发性的话做铺垫。）

父亲说："花生的好处很多，有一样最可贵：它的果实埋在地里，不像桃子、石榴、苹果那样，把鲜红嫩绿的果实高高地挂在枝头上，使人一见就生爱慕之心。你们看它矮矮地长在地上，等到成熟了，也不能立刻分辨出来它有没有果实，必须挖起来才知道。”（欲扬先抑的手法，父亲先讲了花生的朴素，跟其他漂亮的水果比起来，花生毫无亮点。）

我们都说是，母亲也点点头。

父亲接下去说：“所以你们要像花生，它虽然不好看，可是很有用。”（花生的作用是刚刚孩子们讨论中自己发现的，文章到这里，用不着一句多余的解释，直接承接给出结论。）

我说：“那么，人要做有用的人，不要做只讲体面，而对别人没有好处的人。”（作者在父亲说的道理的基础上拔高了立意。要做一个像花生一样的人，不张扬，有内涵，有作用。）

父亲说：“对。这是我对你们的希望。”

我们谈到深夜才散。花生做的食品都吃完了，父亲的话深深地印在我的心上。

——许地山《落花生》

看起来，这篇文章很简单，平铺直叙，没有太多文字技巧，但是一层层铺垫，逐层深入，反而让每一句话都恰如其分。而这一切都是因为文章结构设置得好。试想如果同样是这个题目，文章开篇先说了花生的优点，再让孩子们谈自己的体会，最后父亲再概括、拔高，同样是讲了这个道理，但可能就会不断重复，不够清晰。

文章中的每一句话都不应该是多余的，这是对写作者的基本要求。为了锻炼这种能力，可以有意地进行一些练习，如表 5-6 所示，找到自己写过的一篇文章进行修改，结合上面讲的四个方面，尽量做到词能达意，句能表意，意能丰富，文能有序。

表 5-6 检查文章语言的练习（示例）

文章语言的检查要点： • 1. 词义准确； • 2. 句意明确； • 3. 语意丰富； • 4. 结构清晰。
原文：说到花生，还真是有可圈可点的地方（可圈可点是指某些方面的突出性，而后面讲的是花生的特点，前后意思不符）。首先，花生功效齐全（食品何来功效？），榨油、生吃、花生衣可以止血、花生壳泡水还可以降血压（榨油、生吃都是花生的用途，跟后面花生衣、花生壳不构成并列关系）；其次，花生很容易养活，对生活环境要求不高（生长环境），是家家户户都可以接受的食品。（容易养跟家家户户可接受没有必然关系）
修改后：说起花生，它真是全身都是宝。花生仁可以食用，花生衣可以止血，花生壳泡水还可以降血压。关键花生对生长环境要求不高，易种易活。这么来看，花生真是一种很亲民的食品。

写作要有真内容、真想法、真感受，一个“真”字，其实就是反啰唆最好的工具。天下写作，唯真不破，以真诚的态度对待写作，对待文字，对待读者，多半就不会出现满篇废话的情况。

1. 语言一要准确，二要精炼。

2. 避免文章废话的四种方法：词义准确、句意明确、语意丰富、结构清晰。

3. 真诚，不凑字数，不糊弄读者。

第 3 节　细节大过天

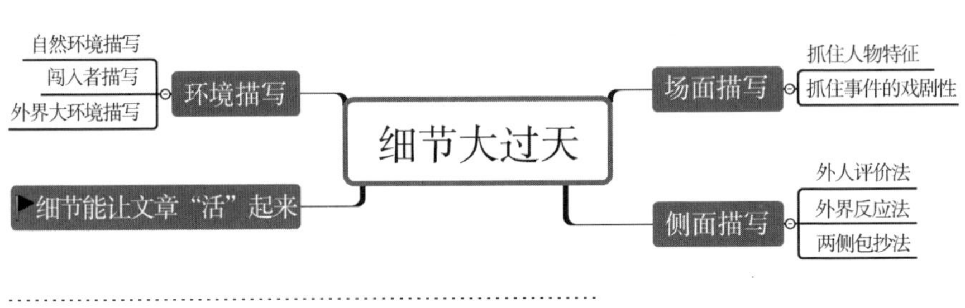

细节带来画面感和沉浸感

很多人认为自己写不出好文章的原因是自己的故事和素材太平凡了，他们总希望遇到些大家从来没有听说过的事，或者有一天突然从天而降一个旷世的好素材。他们觉得只有这样才能写出震撼人心的好内容。

其实这是一种误解。首先，作为写作者，大家占有的资料是差不多的。同样是写回乡杂感，普通人可能就是干巴巴的几句话，但鲁迅就能写出《故乡》，不是因为鲁迅的童年和回忆比别人多，而是他善于把这些回忆中的亮点提炼出来；其次，说到文章的震撼力，绝大多数的好文章并不是靠宏大叙事来打动人，而是靠散落在文章里的细节描写。

而写作的差别恰恰也就体现在这里。为什么都是“记一次春游”，大部分人写的是春游的行程，而有的人就能抓住春游中一两件打动人心的小事？这一方面是写作技巧问题，更重要的是写作者看问题的角度，如何在平凡中发现不平凡？如何把平凡讲得不平凡？这非常考验写作者的水平。

如何在一篇文章中写好细节呢？下面介绍几个常用的方法：

>>>

一、场面描写

写作中经常会遇见场面描写，比如事情发生的场面、情节冲突的场面等。在这些场面中，如果仅仅是交代时间、地点、人物、事件这些简单要素，文章可能就会比较平淡，而通过细节描写，把当时现场的景物、声音及人物动作、表情、神态都交代清楚的话，场面就会变得很生动，文章整体也会增色不少。

场面描写中，有一个很经典的段落，是朱自清在《背影》一文中写自己的父亲：

我看见他戴着黑布小帽，穿着黑布大马褂，深青布棉袍，蹒跚地走到铁道边，慢慢探身下去，尚不大难。可是他穿过铁道，要爬上那边月台，就不容易了。他用两手攀着上面，两脚再向上缩；他肥胖的身子向左微倾，显出努力的样子。这时我看见他的背影，我的泪很快地流下来了。我赶紧拭干了泪，怕他看见，也怕别人看见。

这个段落里，先是写了父亲的衣着，黑布小帽、黑布大马褂、深青布棉袍，让读者有个基本的印象，然后描写他过铁道的细节，“他用两手攀着上面，两脚再向上缩；他肥胖的身子向左微倾，显出努力的样子”，最后是作者的感受，这里没有难过或者感动这样的词，只是轻描淡写的一句“我的泪很快地流下来了。我赶紧拭干了泪，怕他看见，也怕别人看见”。显示了两个人都不善言辞，也不太愿意去表达的隐忍。这段文字一共不过143个字，写出了深深的父子情。

《三国演义》“煮酒论英雄”也有一段场面描写，写出了曹操和刘备喝酒时候的细节。曹操说，“天下英雄唯使君与操耳”。刘备吓了一跳，手一抖筷子掉在地上，正巧赶上打雷，刘备赶忙谎称是打雷吓得他掉了筷子。

本来就是两人喝酒说话，但是作者在这里放大了几个细节，先是曹操说两人是天下英雄，刘备听到后心里一惊，吓得手中筷子落地。然后更突显细节的是，刘备怕曹操发现自己这个小举动，赶紧谎称是打雷吓得他丢了筷子。这几个细节，非常巧妙地刻画出曹操的狂妄以及刘备的谨小慎微。

同样一个场景，有没有使用细节描写差别会很大。下面这个练习表中有一个示例，分别是简单的场面和融入了细节的场面。大家可以比较两者的不同，并对照看看到底可以从哪些角度增加细节。

表 5-7 场面细节练习表（示例）

原文：她很生气，冲过去打他，没想到他躲闪了，她失手打碎了花瓶。
增加细节后： （增加场面描写）她面向他站立着，两个人都没有说话，空气好像凝固了。 （动作的细节）但看得出她越来越生气，她的鼻息越来越重，胸口剧烈地起伏着，她的手开始因为生气微微发抖，她的面部肌肉也开始抽搐，她站在那里，但分明像是一座随时会爆发的火山。 （场面的细节）她突然爆发了，疯了似的朝他冲过去，她的头发披散着，像要攻击一个可怕的敌人。他感到害怕，在她冲过来的一瞬间，本能地往旁边躲闪。她扑了个空，重重地撞到了桌子上，桌子剧烈地晃动，显示出这一下她原来用了这么大的气力。她伸手去扶桌子想要站起来，失手打翻了摆在桌边的花瓶。 （场面描写）花瓶落在地板上，发出刺耳又清脆的声音，花瓶的碎片飞得到处都是。也因为这些碎片，屋子变得一片狼藉，显示出被破坏而无法复原的样子。

>>>

二、侧面描写

我们对事物的感知一方面来自于事物本身呈现的特点，另一方面来自于外界对事物的评价和反馈。这也启发我们，写作中的细节不一定是写当事人和当时发生事情的正面，有时候，通过侧面描写，反而能更好地凸显主题。

比如有一篇文章说到一个人工作很干练，用了这样一个句子，“她给自己冲了一杯咖啡，开始回复积攒了一个礼拜的邮件，回完，咖啡还是热的。”这段话里，没有提到一个“快”字，但是主人公麻利的风格已经跃然纸上，而且冲咖啡、快速回复邮件这些元素，体现了主人公的身份和日常生活的状态。

侧面描写不只在小说里有用，在其他文体中，也可以起到烘托主题的作用。吴晓波在《激荡三十年》一书中有这么一段，“在南方小镇深圳，一位叫王石的27岁文学青年正枕着一本已经被翻烂的《大卫·科波菲尔》，睡在建筑工地的竹棚里。”这段话很简单，但是细品起来，有好几个侧面描写。首先，“27岁的文学青年”跟我们理解的日后成为地产大佬的王石形成反差，这从侧面描写了王石在那个时候的状态；其次，“被翻烂的《大卫·科波菲尔》跟建筑工地形成反差，谁会在建筑工地看这种书并把它翻烂了？这从侧面描写了王石特立独行的性格。”再次，“枕着一本书睡在竹棚”，这也从一个侧面反映了王石当时的境遇。看起来并不是太好，他渴望着寻求突破。

侧面描写的方法有三种，第一种叫外人评价法。通过其他人的嘴，把作者想表达的意思表达出来；第二种叫外界反映法。通过外界的反馈，衬托出叙述主题的特点。比如描写某人武功高强，可以去描写他的对手有多害怕他；第三种叫两侧包抄法。不正面写人和事，而是写人和事另外的方面，比如写人物时，写他的朋友、他的身世、他的家人。写事情时，写前期的准备、外界的评价、参与其中的人、中间的波折，尽量通过这些客观中立的事实，让读者自己去构建对文章主题的态度。

比如《水浒传》里面曾多次提到宋江，大多数时候都不是对他的正面描写，而是别人口口相传的宋江的故事。越是如此，江湖上的传言越多，宋江讲义气、仗义疏财的形象就越发清晰了。以下节选了《水浒传》的内容，也是别人眼中的宋江。

且说晁盖与吴用，公孙胜，刘唐，三人道：“你们认得那来相见的这个人吗？”吴用道：“却怎地慌慌忙忙便去了？正是谁人？”晁盖道：“你三位还不知哩！我们不是他来时，性命只在咫尺休了！”（提到宋江的帮忙）三人大惊道：“莫不走了消息，这件事发了？”晁盖道：“亏杀这个兄弟，担着血海也似干系，来报与我们！原来白胜自已捉在济州大牢里了，供出我等七人。本州差个缉捕何观察，将带若干人，奉着太师钧帖来，着落郓城县，立等要拿我们七个。亏了他稳住那公人在茶坊里俟候，他飞马先来报知我们。如今回去下了公文，少刻便差人连夜到来捕获我们。却是怎的好？（这段描述，侧面反映出宋江非常会处理问题）”吴用道：“若非此人来报，都打在网里。这大恩人姓甚名谁？”晁盖道：“他便是本县押司，呼保义宋江的便是。”吴用道：“只闻宋押司大名，小生却不曾得会。虽是住居咫尺，无缘虽得见面。”公孙胜，刘唐都道：“莫不是江湖上传说的及时雨宋公明？”（大家口口相传的宋江）晁盖点头道：“正是此人。他和我心腹相交，结义兄弟。吴先生不曾得会？四海之内，名不虚传！结义得这个兄弟也不枉了！”（仰慕却仍然不得见）

>>>

三、环境描写

有时候，就事论事反而不容易引起读者的注意，这时候，宕开一笔，写点跟这个事有关系但又不是太相关的内容也许会收到意想不到的结果。比如，写写事件发生时候的环境、天气、房间的陈列，看似跟主题不相关的对话，这些细枝末节的东西，更容易帮助读者去还原事件的全貌。

举例来说，《中国新闻周刊》有一篇写歌手汪峰的文章，它是这样开头的：

北京郊区一个安静的艺术区中，汪峰的紫色劳斯莱斯就停在门口，挨着一辆黑色的宾利。如今，汪峰是中国最富有的摇滚歌手。这一天，是他和乐队排练的日子。差不多两周后，汪峰在2015年的大规模巡演即将开启首站。

看起来，这一段内容除了演出时间之外什么也没说，但是细心的读者一定发现了几个环境的元素：北京郊区、安静的艺术区、紫色的劳斯莱斯、黑色的宾利，这些细节一定不是作者无意放上去的，他可能已经在为后面的叙述做了某种铺垫。

环境描写怎么写呢？一般来说有三种方法。第一种，自然环境描写。所谓环境是心情的反映，处在某种情绪中的人只愿意体会跟自己心情相近的环境，比如紧张的人看不到艳阳高照，他脑袋里都是没完没了的蝉鸣；

焦虑的人虽然走在太阳地里，但他看到的都是太阳映照下自己的影子。一般自然环境描写可以帮助作者传递事件发生时的情绪。第二种，闯入者描写。闯入者既可以是闯入的人，也可以是突发事件。我们生活中会不断出现闯入者的：突然插队的车，突然进来的快递员，突然接到的电话等，但大部分时候，我们自动过滤掉了这些无关紧要的人和事，但是在某些时候，把闯入者当成环境的一部分，可以增加真实性和戏剧性。第三种，外界大环境描写。我们常规理解的外界环境是指周边的环境，但是放远了看，在每一个时刻，全中国、全世界都同时有很多事情在发生，这些事情可能很宏大，可能跟文章讲述的内容没有直接关联，但有时候，用细节展现宏观环境对现实的影响，可以呈现某种必然性和戏剧性。比如“9·11”事件，本身是一个恐怖袭击事件，但这个事件如何作用于人的内心，如何影响了那一天的很多事，这种把大事往小了说的用法，就是对外界大环境的细节描写。

吴晓波在《激荡三十年》一书中讲到1994年的经济形势。书里头有两段很具体的环境描写，写出了那个年代的狂热：

整个春天，人们都沉浸在“生命核能”所引发的热情之中。如果说，野心迸发的地方，是一个时代的火山口，那么，1994年前后，中国商业的火山口，就在保健品和饮料食品领域，全中国最有野心的企业家们都亢奋地拥挤在那里。在过去的4年里，全国保健品生产企业从近百家增至3 000余家，平添30多倍，品种多达2.8万种，年销售额高达惊人的300亿元，增长12倍。保健品产业成为全国发展最快、最引人注目的“黄金之地”。

就在上一年，国内最大的保健品公司广东太阳神的营业额达到了创纪录的13亿元，利润高达3亿元，太阳神以一种前卫、先锋的姿态远远地跑在所有中国企业的前面。1994年7月，美国世界杯足球赛期间，太阳神在中央电视台的直播节目中播出了一条长达45秒、名为《睡狮惊醒》的形象广告：黄河千年冰破，长城万里鼓鸣，一头东方雄狮昂然而起，仰天长啸，“只要努力，梦想总能成真——当太阳升起的时候，我们的爱天长地久”，宣言体般的广告词和精致壮美的画面，构成了一股撼人心魄的激情冲击力。太阳神第一次把理想主义的光芒照射到了平庸的商业广告之中，令人回味无穷。

事物的状态靠比较产生差别，有了轻才能显示出重，有了缓才能显示急，同样地，细节描写是跟一般性叙述匹配出现的。一篇文章里要有简要叙述的部分——简单交代故事和人物，也要有细节描写的部分——花大量笔墨去讲清楚一件事，只有这种状态交替才能形成重点，才能抓住人们阅读时的注意力。

新媒体时代，读者对文章中细节描写的要求大大加强了。因为细节可以带来更多的画面感，也更容易帮助读者进入阅读状态。好的细节描写能牢牢地抓住读者，也能塑造出让人过目不忘的形象和桥段。

1. 细节描写体现写作者的功力。
2. 细节描写的三种方法：场面描写、侧面描写、环境描写。
3. 写人物的抓住人物性格，写事件的抓住戏剧性瞬间。
4. 侧面描写的三种方法：外人评价、外界反馈、两侧包抄。
5. 环境描写的三种方法：自然环境、闯入者、宏观环境。
6. 细节描写和叙述交替出现，读者才能抓住重点。
7. 细节描写带来画面感和沉浸感。

第4节　学会写对话，你就赢了一半

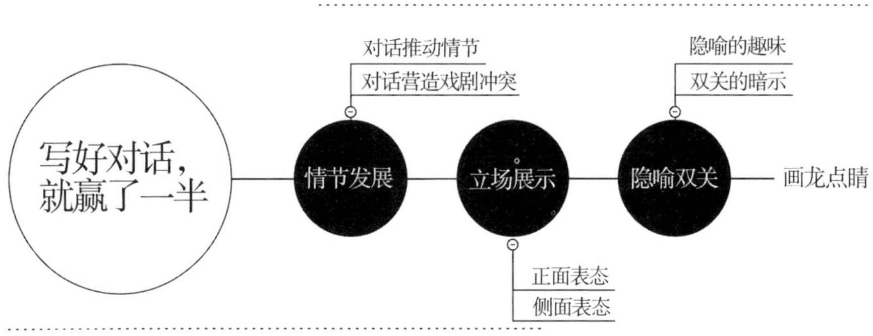

对话，让文章活起来

写作中，对话是一个绕不开的话题。对话在写作中有非常重要的作用，好的对话可以推动情节发展，体现人物性格，营造某种氛围，而且在平铺直叙中加入人物对话，会增强文章的节奏起伏，也会拉近文章和读者的距离。学习对话的写法，对提高写作水平会有很大帮助。

但很多人可能不理解，写对话有什么难的呢？不就是别人说什么，我就记录什么，原封不动照搬不就好了吗，为什么还有写对话的方法呢？

这个问题的关键就在于我们如何看待对话在文章中的作用。首先，不是所有的对话都对推动文章发展有用。两个人一来一回说了十分钟，几百句话里，可能只有两三句是有用的，这就需要我们抓住对话的重点；其次，我们是写文章不是警察做笔录，不需要每一句话都原封不动地按照原来的样子复制，但凡文章中出现的对话，一定是非出现不可的，是对整个文章有帮助的。这就要求写作者不但要去粗取精地提炼对话要点，还需要对对话进行一定程度的艺术加工。掌握好加工的方法并且把握加工的度，这就是写对话的难点所在。

总的来说，写作中的对话其实就是读者把自己代入文章的过程，同样一件事，两个老农民会怎么对话？两个宫女会怎么对话？两个老师会怎么对话？放在过去怎么对话？放在现代人身上怎么对话？同一个话题，调换对话者的身份，会是完全不同的对话内容。

表 5-8　不同人物的对话（示例）

《甄嬛传》： 嬛妹妹，我虽是一介御医，俸禄微薄，可是我保证会一生一世对你好，疼爱你，保护你，永远事事以你为重。 若无完全把握获得皇上恩宠，你可一定要韬光养晦，收敛锋芒，为父不指望你日后大富大贵、能宠冠六宫，但愿我的掌上明珠，能舒心快乐，平安终老。
《潜伏》： 你怎么回事儿啊？你这一路上老用白眼珠子看我，看什么？ 翠平同志，你来之前组织上跟你交代了没有？这次任务的性质。 交代了。交代了很多我也没记全，时间太短。袁政委还给了我一本文件，让我快看。
《乡村爱情》： 就是哭，就是闹，一宿一宿不睡觉。手里拿瓶安眠药，拿着小绳要上吊。 这玩意儿别头上就是头花，别领子上就是领花，别裤腰带上就是腰花。
《致青春》： 有时候疯狂过，可是面对了等待。但是只要你爱，其实等待也并不是那么难熬的一件事。 那么，疯狂吧！在最美的年华里！青春是终将腐朽的，时间对谁都公平，谁都只有这几年新鲜，谁都输不起。
《亮剑》： 我估摸着城门楼子是块难啃的骨头，老子就是崩了门牙，也要在鬼子的增援部队赶到前咬开它！ 什么他娘的精锐，老子打的就是精锐。什么武士道，老子打的就是武士道。

从以上摘录的对话可以看出，不同身份的人会说不同的话，即便同一个身份，比如说同是宫女，也因为性格、出身背景的不同有不同的对话。通过对话体现人物身份、性格，塑造人物形象是写作中最常用的一种技巧。

写作中的对话，按在文章中的功能来分可以分为三类：情节发展型、立场展示型和隐喻双关型。接下来，针对每种对话的特点、应用和写作技巧依次举例说明。

>>>

一、情节发展对话

对话最常见的作用就是推动情节发展。人们在对话中或澄清观点，或引发争论，或达成共识，或规划落实。当写作者从叙述切换到对话，也就意味着文章从作者视角——不管是参与者视角（第一人称）还是旁观者视角（第二和第三人称）——向当事人视角的转变。对话会带领读者进入一个更具交互性的场景，在这个场景里，每个对话者都是现实参与者，他们将决定情节如何发展。

孙悟空三打白骨精的故事大家都很熟悉，这个情节是怎么推动的呢？在最开始，白骨精变成一个花容月貌的女子想要靠近唐僧，正巧撞上采桃回来的孙悟空。悟空对师父说："你面前这个女子，莫当作个好人。"师父不相信："你这猴头，今日如何乱道！这女菩萨有此善心，将这饭要斋我等，你怎么说她是个妖精？"师父不肯信，悟空着急"望妖精劈脸一下"，妖精留下一具假尸体，跑了。

接着，孙悟空又打死了妖精化身的老妇人。这时，师父和悟空对话冲突升级了，师父执意要赶走悟空："你是个无心向善之辈，有意作恶之人，你去吧。"孙悟空不想走，找了借口："师父果若不要我，把那个'松箍咒儿'念一念，退下这个箍子。"唐僧自然是不会松箍咒儿，只好再饶悟空一次。

从这里开始，师父更加不信任悟空。到第三次悟空打死妖怪化身的老公公，师父痛下决心，写了一纸贬书："猴头，执此为照，再不要你做徒弟了！如再与你相见，我就堕了阿鼻地狱！"事已至此，悟空知道难以挽回："师父，我也是跟你一场，又蒙菩萨指教，今日半途而废，不曾成得功果，你请坐，受我一拜，我也去得放心。"

看得出来，因为这些对话的推演，事态已经到了无可挽回的地步，而且在这三个来回中，除了师父与悟空的对话，还有妖怪编造的花言巧语以及猪八戒的煽风点火，这些对话推动着情节越来越紧张，直到最后非要赶走悟空才可以收场。

为什么几句话就可以推动情节呢？首先，言语不断激化矛盾。白骨精装可怜，孙悟空毫不留情，师父颠倒黑白，猪八戒火上浇油，这一切都让读者越来越为事态担心。其次，对话凸显了人物性格。从上面的对话可以看出来，孙悟空心直口快，做事干脆，而师父左右为难，犹豫不决。这两种性格差异导致话不投机半句多，也预示着随时可能爆发的戏剧冲突。

在写作中，如何设计这种可以推动情节快速发展的对话呢？

第一，要用对话激化戏剧冲突。对话的好处是可以快速呈现多个话题而不显得突兀。两个人一来一回短兵相接，非常容易从多角度呈现对一个问题的看法。比如上文《西游记》中，师父本来只是责怪悟空，但对话中话锋一转，师父让悟空离开，悟空没有接离开还是不离开，而说到了松箍咒儿。在这个回合，是大家各说各话。到后面，从怪罪升级到写贬书，悟空也没有选择接受或者不接受贬书，而是说到了拜谢，一个拜字，让读者心生惋惜之情，也再次升级了戏剧冲突。

第二，要注意对话句式设计。虽然是对话，但不意味着一定写成师父说、悟空说、师父又说、悟空又说，对话一定是在叙述铺垫的基础上，水到渠成必须要出现的时候才出现。上面《西游记》的例子中，对话和另外两条线交织，一条是妖精不断变化并一次次编造谎话，另一条线是猪八戒不断撺掇师父惩罚悟空。这两条线的叙述一方面勾起了大家对于师父和悟空接下来对话的兴趣，也为最后悟空的不舍做铺垫——妖怪太狡猾，而其他徒弟又太平庸。

第三，要注意对话的细节。人们在说话时不只会运用语言，还会运用表情、动作、神态来辅助语言，在安排对话时，要充分展示人物在说话时的肢体语言，比如说话的轻重缓急，说话时的动作，脸上的表情等。这些细节会为对话加分，也会为整个文章增色不少。

>>>
二、立场展示对话

我们在描述一件事的时候，有时候是靠定性的词汇，比如说一个人很勇敢、很坚毅、很有理想，这些词汇是这个人或者这件事的标签。写作中，作者会预设很多这样的标签，但是这种标签不能直接体现在文章中，只能通过人物对话来体现。人物的对话印证着人物的标签，也不断重复着人物的立场。

举个例子来说，金庸的《射雕英雄传》里有很多出场人物，每个人都有自己的特点，有不同的说话风格。通过说话，每个人展示自己的特点，也不断表明自己对人对事的立场。比如郭靖，他说话比较稳重，有时候甚至有点愚钝。郭靖初次见到黄蓉时，黄蓉打扮成一个小乞丐，两人聊得投机，郭靖看黄蓉衣衫单薄，就把貂裘披在黄蓉身上："兄弟，你我一见如故，请把这件衣服穿了去。"这短短一句对白，显示出郭靖的大度、宽厚体谅。

黄蓉从出场就是鬼灵精怪，她跟看不起自己的店小二说："你道我穷，不配吃你店里的饭菜吗？只怕你拿最上等的酒菜来，还不合我的胃口呢。"跟郭靖正好相反，黄蓉经常有一些新鲜、古怪的想法，而且她口舌伶俐，从来不让别人占嘴上的便宜。

通过对话展示人物性格、刻画人物形象，这种方法应用非常广泛。有的时候，人物也会通过对话表明立场，比如老舍的《茶馆》里，也出现过形形色色的人，所有的人物立场都通过对话展现得淋漓尽致。

唐铁嘴是一个左右逢源的江湖骗子，他有自己的生存之道，他的对话中透着小聪明和某种优越感。"大英帝国的烟，日本的'白面儿'，两个强国侍候着我一个人，这点福气还小吗？"

常四爷是关心国家前途有爱国心的人，一直郁郁不得志，他的对话透露着他的人生态度。"我也不比你强啊！自食其力，凭良心干了一辈子啊，我一事无成！ 七十多了，只落得卖花生米！个人算什么呢，我盼哪，盼哪，只盼国家像个样儿，不受外国人欺侮。可是……哈哈！"

需要注意的是，用对话展示立场时，语言要符合人物的身份和当时场景，不能总是唱高调，过于刻意地美化人物反而让人觉得虚假不可信。

除了主动表态之外，立场展示有时候也通过更隐蔽、更温和的形式，比如在对话中表达某种感情，在对话中流露某种态度、情绪。举例来说，如果要描写一个老华侨的爱国之情，不一定要让他说他的爱国举动，可以说说他在海外思念祖国又不能回来时有多么难受。难受是一种情绪，这种情绪表达了他对祖国的思念，思念又自然过渡到他对祖国的眷恋和热爱，从而展现他爱国的立场。

>>>

三、隐喻双关对话

写作中也常用隐喻双关式对话。隐喻和双关都是为了让一句话同时表达两个意思，不同的是，隐喻更希望展现给对方的是字面之外的那个意思，而双关则是希望对方同时抓住一个语意的两层含义。

高尔基写给儿子的一封信说：“你走了，你种的那些花却留在这里，并在继续生长，我望着它们，不由得愉快地想到，我的小儿子给卡普里留下了一件美好的东西——鲜花。要是你随时随地，在你整个的一生中，给人们留下的全是美好的东西——鲜花、思想和对你的亲切回忆，那么你的生活就会变得轻松愉快。”在这个对话里，高尔基讲的是鲜花，但借物言志，表达的却是眼前的美好。

双关式对话多出现在一些特殊的场合，比如某些不适合自由谈论的场合，或者某些需要给对方施压的情况。“最近路上不太平，你可要小心。”这句话如果是革命同志之间的对话，有提醒对方小心的意思，如果是商战中讲给竞争对手听，则有威胁他人人身安全的意思。

如何写好隐喻或者双关对话呢？首先，要看是不是需要。使用隐喻，表面讲 A，实际是讲 B，主要是为了更清晰更形象地说明一件事；而双关更多是修辞技巧，通过类似猜字谜的方法，让对方发现文字的多重含义。

以上通过讲解和案例呈现了对话常用的三种方法。不过说到底，写好对话考验的并不是文字技巧，而是写作者的生活功底。好的对话没法凭空设计出来，它一定来源于生活，来源于写作者对各个人群的观察。一个只写城市题材的小说家很难写好偏远农村村民的对话，因为这个环境他可能不熟悉。同样地，没有经历过抗战，不了解抗战历史的人，很难编造出一个抗战老兵的对话。

对话有时候也能成为画龙点睛之笔。《无间道》里头，警察陈永仁和卧底刘建明在天台对决，中间有一段非常短但非常经典的对话，一共就三句十七个字。刘建明说："能不能给个机会？"陈永仁说："对不起，我是警察。"刘建明说："谁知道？"就三句话，突出了电影的核心——坏人想洗白，好人必须坚持正义，但好坏难辨。三句话烘托了戏剧的冲突，描绘了人物的性格，也把情节推到了最激烈的边缘。

掌握了写对话的方法，你就赢了一半，好的对话会让文章好看、有活力。

1. 对话，难就难在筛选和还原上。
2. 对话的三个分类：情节发展型、立场展示型、隐喻双关型。
3. 好的对话是文章的画龙点睛之笔。

第 5 节　好文章是改出来的

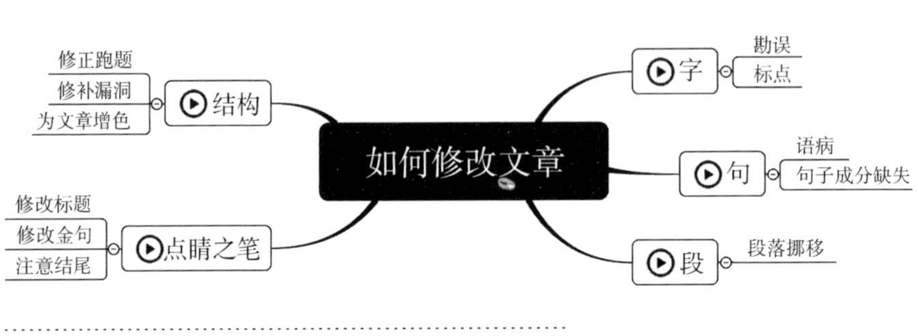

千锤百炼才是写作的全部

很多人追求写文章时一气呵成的感觉，也有人拿出“文章本天成，妙手偶得之”这样句子来要求自己，希望能有灵感突然降临，一下子就能写出好文章。一口气写出好文章当然是存在的，但实事求是地说，大部分人的文章并不是老天白给的，而是经过了反复修改、反复调整的过程。

写作是创作，任何一篇文章，都要经历从无到有，从少到多的阶段。文章从最开始的想法，变成提纲框架，再到草稿、初稿，最后经过修改、润色，反复打磨，最终才能形成作者和读者都满意的作品。这个过程很像王国维在《人间词话》中比喻做学问的三境界：“昨夜西风凋碧树。独上高楼，望尽天涯路。此第一境也。衣带渐宽终不悔，为伊消得人憔悴。此第二境也。众里寻他千百度，蓦然回首，那人却在灯火阑珊处。此第三境也。”写作也是如此，从最开始有想法要写文章，到不断雕琢，到最后完成，发现“那人却在灯火阑珊处”。

修改文章的方法很多，每个人的方法也不一样。有人喜欢先从小处着手，先改错字，错词，再通顺句子结构；有人喜欢通读全文，凭语感找到不通顺的地方；也有人喜欢按照开头、中间、结尾三个部分的结构，拆分开来看一篇文章。但不管先后顺序如何，修改一篇文章都是从字、词入手，由文章的语言过渡到对文章整体的把握。所以在这一节中，除了讲语言的锤炼，也会从文章整体结构的角度说说如何打磨一篇好文章，使其呈现出最美的一面。

>>>
一、文章勘误

错字是修改文章时需要特别注意的问题，尤其现在大家用电脑写作，用键盘敲出来的文字非常容易出现同音不同字的现象。而现在一些网络用语，也会刻意使用一些错字，这更给文章勘误增加了难度。比如悲剧，有人会故意写成“杯具”；胖子，会故意写成“胖纸”等。

除了这种常见的笔误，还有一些基础用法。比如的、得、地的用法。“的”一般放在名词之前。比如“我的爸爸”“美丽的花”；“得”一般放在动词和副词之间。比如“跑得快”“吃得多”；“地”一般放在副词和动词之间，比如“慢慢地跑”“深深地吸气”。了解这些规则，就不会用错。类似的还有“不止”和“不只”。“不只”是连词，一般的句式是“不只……还……”，比如“不只在广州，还在大理、丽江……”；“不止”是副词，后面接数量和程度，比如“不止十个”“去过北京的不止那么多”。

字词的错误还包括标点符号，比如何时该用破折号，何时该用冒号，句号在引号里，还是引号外，问号和省略号能否并用，等等。这些看似都是小问题，如果不加注意，事后不检查修正，很容易出现错误。

>>>
二、句子结构

句子的结构必须符合基本的语法，不能出现似是而非的情况。比如有这样的一句话，“引发火灾的原因是长期疏忽安全检查造成的”。这句话听起来好像没什么问题，意思是因为疏于检查造成火灾，但是仔细看就会发现句子的语病。正确的说法要么是“引发火灾的原因是长期疏忽安全检查”，或者“长期疏忽安全检查最终导致了这场火灾”。

文章中的长句子更容易有语病。比如一篇产品介绍的文章里有这样一句话："科学的配方，先进的工艺，现代化的生产设备，带来的这款产品具有独一无二的功能。"听起来，这句话是说因为制造水平先进，这款产品有独一无二的功能。但是这里头有两个明显的语病。第一，配方、工艺、生产设备不能带来产品。第二，"带来"是谓语，"具有"又是一个谓语，一个句子不能有两个谓语。这句话正确的说法应该是：依靠科学的配方、先进的工艺和现代化生产设备生产出的这款产品，具有独一无二的功能。

如果长句子的结构出了问题，写作者一般是很难发现的。因为写作是不断把大脑中的想法落实到纸面上的过程，词汇的堆积有时候会造成结构的杂糅或者成分的缺失，像上面例子中出现的两个谓语的情况。还有的长句子，用了各种定语却漏了主语，或者用了各种状语却漏了谓语，这些都是常见的病句。

例子：

1. 每个孩子都是不一样的，顽皮好动又让人琢磨不透，是每个父母都需要面对的难题。（缺主语，什么是父母的难题？）

2. 假如这一切都不存在，或者说她最开始就有这样的条件，她自己也说不知道。（缺谓语，假如的条件成立，那她会怎么样？）

检查长句子是否有语病最简单的方法就是缩句，抛开修饰，把一个句子缩减到最短，就能看出这个句子是否有问题。比如上面的例子，缩句后就能发现问题所在：

例子：

1.

第一次缩句：认清自己的孩子是父母面对的难题。

第二次缩句：认清是难题。

2.

第一次缩句：假如是这样的条件，她会怎样?

第二次缩句：她会怎样?

再举两个例子，大家也可以用缩句自己修改：

一篇奥运报道中出现了这样一句话："连续四届参加奥运会，多次为国争光，这次竟然中途退赛。"这句话的意思相信大家都懂，说的是一个人退赛。前面铺垫了那么多过往的成绩，但偏偏缺了主语，谁连续参加奥运会为国争光，谁退出比赛，主语没有，所以句子就是不完整的。

原文：连续四届参加奥运会，多次为国争光，这次竟然中途退赛。
缩句：
改正：

一篇科技报道里，出现这样的一句话："搭载最新动力引擎，应用先进定位技术的新型无人机在场地应用试验中，以优于国外的先进技术，率先引入的技术革新为指导，这也证明国内的无人机技术已经达到了世界一流水平。"这句话很长，有很多补充成分，但是一缩句就会发现问题。句子缺乏谓语，无人机在场地应用实验中怎么样了？是试验成功，表现优异还是被全面验收？需要补充这个成分句子才是完整的。

原文：搭载最新动力引擎，应用先进定位技术的新型无人机在场地应用试验中，以优于国外的先进技术，率先引入的技术革新为指导，这也证明国内的无人机技术已经达到了世界一流水平。
缩句：
改正：

文章中遇到这样的句子，一是要反复读，靠语感发现问题；第二是靠

缩句，只保留句子的核心结构，看看是不是遗漏了句子成分。

>>>
三、段落挪移

写作时，我们会有一个叙述的逻辑结构，这个结构引导我们把组织好的语言按一定顺序排列在文章里。但是，条条大路通罗马，叙述的顺序可以很多变，写的时候有一个顺序，回看的时候，当写作者了解了整篇文章的结构，也许又会有新的想法。

所以写完之后再检查的时候，可以试试段落不同顺序的组合。有些段落是不是往后放更好？有些段落是不是夹在两个论点之间比较好？这种调整挪移在计算机上是很容易操作的。剪切粘贴完之后，先把修改的部分通读一下，看看上下文衔接是否紧密，再把全文通读一下，看看突然插进去的这个段落是不是跟上下文不符。如果这两项都没有问题，这个挪移可能就是成功的。

举例来说，如果你正在写一篇文章，题目叫作《自信的人是不是天生自信》，你的论点是：自信是不断的成功鼓励出来的。写的过程中，你想到了一个“金句”：“哪有天生的自信者，还不是外界的不断肯定让他一次比一次自信。”这个句子可以放在开头，讲出自己的观点来破题；也可以放在第一个例子之后，作为有感而发的感悟；也可以放到文章的末尾，作为一锤定音的总结。总之，这个句子在文章中可以承担多个角色。具体放在哪儿，没有统一的标准，就要看写作者对文章的整体布局，以及上下文关系。如果实在还是弄不清楚放在哪里更好，最简单的办法就是，把所有的可能性都尝试一下，然后分别通读，找出最合适的那个。

不过需要提醒的是，段落挪移还是有风险的，毕竟当时顺着某种叙述的顺序延伸下来，某个中间的段落挪进挪出都涉及前后文语气的衔接。所以一般挪移时，要注意段落前后的衔接词，像“也就是说”“其实”“无独有偶”这样的词语，尽量消融两个陌生段落之间的生硬过渡。

>>>
四、结构大手术

如果把字、句调整看作修改文章的小手术，段落挪移就是中型手术，因为它已经牵涉文章其他部分的匹配问题。而更大的手术是文章的结构调整，这被认为是修改文章中的大手术。

什么时候会用到结构调整呢?

第一是文章整体跑题的时候。当文章明显偏离了主题，局部的修改已经不能解决问题，必须要靠大刀阔斧的修改，比如砍掉某些多余的段落，理顺整体逻辑关系，围绕文章中心反复强调主题等。

第二是文章存在巨大漏洞和风险的时候。比如科技类文章缺少重要论证，或者哲理散文中，中心观点在某个情境下站不住脚，这个时候，也需要结构的大调整。但是到底是补充缺少的内容，还是绕过这些漏洞，另辟蹊径树立新的逻辑体系，这就需要写作者对全局做一次整体梳理，进而做出如何修改的判断。

第三是文章整体需要增色的时候。有的文章，内容很全面，表述也没有问题，但就是不吸引人，没亮点，这时候，就需要调整文章的结构，是不是采用倒叙的方法？卖关子或者故意抛出一些问题？预设一些无法解决的困境？这种调整会改变文章的叙述模式，可能改完之后会有面目全非之感。

>>>
五、点睛之笔

一篇文章能给读者留下印象的东西可能只有一到两处，这些着墨不多，但意义重要的部分被称作文章的点睛之笔。修改文章的时候如果能增加或者完善这一两个关键点，会有事半功倍的效果。

好的标题经常被认为是文章的点睛之笔。尤其是现在这个时代，每个人面对的都是海量的信息，好的标题可以让文章脱颖而出，快速抓住读者的注意力。而且改动标题不太会影响文章其他部分的内容，比较容易作为单独修改的项目。

标题要根据文章的内容而定，有的人喜欢定了标题再写文章，有的人习惯全部写完了再确定标题，无论哪种顺序，标题最好要能涵盖文章的内容，或者作为文章的引子，让读者有足够的兴趣看下去。也有些人故意隐匿标题，或者把标题设计得离文章内容比较远，比如用“无题”或者用一个单词让读者猜谜，这种做法会增加文章的趣味性，但是传播性上可能会差一些，很多人可能不会打开这种标题不明的文章。

有人总结出好标题的十条原则列于表 5–9 供参考：

表 5–9　好标题的十条原则

标题类型	示例
1. 标题最好紧跟新闻热点	今年的奥斯卡，我跟你打赌这些人一定还是陪跑。
2. 切入点要独特	各国诺贝尔奖获奖者得奖后都有什么特殊待遇？
3. 用问句引发好奇心	谁是中国英语学得最好的人？
4. 简单粗暴	有了朋友圈，照样没朋友。
5. 观点能颠覆常识	太聪明的人一般都成不了什么大事。
6. 引发读者感情共鸣	每天晒幸福的人，不见得有多幸福。
7. 输出价值观	20 岁从哈佛毕业，25 岁成为千万富翁，这之后，他却选择了另外一种人生……
8. 标题和“我”有关	我是如何搞定投资人的。
9. 标题要体现出对读者的用处	搞定渣男，你学会这三招就够了。
10. 给大家一种不看会有损失的感觉	刚刚发生的新闻，大部分人还不知道……

除了标题之外，文章的一些重要的句子也可能成为画龙点睛之笔。小说中作者经历了一切后的感悟；哲理小文中最后总结的句子；或者报告计划中，最能体现核心价值的内容。这些句子让读者一下子就能抓住文章的

中心。修改文章时要特别关照这些内容，尽量做到简洁、有力、有新意。

最后，还要特别注意文章的结尾。诺贝尔经济学奖获得者丹尼尔·卡纳曼提出了著名的“峰终定律”。他发现人们对体验的记忆取决于两个因素，一个是峰值时的体验，一个是终点时的体验。读者阅读文章的体验也是如此，文章最高峰的闪光点和结尾的闪光点会给读者留下深刻的印象，所以尽量多推敲一下结尾的写法，一定会为文章增色不少。好的结尾包括金句式结尾（给出总结）、问题式结尾（留给读者思考）、开放式结尾（留下想象的空间）和场景式结尾（让人沉醉在某个画面里），等等，作者可以根据文章的类型和正文的实际情况进行选择。

以上是修改文章的一些方法，这些方法主要还是自我调整和自己发现问题的主动修改。改文章还有另外两个角度。一个叫“读者反馈法”，传说白居易每次写完诗都要读给老太太听听，老太太都听得懂的，才叫好诗，听不懂的，他就会去修改。这是非常典型的以读者为导向的写作理念。还有一个角度叫“专家点评法”，请领导、专家、客户、熟悉写作的人给文章提意见，结合他们的意见修改文章，也是常见的修改模式。

“艰难困苦，玉汝于成。”写文章也是如此，经过三番五次的调整，一篇好文章才能诞生。好文章都是改出来的，这句话有两层意思，第一，反复修改、斟酌、推敲才能成就一篇精品文章；第二，修改的过程是最好的反思和学习，经常通过这种方法锻炼写作，渐渐地就能写出好文章。

1. 改文章是无限接近完美的过程。
2. 改文章的五个层面：词、句、段、结构、点睛之笔。
3. 除了自查，改文章还应该多听听他人的意见。
4. 写作者要改出好文章，也要相信“改，出好文章”。

第6章　模板写作法

第1节　有模板，写作不难

神奇的写作模板			
	类型	原理	要点
通知类模板	告知：通知、介绍信、证明信、公函；声明、公开信	向特定人群通报消息	清楚、有格式
分析类模板	分析报告：建议书、可行性报告；摘要	讲述或者深度挖掘	有分析逻辑
计划类模板	计划：个人计划；商业计划书	自身优势匹配既定目标	分析和结论并重
总结类模板	总结：内容汇总；感悟、反思、回顾等	反思、感悟、汇总信息	归纳方法

模板写作与“套公式”

很多人害怕写文章，觉得写文章没有规律可循，每次看别人洋洋洒洒写了好几千字，完全看不懂这几千字是按照什么逻辑组织起来的。所以写作经常被认为是很高深的事情，或者是某些经过专业训练的人才能做的事。

其实，写作有很多套路，只要按照某种套路，很多初学者都可以现学现做。比如，最简单的“模板套路”，只要记住一些模板，以后碰到同类文章，都可以利用模板，直接补充内容，这样一来，写文章就变得简单多了。

模板按类型分有通知类模板、分析类模板、计划类模板和总结类模板这几种。每一种模板又可以再细分成更多的应用场景，如通知类模板又可以分为通知、函件、报告书等；分析类模板又可以分为分析报告、可行性分析、文献综述、意见汇总等。

不过，要学好模板式写作方法不能只停留在“背模板套公式”这个层面，更要了解模板背后的原理。简单来说，有以下三个方面的内容需要了解。第一，要了解模板的对应类型。哪些文章可以套用模板，哪些不可以，切记不可生搬硬套。第二，要了解模板的基本结构。模板包括几个部分，各部分的作用是什么，如何衔接。要用模板提升文章，而不是让文章适应模板。第三，要练习各场景下的应用，了解同一模板在不同场景里的变化。比如同样是计划书，为什么商业计划书和行动计划书有不同的侧重点。了解了这些差异才能灵活掌握模板应用的方法，不为形式所困。

以下，分别结合四种类型的模板，介绍其基本框架、应用场景和注意事项。

>>> 一、通知类模板

通知，一般大家理解为通报、告知，比如办公室的加班通知、小区的停电通知、政府的国庆节放假通知等。但广义上来说，所有旨在知会别人的信息都可以算作通知的范畴。如公函、介绍信、证明信、病假条、公开信、声明、报告书等，都是为了向特定的人群通报某些信息，所以都可以归入通知的范畴。

通知有五个主要元素：第一，通知主体；第二，通知内容；第三，通知对象；第四，注意事项；第五，执行办法。以上这五个部分构成了一个完整的通知。

比如公司的放假通知：

公司通知全体员工，国庆节放假三天，如有离京同事，需向人事部报备，请各位配合执行为要。

主体是公司，对象是全体员工，通知的内容是放假，注意事项是出京需报备，执行办法是请大家知会执行。

再比如介绍信类型的通知：

兹有我部（主体）员工张三，去贵公司（对象）接洽合作事宜（内容）。张三可全权代表我公司（注意事项）。请予以方便为盼（执行办法）。

汇报类型的通知：

本人李四（主体），出差第一天，推进与上游厂商合作，目前已成功签约供应商 2 家（内容），特向公司（对象）汇报，希望得到下一步的指示（执行办法）。

通过上面三个例子可以看出，几乎所有的通知都是上述五个部分的结合。通知需要强调信息传达的准确性，也要注意用词的简练，不需要使用多余的修饰性词汇。另外，通知的内容一定要全面，要把要求、规定、注意事项、执行办法、落实人、相关人这些统统包括进来，不可以通知后再补通知，一个内容分好几次才说完。

通知属于公文，所以也需要注意公文的行文格式。通知的开头要有称谓，对谁通知要讲清楚，落款要有通知发起人，结尾要有通知发出时间。个别需要报送给特定部门、特定人的，一定要在最下方标注清楚，以便让发通知的人清楚到底这个通知要发给谁，抄送谁。

>>>

二、分析类模板

当我们希望讲清楚一件事，或者希望对某个事物、某种情况进行深度挖掘时，就需要使用分析类模板。常见的分析类模板包括调研报告、情况分析、分析报告、可行性分析、文件综述、意见报告等。针对不同的场景和要求会有不同的分析报告，但是几乎所有的分析报告都会包含分析类模板的几个核心功能，比如汇总功能、分析功能等。

比如某单位希望建立自己的自媒体平台，要求写一份新媒体转型分析建议。接到这个要求，有的人觉得，既然是建议书，就应该将建议逐条写清，第一应该做什么，第二应该做什么；也有的人会觉得，建议书应该是属于计划书的一种，要写清楚如何定位，如何安排人、财、物，如何管理，如何落实等。其实这些都不对，企业要求做分析建议，很明显先要有分析，再有建议，建议要建立在分析的基础上。所以从归类上，这首先应该是一篇分析型的文章，内容包括现状归纳、在新媒体方面的探索和效果、其他企业经验借鉴、自身情况评估，最后有一个分析总结。这样写出的内容更有科学性，也更符合企业的实际情况。

分析类模板包含六大模块，分别是摘要、陈述、对比、分析、建议和参考资料附录。像上面企业的新媒体转型分析，第一步不应该是直接给出结论，而应该是先汇总该企业在新媒体上有过哪些探索，效果如何，而不是简单的内容罗列。再往下深入，关于企业做过的新媒体探索，不是要粘贴企业所有的新媒体文章，而是要发现内容和数据的对应关系。常见的做法是，把所有的标题、发送时间、字数、内容标签等文章参数和阅读数、转发数、评价数等文章数据做成一个有对应关系的表格，在分析之前，先通过图表研究清楚数据之间的关系。如表6–1所示：

表6–1 新媒体效果评估表

文章标题	发送时间	字数	内容标签	阅读数	转发数	评价数	备注
1.							
2.							
3.							

通过这个图表，读者可以一目了然地看清楚什么样的文章受欢迎，而

受欢迎的文章中，也可以进一步分析出哪些因素会干扰阅读量、转发数和评论量，从而得出更具体的结论。类似的，像文献摘要、现有情况汇总、进度摘要都可以使用上面这种表格汇总的方法。

汇总之后是陈述。陈述是明确问题，分析研究的课题到底是什么，如何界定这个课题的范围，如何理解课题的背景和应用环境。比如，某个创业项目的可行性分析，这个“可行性”里就有技术可行性、商业可行性、操作可行性、法律可行性、管理可行性等很多方面。要弄清楚是所有的方面都涉及，还是只论证某一方面的可行性。

接下来进入分析的环节。分析的方法很多，如技术上的论证、市场访问分析等，这个要根据分析对象的实际情况选择最有可信度和可操作性的方法。在写作中，关于分析问题，有一个小的写作技巧，那就是把分析和结论建立在对比的基础上。以企业新媒体转型分析举例，在分析采用何种转型方式之前，可以先不着急给结论，先做一个行业对比分析。比如同样是地产公司，其他公司是怎么做新媒体转型的？行业协会有哪些新媒体的探索？国外同类型的公司有何经验可以借鉴？对比之后再给出分析，会更有说服力，也避免走弯路，更具有可执行性。

经过前面这些铺垫，进入到真正的分析环节。因为有了前面资料的整理、汇总和对比，分析起来就相对容易得多。需要特别提醒的是，分析不是讲故事，重要的是涵盖不同方面不同角度，如果“全面”和“细致”是分析的两个关键词，“全面”比“细致”更重要。

分析之后是建议，也就是分析类模板里结论的部分。前面所有的内容都是为了结论服务的，所以在结论或者建议部分，要涵盖前文所有提到的内容。分析类文章的建议又分为确定建议和有条件建议，确定建议是非常明确的行动计划，比如，建议企业开通微信公众号，这就是非常明确的建议；而有条件建议是给出不同情况下的多种选择。比如，建议在货币政策有调整的时候，适时改变公司的投资策略，这就是有条件限制的建议。

最后是参考资料附录。为了保证分析的科学性，也可以在最后附上引用资料的原文或者出处。参考资料的呈现形式可以很多元，包括表格、图形、文献摘录，甚至多媒体的互动等。

>>>
三、计划类模板

计划是日常生活中经常会遇到的一种文体，学习需要有学习计划，工作需要有工作计划，创业需要有创业计划，甚至对于政府和国家来说，也有一年计划，三年规划。

但很多人会把计划等同于计划表，以为计划就是罗列工作内容。单位的工作计划也会被认为是表决心，实际作用不大。到底一份有价值的计划应该如何写呢？

一份完整的计划，不应该只是工作清单，更应该是自身优势匹配既定目标的对应关系。怎么理解这句话呢？首先，先于梳理工作的，是梳理自己。到底自己有哪些优势可以发挥，有哪些短板需要弥补，先弄清楚这个，计划才会更加有的放矢。其次，计划是为了完成目标确定的分解步骤。所有的计划应该是由结果倒推出来的——要完成这个大的目标，需要先完成哪些小目标，为了完成小目标需要做哪些努力，为了尽到这些努力，需要什么资源和方法。这样分解下来，呈现在计划里的，就是非常可行的行动纲要。

接下来，以商业计划书为例，分析一下计划类模板的基本结构。

商业计划书的第一部分一般是市场机会，这也是整个商业计划的起点，是具体的需求推动了某个商业计划。然后由市场需求过渡到产品，因为有需求，很自然需要某种产品来满足需求。接下来是产品核心功能、产品竞争优势、产品设计、定价、渠道、营销等内容。计划书的最后，需要展现团队、融资和下一步的发展计划、风险控制等。这样从概念到产品，从目标到落实才构成一个完整的商业计划书。很显然，这个计划书不是列工作计划，而是匹配资源和机会。

表 6-2　商业计划书简要提纲

商业计划书	
> 市场和行业趋势	> 市场容量
> 潜在商业机会	> 核心诉求提炼
> 产品设计（产品功能设计、定价、渠道、营销策略）	> 市场验证
> 财务和融资状况	> 下一步发展计划
> 法律及合规	> 风险评估
> 使命与愿景	> 经营团队

商业计划书是计划里比较复杂的一种，其他的，像学习计划、工作计划等跟商业计划书的原理是一样的，都是为了实现目标而进行的倒推式拆解。不同的是，个人的计划——个人学习计划、个人工作计划不需要过多关注外界对计划的反应，只需要融入个人特质和个人意愿。

>>>

四、总结类模板

几乎每个人都遇到过写总结的时候。狭义的总结是汇总、结论的意思，比如全年工作总结、阶段性学习总结，而广义的总结有反思、感悟、举一反三的意思。比如旅游归来的回顾，看完一本书的感悟，听到一段乐曲的联想，看完一部电影不吐不快的倾诉，这都是对已经发生的事情的回顾、反思。所以，游记、读书笔记、乐评、影评，其实都算是总结。从这个意义上来说，总结不只是概括中心思想，它更像是一种学习方法和思维习惯。

总结类文章都有一个共同的特征，就是夹叙夹议，叙议结合。比如最常见的工作总结，最开始一定要先说说做了哪些工作，然后才是对完成这些工作的评价。再比如书评，一般也是先回顾书的内容，在内容的基础上有一些个人的感悟，最后结合自身的体会延伸。其他的，像游记、影评都是如此，先依托内容，以内容为基础的先叙述再议论或者边叙述边议论。

不过也有人写总结时习惯使用金字塔式结构。前文讲过写作中的金字塔原理，就是先有中心论点，再有分论点，最后用具体内容做支撑的一种方法。而运用金字塔结构写总结，就是逐级细化、分解、落实的过程。具体如图 6–1 所示：

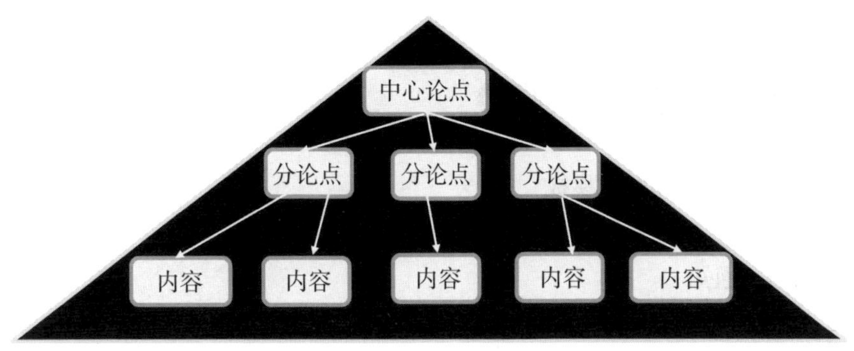

图 6–1　金字塔式总结

比如在工作总结时运用金字塔原理，开篇可以有一个结论："回顾今年的工作，我有三点进步和一点不足。"三点进步是：工作方法进步、研究能力进步、市场拓展能力进步，一点不足是写作能力不足。

接下来，叙述什么是工作方法进步，如何进步的，进步到什么程度？什么是研究能力进步，进步了多少，有什么实际应用？什么是市场拓展能力进步，进步的表现是什么，有什么成绩？写作能力不足，是怎么发现的，问题体现在哪里，接下来如何改进？按照上面金字塔原理中的结论、分论点和内容支撑，一层层分解，就可以写出一篇好的工作总结。

同样地，其他跟总结有关的文体，包括书评、影评都可以按照上面那种模板写。

为了便于大家查找、套用模板，在这一节的最后，有个模板速查手册，方便大家按类别快速找到各内容对应的模板。有了上面文字部分阐述的各类型特征、应用方法和注意事项做铺垫，大家就可以愉快地套用模板了。

1. 套模板快速写作不是不可能的。
2. 为了让别人知晓信息的文章可以套用通知类模板。
3. 为了讲清楚一件事，深度挖掘时可以用分析类模板。
4. 计划类模板是寻找资源和目标的匹配。
5. 反思、回顾类内容都可以套用总结类模板。
6. 模板速查手册帮助写作者快速写文章。

附：18 个公文写作模板速查手册

第一大类：通知类模板

1-1 通知

关于总部培训会议的通知

经公司领导研究，决定于 2016 年 12 月 2 日召开总部员工行为规范培训会议。现将有关事项通知如下：

一、会议地点：七层会议室；

二、会议时间：12 月 2 日上午 10：00；

三、参加对象：全体员工。

请安排好工作，准时出席。收到请回复。

人事部

2016.11.22

1-2　介绍信

公司介绍信

尊敬的李总：

兹有我单位张三同志前往贵处，全权处理我公司与贵公司的商业合作事宜，请予以接洽为盼！

此致

敬礼！

单位公章

年　月　日

1-3　函件

关于商洽代培统计人员的函

××金融培训学院：

得悉贵院将于8月份举办基金从业者讲习班，系统培训基金从业人员。我公司拟派5名员工随班学习，委托你们进行培训。代培所需费用由我公司如数拨付。盼复函。

此致

敬礼！

大同基金公司（公章）

年　月　日

1-4　声明书

公司安全评价工作声明书

上海中山技术事务所：

为保证贵公司安全评审工作的顺利开展，我公司承诺，下列事项真实反映我公司情况：

1. 我公司是经政府工商行政管理部门依法注册成立具有独立法人资格的企业，并根据《中华人民共和国安全生产法》《危险化学品安全管理条例》《广东省安全生产条例》《广东省危险化学品经营许可证管理规定》及国家和地方的有关法律、法规和标准的要求从事正常的生产、经营活动的企业，其合法性由我公司负责。

2. 我公司将提供评价工作中全部所需的资料给有关的评价人员审查，所提供的有关评价所需资料的真实性、合法性、有效性、完整性均由我公司负责。

3. 无违法、违纪、舞弊现象。

4. 无蓄意歪曲或虚报评价项目内容的情况。

5. 无重大安全隐患。

6. 无重大的不确定事项。

特此声明！

声明人：××

（受委托单位盖章）

日期：年　月　日

1-5　证明信

证明信

兹证明李四同志现从事软件工程师工作，累计满 2 年。

特此证明！

单位名称（公章）盖章

经办人：××

年　月　日

第二大类：分析类模板

2-1 可行性分析

项目可行性分析

概述
可行性分析结论
项目技术背景
项目的技术发展现状
编制项目建议书的过程及必要性
市场情况调查分析
客户现行系统业务、资源、设施情况调查
项目总体目标
项目实施进度计划
项目投资估算
项目组人员组成
项目风险
经济效益预测
社会效益分析与评价
可行性研究报告结论
附件

2-2 调研报告

调研报告

一、引言（问题背景陈述、关键概念和相关理论、研究目的意义）
二、调研结果分析（主体部分：调查对象特征分析）
三、小结（小结要简洁中肯，针对假设分析做出合理的推论，具有一定的概括性）
参考文献
附录

2–3 分析报告

情况分析（也称分析报告）

一、导语（导语也称前言、总述、开头）

二、主体　主体部分有以下四种基本构筑形式：(1) 分述式；(2) 层进式；(3) 三段式——主体部分由三个段落组成：现状、原因、对策；(4) 综合式。

三、结尾　(1) 自然结尾；(2) 总结性结尾；(3) 启示性结尾；(4) 预测性结语。

2–4 文献综述

文献综述

一、前言　要用简明扼要的文字说明写作的目的、必要性、有关概念的定义，综述的范围，阐述有关问题的现状和动态，以及目前对主要问题争论的焦点等。前言一般 200～300 字为宜，不宜超过 500 字。

二、正文　是综述的重点。

正文主要包括论据和论证两个部分，通过提出问题、分析问题和解决问题。为把问题说得明白透彻，可分为若干个小标题分述。如：①历史发展；②现状分析；③趋向预测。

三、小结　是综述正文部分作扼要的总结，作者应对各种观点进行综合评价，提出自己的看法，指出存在的问题及今后发展的方向和展望。

参考文献　参考文献是综述的重要组成部分，可体现作者阅读文献的广度和深度。对综述类论文参考文献的数量不同杂志有不同的要求，一般 30 条以内为宜，以最近 3～5 年内的最新文献为主。

2-5 改良意见

改良意见

一、开头　概括性说明制定意见的缘由、目的或依据。常用“现提出如下意见”作为承启语转入意见的主体部分。

二、主体　主体部分解决“如何认识”和“如何解决”这两个问题。结构安排上应先写原则性指导意见，后写具体性指导意见；先写理论性认识，后写解决办法。

三、结尾　上报的意见，结尾可提出请求批转的要求，如“以上意见如无不妥，请批转各地（单位）执行。”下发的意见一般要求下级结合实际情况贯彻执行，有的还可以把在贯彻执行中遇到的困难和问题，及时上报或结合本单位实际情况制订具体实施方案。

第三大类：计划类模板

3-1　商业计划书

商业计划书

市场和行业趋势	市场容量
潜在商业机会	核心诉求提炼
产品设计（产品功能设计，定价，渠道，营销策略）	市场验证
	下一步发展计划
财务和融资状况	风险评估
法律及合规	经营团队
使命与愿景	附录

3-2　读书计划

读书计划

一、读书目的　　二、计划阅读书目
三、计划与安排　　四、读书选择
五、个人阅读的措施

3-3　开发计划

开发计划

开发概况　　开发组织结构
开发预算　　开发目的
开发计划　　实施总计划（过程及需求）

3-4 学习计划

学习计划

计划目标　　实行计划
形成习惯　　考虑全面
时间长短安排　　重点突出
实际出发　　留有余地
文理交替

3-5 工作计划

> **工作计划**
>
> 一、标题
>
> 二、正文
>
> 1. 前言。
>
> 2. 总结回顾：如实分析和评价自己的工作，认真反映问题。
>
> 3. 成绩、做法、经验和教训：抓主要矛盾并进行深入细致的分析。成绩及问题存在的前因后果，以体现对前一段工作有所反思，由感性认识上升到理性认识。
>
> 4. 今后计划。
>
> 三、落款

第四大类：总结类模板

4-1 工作总结

> **工作总结**
>
> 简要介绍这一年来工作中的大事件
>
> 总结成绩、反思不足
>
> 提出改进的方向
>
> 行动方案
>
> 落款

4–2 游记

游记

按游览的顺序描写景物。

情、景相结合。

如需介绍景点或者游览地的有关知识，要简明扼要。

也可以按景物的类别来写，插入时间可以让脉络更清楚。

抓住景物的特征，恰当使用修辞，生动、形象、具体。

4–3 读书笔记

读书笔记

摘要式读书笔记：1. 索引读书笔记；2. 抄录原文读书笔记；3. 观点摘要。

提纲式读书笔记：1. 提纲，逐段写出要点；2. 提要，总结全文写出要点。

评注式读书笔记：1. 书头批注；2. 评注读书笔记；3. 补充原文读书笔记。

心得式读书笔记：1. 札记；2. 心得；3. 综合读书笔记。

仿写式：模仿摘录、段落以达到学会运用；

交叉式：比较同类书中类似的内容；

存疑式：记录读书中遇到的疑难问题，边读边记；

简缩式：抓住主要内容，缩写成短文。

第 2 节　会模仿，一切简单

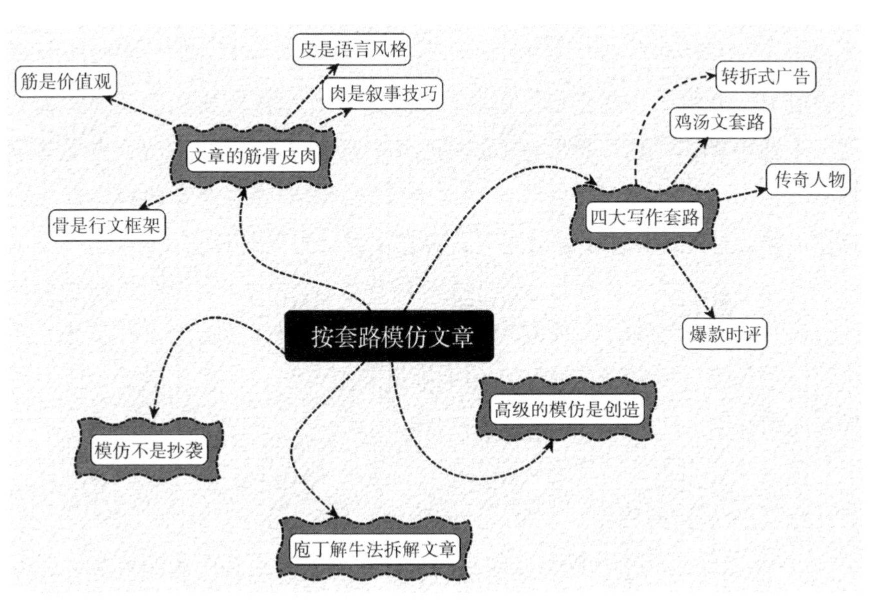

模仿比抄袭高级得多

写作中，如果能找到一个好的样板，照猫画虎是最简单有效的方法。一来，比着葫芦画瓢，大多数情况下样子不会差太远；二来，复制高手成功的经验，虽然没办法超过原作者，但是按图索骥，发现高手的方法，加以效仿，可以快速提高自己的水平。所以对于害怕写作的人，都可以试试先从模仿开始。

但模仿不能停留在表面，要学会“庖丁解牛法”。庖丁是一个屠户，他因为经常杀牛，对牛的身体了如指掌，所以当他要把一头牛拆解开来的时候，他完全可以游刃有余，毫不费力。在他的刀下，看起来是个庞然大物的牛，清清楚楚地被分成了筋、骨、肉、皮。

其实写作也是一头牛，看起来一气呵成的一篇文章，也是由筋、骨、肉、皮四种元素构成。价值观是文章的筋，你摸不到它，但它却暗暗发力；行文框架是文章的骨头，看起来简单的几根，却决定了文章的走向；叙事技巧是文章的肉，能否牢牢抓住读者全靠肉的那个劲；最表层的语言是文章的皮，好不好全在外头，是别人可以一眼看到的，也是文章最后呈现出的样子。

所以，要模仿一篇文章，第一件事就是要吃透这篇文章。观摩样板文章，不能停留在"真好看"这个层面，要按照庖丁解牛的方法，先把文章拆解开，去了解文章背后的价值观、文章的逻辑框架、文章的叙事技巧和文章的语言。各部分都了解清楚了，再去模仿就简单得多。

比如下面这篇，文章的名字叫《小狗待售》，讲的是一个小男孩去买狗的故事。作者在行文中一直贯穿着某种价值观，但他不着急一下子就让读者接受，他设置了情节的转折，用来推进式叙事结构，在文字上，通俗易懂又充满温情。

标题：《小狗待售》

（这类文章的标题一般都是故事概括，让大家一看标题就能预知故事的内容）

如果你想受人尊敬，那么首要的一点就是你得尊敬你自己。

——陀思妥耶夫斯基

（导语是一句名言，或者一句总结出的道理，让读者带着思考读故事。）

一家宠物店老板在店门上挂了张"小狗出售"的牌子，这种招牌通常很能吸引孩童的眼光；不久后，果真有一个小男孩走进店里询问："要多少钱才能买到小狗？"

老板回答："从 30 元到 50 元不等。"

小男孩伸手到口袋，但掏出的只有些零钱，他说："我只有两块三毛七，我能看看小狗吗？"

老板微笑地点了点头，然后吹了一声口哨，从走道那端跑来一只狗妈妈，后面跟了 5 只毛茸茸的小狗；前面 4 只跑起来像是会滚动的球，但最后一只却是一跛一跛地往前走。小男孩一眼就看到了那只不良于行的小狗，他问道："这只小狗怎么啦？"

老板解释说，经过兽医检查，这只小狗后脚残缺，这辈子注定要当跛脚狗了。小男孩听了之后兴奋异常："我就要买这只小狗。"

老板开口了："这只狗不用买，你若真想要，送你就好了。"

然而这话却使得小男孩十分不悦，他双眼直视着老板，语气坚定地说："我不要你送我，这只小狗和其他小狗一样值钱，我会付足价钱买下。我现在只能给你两块三毛七，但以后每个月我会给你五毛，直到把钱付清。"

老板摆了摆手："你何必买这只小狗呢？它又不能像其他小狗一样陪你跳，陪你玩？"

这时小男孩弯下腰，拉起左边的裤管，露出严重扭曲的左腿，他能站着全靠金属支架支撑。他抬头看看老板，轻声说："我自己也跑不快，这只小狗正好有个同病相怜的主人。"

（故事的悬念到最后一刻才揭开，这种猜谜式的结构会让读者有兴趣看下去，并自己找到答案。）

《小狗待售》这个故事很简单——利用生活中的对话、事件，模拟一个特别真实的场景，展示一个积极向上的理念。比如这篇文章中，跛脚的小男孩遇见跛脚的狗，他要尽其所能，还狗一个尊严，因为他也希望别人同样尊重自己。这个道理作者不是通过说教传达的，而是通过一个看似真实发生过的故事，让读者自己去体会悟出的结论。

通过拆解文章了解了这种模式以后，任何人都很容易模仿写出一篇类似的文章，甚至还可以摆脱国外这类文章的影子，写出一篇植根于现实的，中国味十足的哲理故事。

标题：《到底应该把家业传给谁？》（概括故事内容的标题，让读者一目了然。）

导语：俗话说，"吃不穷，穿不穷，算计不到一世穷"。（让读者带着预设的结论听故事。）

有一个老员外，想看一下两个儿子谁能继承家业，就让他们去卖库存的布匹。

大儿子亲自上阵，走街串巷，风里来雨里去，到月底一共卖掉了五匹布。

二儿子呢，看了一下布料，发现花色已经过时。他就请了镇上最有名的裁缝，全部做成了衣服，一个月不到，衣服全卖完了，跟裁缝二八分账，自己拿了一大笔钱回来。

大儿子勤劳，二儿子好像什么事都没做，就在家指挥了一下。

但把家业传给谁，老员外心里已经有数了。

（预设结论跟故事的结论相符，都是说明动脑比盲目的勤劳有用。虽然最后没有给出结论，但聪明的读者一定可以回答标题中的问题。这也是这类鸡汤文带给读者的趣味性之一。）

以上是一个简单的例子，用以说明熟悉某种套路后可以很轻易地模仿出一篇类似的文章。其实不只这种小故事，目前市面上比较常见的各种文章都可以模仿。通过归纳，我把常见的文章归纳为四种类型，简单套入以下四种模型即可。

为了让大家更好地了解套路模仿这种方法，我归纳出“四大写作套路”。了解了这些套路的真相，大家就可以愉快地模仿了。

1. 模仿是模仿套路，不是剽窃内容；
2. 模仿的第一步是拆解文章；
3. 参考附录“四大写作套路揭秘”的内容。

在接下来的附文中，有“四大写作套路大揭秘”，专门讲解如何按照四种套路模仿文章。

套路一　“我有个朋友”式哲理散文套路揭秘

应用场景：以真实或者虚构的故事阐述某种道理

基本套路：3+1 结构（3 个故事，加一个道理），或者 3+3+1 结构（每个故事后面附故事感悟，最后有个总结）

实例分析：下面这个文章是典型的“我有个朋友”式哲理散文。用“我有个朋友”来举例是为了让大家觉得故事真实可信，以此拉近文章与读者的距离。文章采用的是 3+1 结构，前面出现 3 个人物和故事，每个都只是讲故事没有评论，最后统一回顾，总结出共性，得出结论。

标题：这世上只有一种成功，就是以自己喜欢的方式过一生

（摘录）

一

认识 Z 先生是因为我们同时做的一个公益项目。

他是演讲者，我是活动组织者。

Z 先生之前是新华社记者，后来开始做老年人陪护志愿者，现在全职做临终关怀。

临终关怀，就是对临终老人的心理关怀，比如跟老人聊天，疏导老人情绪，让老人在弥留之际能有些快乐。

……

（“我有一个朋友”的第一个故事，放弃稳定工作，找自己喜欢的生活）

二

我在尼泊尔旅游时遇见温哥。

温哥人如其名，他很温和，一直笑眯眯的。他戴着个毛线帽子，穿运动服式样的夹克衫，像门口修车铺的师傅。

这么个朴素的人，却做着一个特别酷的工作：他说他是北京最早一批靠卖照片就能养活自己的人。

……

现在他开始了新的征程，他要往世界的各个角落进发。而他和我，都成为我们彼此人生故事里的一个人物。

（“我有一个朋友”的第二个故事，放弃安稳的生活，找自己喜欢的生活）

三

现实里，像Z先生和温哥这么决绝的人并不多，但这大概依然不妨碍有些人可以选择自己喜欢的生活。

小杜是我的一个读者，去年过年的时候给我留言：“主编，如果你的书要出版，我可以帮你画插画。”

……

半年之后，小杜从东北坐车来找我：“主编，我想辞职，专门教画画。”

我问她为什么？她说她现在在一个地方实习，每天端水扫地什么也学不到，还经常无端被领导骂。

我问她上班一个月能拿多少钱？

她报了一个数，大概相当于她教两个礼拜课的收入。

“那你还想什么，赶紧辞！”干自己喜欢的事又能养活自己，那干吗不去做？

（“我有一个朋友”的第三个故事，找自己喜欢的生活）

四

……

各个领域做得好都能成功。新华社记者也有功成名就的，大学老师也有扬名立万的，旅行社经理人也有飞黄腾达的。不见得当个摄影师、教个画画就比干某个具体的工作更高级。

不过呢，也正是因为各个领域做好了都能养活人，所以你大可以选自己喜欢的方式。不管是稳定、漂泊、无聊、狗血还是不被认可。

对你来说，喜欢就是意义。

这世上的成功只有一种，叫以自己喜欢的方式过一生。

成功的方法也只有一种，叫找到喜欢的就死死抓住，努力到死。

（最后总结出道理：以自己喜欢的方式过一生才是成功的人生）

模仿写作建议：先想好一个道理，搜索一下自己的故事库，最好是“我有个朋友”这样的故事。3 个故事加 1 个结论，真诚满满的一篇鸡汤文出锅了。

套路二 传奇人生故事写法大揭秘

应用场景：场景加简历的叙述模式，放大人物的传奇性

基本套路：现实场景 + 简历 + 典型场景 + 评论模式

实例分析：下面这个文章是典型的传奇人生故事写法。先用热点和新闻引入话题，展示人物现实生活的场景，然后引入人物介绍，最后再回到现实生活，引发感慨或者做出评论。但这样的文章经常会有一个问题，因为文章中的资料多来自于网络，可能存在以讹传讹的风险。

标题：16 岁替父还债，39 岁遭遇婚变，这个高颜值男神的人生 46 岁才开始[①]

一

最近一个男演员，说好的婚礼从简一切从简，但最后媒体公布的细节：每位来宾领到的 15 颗喜糖价值 850 元，女主人的婚礼礼服价值 70 多万元，一场婚宴花销 300 多万元。

这都是小意思，北京二环里有套房的土豪分分钟也做得到。

关键是，男的送给女的 10.8 亿元。

10.8 亿……

请问，你这么低调，你让黄晓明、汪峰怎么想？请问，你这么一掷千

① 以下引用仅为探讨写作方法，不涉及文章内容评价。

金，你让前妻、前女友怎么想？请问，你这么爱憎分明，你让那些骂你嘲笑你的人怎么想？

我很少怀着平和的心态看人炫富，但对于四爷，我却满是衷心的祝福，因为他一步步得到这些太不容易了。

每个结婚的恋人都很幸福，单是看照片都能感觉到，吴奇隆特别幸福，不知道为什么。

每个人都喜欢晒结婚照、晒求婚，但是就觉得吴奇隆这个婚结得特别踏实，不知道为什么。

每对新人都要与过去划清界限，表达对未来美好生活的向往，但是就觉得吴奇隆特别松弛地对待过去，不知道为什么。

（先交代当下的场景：两个人奢华的婚礼和男方给女方巨额财富）

这种我说不清的感觉，用宗萨钦哲仁波切的话说："一定要找到，那个能让你的心静下来的人，从此不再剑拔弩张、左右奔突。也一定要找到，那个能让你的心精进起来的人，从此万水千山、世世生生。"

我不了解八卦的细节，但看照片，我觉得吴奇隆找到了。

二

好的婚姻，不是演给别人看的，更不是成为高富帅，迎娶白富美，而是，有没有一个人，可以让你做回自己。

现在大家说吴奇隆为真爱一掷千金，可去年两人领证的时候，所有人都说，这个老头配不上小自己17岁的刘诗诗。

2015年1月20日，吴奇隆晒出结婚证，媒体的评论极尽刻薄："戒指是P上去的吧？"

怎么也都是演艺圈的人，或许刘诗诗的闺密多一句嘴："这也太寒酸了，是不是他对过去的每个女人都这样？"

或许还有些粉丝带着各种世俗的成见："不肯为你花钱的爱都不是真爱"。

也或许女方父母的一句偏见："离过婚还大你那么多。"

……

这里但凡占着一条，但凡刘诗诗有一点动摇，这个故事就一秒钟从童话变成狗血。

彼时的吴奇隆除了不太红，还有三大法宝缠身：债务、情史、狗血新闻。

吴奇隆出生于1970年，本来读体育的他，18岁被星探发现，进入演艺圈。

别人的明星生涯是从鲜花和掌声开始的，而吴奇隆从入行开始，每个月背负父亲欠下的巨额债务。

1990年时，他每个月要还将近20万元人民币。只能跟公司借钱，然后拼命工作还钱，有一段时间，吴奇隆每天工作20到22个小时，只有两三个小时的睡眠时间。甚至有一次连续7天7夜没有睡觉，精神恍惚边哭边笑。因为怕耽误工作，他在手术伤口还未愈合的情况下，仍坚持去拍电影武打镜头。

从1988年出道到2001年拍摄《萧十一郎》，吴奇隆用了12年才替父亲还清债务。

这一年，吴奇隆已经31岁了。对于很多明星来说，出道12年早就功成名就了，但对吴奇隆来说，他才刚刚到达了自己人生的起点。

人生如履薄冰，他怎么能不小气，怎么能不努力，怎么能不谨慎？

（追忆成长故事）

三

徐若瑄、杨采妮、蔡少芬、马雅舒，吴奇隆在遇见刘诗诗之前，并不是没有故事的人。何况，最恶毒的定位是，“吴奇隆走红的时候，刘诗诗还没有出生”。

这12年，是吴奇隆情路坎坷的12年。是他负了别人还是别人负了他已经无从可考，但是切切实实的，他必须要挣钱还债。

他撑不下去的时候也怨过，爸爸对他说：“谁让你当明星，别人不认识你，我们就能跑路了。”

不知道那些爱他的人，真的是爱他的人，还是可以感同身受地爱他的身世和经济状况？

终于，在吴奇隆红了以后才出生的这个女孩，长到亭亭玉立，而吴奇隆也终于父债子偿还清了所有欠款。

有人说，真替马雅舒不值，为什么最好的时间被刘诗诗遇见了，最坏的时间被自己摊上了。

是这样吗？真的是遇见了最坏的时间吗？

关于求婚和小气的桥段，之前吴奇隆跟马雅舒上演过一回了。

媒体采访二人，吴奇隆说结婚照是路边拍的，戒指是马雅舒自己买的。

同样地，吴奇隆跟刘诗诗求婚的时候，用了一个寒酸的小蛋糕。

求婚重要吗？当然重要，这是一个女人一生中最幸福的时刻。

可为什么同样是生活的局促，在前一段里头就是无奈，下一段里就是小确幸呢？

（继续铺垫个人简历）

四

刘诗诗给人的感觉就是，她真的在等待老天安排的一切。

老天安排了这么个大叔，即便全世界都不看好，她也义无反顾、死心塌地。

10.8 亿来得突然，但我相信，一个人能经得住多少诋毁，就受得了多高的赞誉。

之前有情饮水饱，素圈戒指就能结婚的刘诗诗，一样能心安理得见证裘马轻肥。

这就是眼光，能接受一个男人全部的不好，才配得上他的好。

能接受一个人的过去和现在，才能跟他一起谋划未来。

该来的总是会来，对于两个相爱的人，10.8 亿跟小蛋糕没有区别。

节省是美德，馈赠是恣意。过过苦日子的四爷，遇见对的人当然舍得一掷千金。

（当事人的故事）

五

老天果然不愿意亏待一个努力、孝顺、正直、勇敢的人。

《孝经》里说：“爱亲者，不敢恶于人；敬亲者，不敢慢于人。”一个人能践行孝心，德之大也，老天怎么会亏待他呢？

看过了世态炎凉，经历了人生的不容易，了解了人性的黑暗面，46 岁的吴奇隆正是这一辈子中最好的年纪。

他老吗？比起年轻时的青涩，几年前的无奈，现在的四爷萌萌哒。

他富吗？可能 10.8 亿的确是一大笔钱，可是对于这样一个把挣钱、还债当数字的人来说，钱，得之我幸，失之我命。

他的人生曲折吗？当然，欠债、离婚、情路坎坷，每一项拿出来说都能被丈母娘拿口水淹死，可是如果没有这些，他怎么会有现在这样的魅力呢？

一个男人，把自己过成了传奇。也应了他的名字，奇隆，奇隆，历经传奇，终得兴隆。

但我们关心的不是兴隆不兴隆，如果他愿意找个富婆帮他还债，哪还用辛苦 12 年。

明明可以靠脸吃饭，他非要靠努力靠实力。这真是一个大写的“君子”。

“人之德无以加于孝”，愿老天继续善待这个替父亲还了 12 年债的四爷。

愿得一人心，白首不相离！

（再回到当下的场景，拔高文章的立意——老天不会亏待一个好人）

模仿写作建议：先确定一个人物，自己感兴趣的或者了解比较多的，系统地找找他的资料，找出他最引人关注的场景，找出他生命中的戏剧性。场景 + 简历 + 场景，一篇触动人心的传记出炉了。

套路三　转折式广告大揭秘

应用场景：出其不意的广告，增加广告的趣味性和可读性

基本套路：抽象产品功能、特质或者消费者感受，写成干货文章，然后突然转折……

实例分析：下面这个文章，无论是从标题还是内容来看都是一篇十足的干货文章。文章带领读者进入某种情景，产生某种错觉，再由此错觉过渡到产品诉求。

标题：我爱你，以 78 个钢笔尖和 13 瓶墨水的名义

我知道今天你们的朋友圈被 520 刷屏了。

我还在思考的一个问题是，那 521 怎么办……

我一直觉得 521 念起来更像是我爱你啊！

今天讲一个人，一个中国最会写情书的人。

他叫朱生豪，被称为中国的莎士比亚。

那位在情话里泡着的幸福女士叫作宋清如，本是家境殷实的小姐，但是喜欢文学，尤其喜欢诗歌，不顾家人的反对，退掉老家的亲事到外省求学。

宋清如在诗社里和朱生豪第一次见面，两个人开始了长达十年的通信。

朱生豪是一流的翻译家，但是写起情书来，可爱极了，赖皮极了。（结合时事，引发话题，吸引读者注意）

01

今天宋清如仍旧不给信我，我很怨，但是不想骂她，因为没有骂她的理由。

今天中午气得吃了三碗，肚子胀得很，放了工还要去狠狠吃东西，谁教宋清如不给信我？

02

不许你再叫我先生，否则我要从字典中查出世界上最肉麻的称呼来称呼你。

特此警告。

03

凡未认识你以前的事，我都愿意把它们编入古代史里去。

你在古时候一定是很笨很不可爱的，这我很能相信，因为否则我将伤

心不能和你早些认识。

我在古时候有时聪明有时笨，在第十世纪以前我很聪明，十世纪以后笨了起来，十七八世纪以后又比较聪明些，到了现代又变笨了。

04

我想要在茅亭里看雨、假山边看蚂蚁，看蝴蝶恋爱，看蜘蛛结网，看水，看船，看云，看瀑布，看宋清如甜甜地睡觉。

05

爱你不是因为你对我笑，和我说话，对我和善……那只是让我“爱上你”的众多理由之一。

爱你是因为，天气真好，风和日丽；抑或天气不好，狂风暴雨。

爱你是因为，就算你不和我说话，不对我笑，不对我和善，我还是愿意在各种天气，用温柔的心情，想你。

06

说，愿不愿意看见我，一个礼拜之后？……让我再做一遍西湖的梦吧，灵峰的梅花该开了哩。

你一定来闸口车站接我，肯不肯？我带巧克力给你吃……

07

我一天一天明白你的平凡，同时却一天一天愈深切地爱你。你如同照镜子，你不会看得见你特别好的所在。

但你如走进我的心里来时，你一定能知道自己是怎样好法……

08

不要愁老之将至，你老了一定很可爱。而且，假如你老了十岁，我当然也同样老了十岁，世界也老了十岁，上帝也老了十岁，一切都是一样。

09

我们都是世上多余的人，但至少我们对于彼此都是世界最重要的人。

10

以前我最大的野心，便是成为你的好朋友；现在我的野心，便是希望这样的友谊能持续到死时。

11

宋清如，寄给你全宇宙的爱和自太古至永劫的思念。

12

风和日暖，令人愿意永远活下去……

风和日暖，令人愿意永远活下去。这句看似情话，最后竟然一语成谶。朱生豪 24 岁开始翻译《莎士比亚戏剧全集》，在和宋清如结婚两年之后，因病去世，年仅 32 岁。

翻译出戏剧 31 种，留下 180 万字手稿。

朱生豪曾经邀请宋清如和他一起翻译莎翁的著作，但是宋清如都以自己英文不好拒绝了。

所以朱生豪短暂的人生里，他的生活主题就是翻译莎翁著作，以及爱宋清如。

“我今年已用了七十八个钢笔尖，十三瓶墨水。我爱你。”

她说他们的生活就是，他译莎，我烧饭。就像是钱钟书和杨绛一样，她是朱生豪作品的第一位，也是最忠实的读者。

（从故事中抽象某种感受、特质、元素等。）

爱就是一蔬一饭，是平凡生活当中的英雄梦想。

就好像是 ×× 品牌便当盒。

双层设计，1.7L，空间大不串味。

采用无毒环保材质，可微波，好清洗。

密封性好，宜室宜家。喜欢健身的童鞋也可以用来装预餐。

不管是一个人还是两个人，都要好好吃饭！

（突然转折，也呼应前面故事里设定的情节）

模仿写作建议：分析广告产品的特性，找到核心诉求点和某种意境，由诉求点引发联想。脑洞开得越大越好，故事说得越远越好，然后慢慢地得出故事结论，点题，引出产品介绍。一篇烧脑的广告文完成了。

套路四　爆款时评类文章大揭秘

应用场景：从新闻事件到新闻观察，从新闻评论到舆论风口的快速反应

基本套路：强调事态的严重性 + 罗列各方观点 + 事件进展 + 评论

实例分析：下面这篇文章抓住了新闻的第一落点。打人本身带有非常强烈的新闻传播性。事件发生后，各方迅速反应，惩恶扬善，结果大快人心。最后通过评论，弘扬正气，宣扬积极正能量。

标题：快递小哥被揍，这个公司选择最老炮的方式解决纠纷，顺带收买了全国人民的心

一

今天早晨，一则顺丰快递小哥挨打的视频被网友围观。

大爷身手矫健，每一下都打中脸。

这要是送去拍《叶问3》，那还有泰森啥事？

裁判拉都拉不住！

全程快递小哥一次没还手，有一次说对不起，大爷的回应是：

“对不起就完了？！”

视频一出，网友炸开了锅。

新闻评论里，瞬间几十万条留言。

除了同情快递小哥，大家最大的呼声是请王卫出来主持公道。

王卫是谁？

王卫是顺丰快递的老板，

是马云背后的男人，
是买了很多飞机只为了送快递的人。
（强调事态的严重性）

二

打狗还要看主人，快递小哥虽然没钱没势，架不住背后公司的强大。

事发后 4 小时 21 分，顺丰集团做出回应：首先照顾好这个孩子！

据上一条回应 12 小时 14 分，顺丰集团再次回应：对于尊严，不会放弃追回。

一个广东公司，在北京摊上了事，选择了最老炮的方式解决纠纷。

这个情节大家是不是很熟悉？

之前有个电影叫《老炮儿》，
里面有一句台词："一码归一码。"
修车是修车，打人是打人，别混在一块说。

孩子的事我们兜着，撞了车我们修车，修完车，打人的事咱们怎么算？

不过这还没完。

老板发话了！

网上有一条据说来自王卫朋友圈的表态：
"这件事不追查到底，我不配做总裁。"
（事态当事方的回应）

三

开始替打人的大爷操心了……他这真是摊上事了。

为什么？

他可能不知道，顺丰是个有钱任性的公司。

别的公司还在拼谁的价格更低时，顺丰眼睛都不眨地连着涨价。

就是贵，爱寄不寄！

其实谁都知道，快递最需要解决的问题不是多少钱，而是"快""安全"。

讲快，顺丰是民营快递公司里第一家买飞机的。

讲安全，顺丰的快递员经常放出豪言：“我一个月挣那么多，我会偷你的东西？”

说到底，不丢东西不是员工素质问题，而是有没有一种制度，保障员工站着也能把钱挣了。

让快递员有高收入，快递的安全才有保证。

让快递员有尊严，快递才能按时稳妥地送达。

说白了，人是顺丰最宝贵的资源。

所以大爷打的不是快递小哥，而是动了人家的核心竞争力。人家不跟你拼命才怪。

其次，顺丰的老板王卫，很少露面，但江湖上却有不少跟他有关的传说。

中国那么多快递公司，什么圆通、韵达、中通、EMS、宅急送……

可老百姓能说出老板名字的，也只有顺丰的王卫。

2014年福布斯排行榜的数据，顺丰的掌门人王卫，以257亿资产高居第26名。26名，意味着王卫排在了梁稳根、史玉柱、李书福这些大佬的前面。

在快递这个劳动力密集型行业，王卫有什么独家秘籍？

说起来特别简单，就是四个字——“收买人心！”

（分析事态的原因）

四

大家想想看，这次快递小哥被打，到底谁是这里面最关键的人物？

不是那个被打的快递员，也不是开轿车的大爷。这个视频从曝光那一刻起，当事人的命运就已经决定了。不管顺丰如何表态，在广大网友的压力下，事情一定会完美解决。

最关心这件事的，一定是其他快递员，包括顺丰公司的其他快递小哥和兄弟快递公司的快递员。

他们会想，这要是我挨打了，老板和公司会管我吗？

很多快递员都是刚从农村出来的孩子，没有学历，没有朋友，没见过市面。

他们最渴望的不是拿多少工资，而是能否在这个城市安全地活下来，不被人欺负。

所以，看起来顺丰快递选择了老炮的方式惩恶扬善，其实这也是最收买人心的一招。

所谓企业，做的是生意，靠的是人心。

扪心自问，我们平时有没有见过快递车乱开乱闯的？

肯定是有的！

视频里这起事故，快递小哥是不是一点没有责任？

肯定不是的！

通过这件事，大家对顺丰各种溢美之词，可顺丰快递真的能永远不丢东西，快速按时到达吗？

肯定不能的！

但对于普通老百姓来说，他们想不了那么多，他们只想着坏人要被惩罚，弱者要被同情，正义要被伸张。

3 万多次转发，3 万条留言，9 万多个赞，顺丰这次老炮儿行动不只收买了快递小哥的心，还顺带收买了全国人民的心。

（推演事件可能的结果，附加评论）

模仿写作建议：时评文章最重要的三点，一是事实，要陈述最接近事情真相的事实，包括事态最新进展、视频、各方评论、当事人反应等；二是观点，各方观点碰撞，写作者对此有何看法；三是升华，在事件背后，隐藏着什么道理，为何大家有如此反应，此类事件如何规避，作为读者可以得到什么教训，等等。事实 + 评论 + 升华，评论性文章如果能一气呵成，必然会让读者大呼过瘾。

以上展示了四种常见文体的写作套路，作为写作入门的练习方法，大家可以按照文中的提示进行模仿练习。通过这些练习，大家可以明白如何按特定的套路写出类似的文章。当然，最好的办法还是掌握分析文章的“庖丁解牛法”，这样就掌握了模仿任何文章的万能钥匙。

第 3 节　讲故事的方法，一只手数得过来

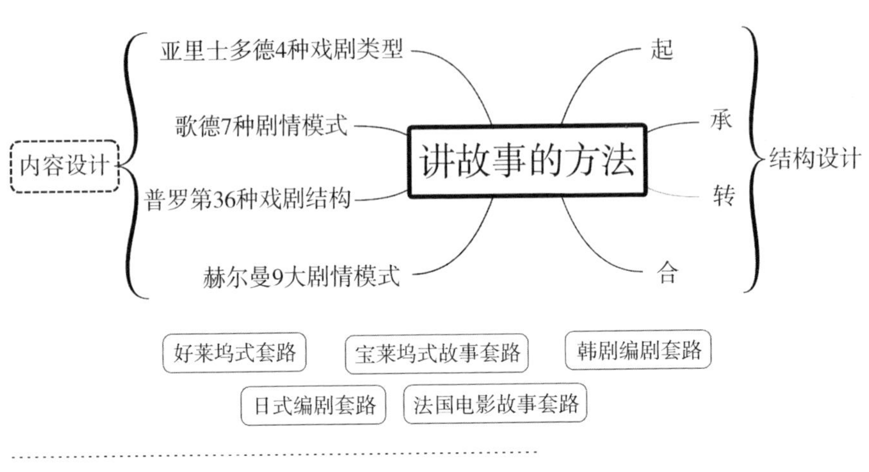

讲故事的方法有章可循

在很多写作方法中，讲故事被认为是最难模仿的一种。很多人看到设计精妙的小说，看到跌宕起伏的故事，都会觉得这是老天赋予写作者的一项特殊才能。对于普通人来说，会讲故事也会被认为是个人魅力的体现。同样一个笑话，会讲的人讲得妙趣横生，不会讲的人讲得乐趣全无，这也体现了不同人在讲故事能力上的差别。

其实，讲故事的方法并没有那么神秘，早在古希腊时代，就有学者尝试对叙事及戏剧情节进行分类。亚里士多德将戏剧分成简单悲剧、简单喜剧、复杂悲剧和复杂喜剧 4 种类型；此后，歌德根据题材将剧情分为爱情、复仇等 7 种类型；18 世纪末，意大利戏剧家卡洛·柯奇得出结论，认为世界上一切戏剧都可以归纳为 36 种模式；20 世纪初，法国戏剧家乔治·普罗第再次提出了 36 种戏剧情节结构，分别是：1. 机遇；2. 求助；3. 救援；4. 竞争；5. 反叛；6. 复仇；7. 追逐；8. 绑劫；9. 奸杀；10. 诈骗；11. 冒险；12. 不幸；13. 灾祸；14. 壮举；15. 革命；16. 恋爱；17. 不成功的爱情；18. 恋爱被阻；19. 偷情；20. 寻找；21. 发现；22. 释谜；23. 需求；24. 野心；25. 牺牲；26. 丧失；27. 误会；28. 过失；29. 重逢；30. 磨合；31. 疯

狂；32. 鲁莽；33. 嫉妒；34. 悔恨；35. 恐惧；36. 滑稽。到 20 世纪六七十年代，美国剧作家 L. 赫尔曼又概括出九大剧情模式：1. 爱情；2. 飞黄腾达；3. 灰姑娘式；4. 三角恋爱；5. 归来；6. 复仇；7. 转变；8. 牺牲；9. 家庭。①

不管是哪种分类标准，其实大家都在做一件事，那就是把看似不可捉摸、无法复制的故事情节归纳成有模板可循的套路。这些套路对于新的创作者来说，相当于指明了一条路径——按照这些主题模式向下发展，就有可能写出好故事。

除了故事内容，故事结构也有模板可循。中国古代认为讲好一件事需要起、承、转、合四个步骤。起是源起，引个话头；承是延伸，引入更多人物，把故事铺展开；转是让剧情起波澜，发现主人公没有那么一帆风顺；合是最后大结局，不管如何要有个结果。这四个部分就构成了故事的基本框架。

以一篇文章为例，来看看如何运用上面提到的内容 + 形式的套路讲好一个故事。

标题《大哥》（摘录）

一

我准备把电脑卖了。有个男的打电话给我，问我是什么型号。我正在跟朋友吃饭，显得特别没有耐心。他说那你能查一下告诉我吗，我发个短信给你告诉你我的电话，我心想……

（最开始的铺垫，由卖电脑到引出文章的冲突。我觉得大哥只是来看看的，谁知道他很认真地带着钱来买了。）

二

……

我拿下去的时候，特别抱歉。我是真的抱歉，他是放下工作来找我

① 以上内容来源于陆军《戏剧情节结构模式摭谈》，载《艺海》，2011 年 4 月刊。

的，可是我似乎并没有做好准备。他特别憨厚地笑了笑，说："没事，你慢慢来。"

"你慢慢来"，这句话我也经常说，可是心里总想的是，你可赶紧的，所以我从来都觉得这是句客套话，不能当真。不过在他这里，我真听得出可以慢慢来，不知道为什么。

……

（1. 先是大哥很耐心地等我整理电脑，他的不着急反衬出我的急，这可能也是我一直误会他的原因；2. 因为电脑有密码无法开机，大哥来找我，我却以为他是退货。这两个细节出现了两个误会，最后都解除了。）

三

……

他给我打电话，说刚刚检查过，的确有一张卡。我连忙说："你就上网传给我就好，没有隐私，卡也不太需要了。"

……他发来一个短信，约好了第二天的时间地点。短信特别详细，如果白天来，去哪儿，几路车，在哪儿等。几点是他外出吃饭时间，别在那时候来；如果晚上来，几点，几路车……

（通过大哥的认真，反衬出之前我对大哥的偏见是错误的，再次说明我之前是误会了他。）

四

……

小平头，满脸堆笑，卡其色夹克，他可能已经等了我很久。

他把相机卡递给我，说："你就从对面坐车回去就行，我也要过马路，我们一起走过去吧。"

我虽然没有表情，但那一刻我心里的感受是很难形容的。

他推着一辆满是铁锈的自行车，我们就这样一起沿着街道穿过红绿灯的路口。

他说他的单位有些远，他就骑车来了。

有多远，我不知道，等了多久，我也不知道。

我猜可能很远，他也等了很久。

……

（大哥在公交车站等了我很久，谜底揭开，原来他一点都不着急，很从容地处理事情。虽然他和他的故事都很普通，但是却给我留下了深刻的印象。）

模仿写作建议：《大哥》是篇人物和事件都很简单的文章。在故事内容上，它用到了情节结构里的“误会”和“发现”，先是作者误会了大哥，觉得他笨、挑剔，通过事件的推进，误会渐渐被澄清，原来这是一个为人厚道、做事认真、待人诚恳的人，“真的挺像一个大哥的”。

在结构上，起承转合四个部分也非常明显。先是卖电脑引出“我”和“大哥”这两个人物，然后是买卖电脑的第一个回合。本来认为故事就结束了，突然因为一个相机卡，故事有了新的起伏，最后“我”拿回相机卡，大哥这个人物也有机会展示他的性格特征。

以上这个例子说明了如何套用特定的模式讲故事。故事的叙事套路是有规律的，不管是4种模式、36种模式还是9种模式，最重要的是写作者要找到自己讲故事的方法。这一节的附录里提供了五个模式，介绍常见的情节套路是什么样的，为了增加趣味性，这五个套路结合了五个国家电影的叙事风格，希望可以更直观、更有趣。

1. 故事的叙事套路是可以找出规律的。
2. 利用起承转合的结构，增加故事的戏剧性。
3. 参考附录里编剧的套路，了解不同的情节设置模式。

附：五个吸引人的情节套路

为了更好地理解故事编写套路，分别以五个国家的电影套路举例，看看电影编剧是如何设计出有特色又吸引人的故事的。模板种类不多，一只手就数得过来。

美国好莱坞式编剧——个人英雄主义的胜利

故事梗概：主体是个人、政府、组织、社会团体等；内容涉及工作、伦理、感情、战争等

叙事结构：主角孤军奋战解决棘手的问题，最后大团圆结尾；
主角反思自己的问题并及时改正，最后大团圆结尾

模仿方法：预设好个人与朋友、家庭、社会的冲突，中间激化冲突，最后解决冲突

示　　例：穷小子杰克突然中了大奖，他花天酒地，挥霍浪费，但最后他发现，金钱并不能带给他快乐，他又找回了过去的朋友和快乐的时光……

经典案例：《肖申克的救赎》
靠个人越狱，伸张正义
克服困难中灵魂得到救赎和解脱
强调家庭、朋友、内心的追求才是持续可靠的
最后以大团圆结尾

经典案例：《泰坦尼克号》
个人奋斗，追求理想的生活
在一系列的戏剧冲突中，个人得到升华
强调爱情是永恒的力量
留下无尽美好的回忆

经典案例：《功夫熊猫》
有超能力的主角
经历一系列的挫折
重新团结起来找到力量
最后以大团圆结尾

印度宝莱坞式编剧——个体在社会夹缝中的突破

典型套路：个人对抗家庭，新观念对抗旧传统，历经困难，终于等到好结果
故事梗概：普通老百姓如何平衡爱情、亲情和各种社会关系
叙事结构：反叛传统的年轻人，在不断改变中收获成长，也收获理解和爱情
模仿方法：找到社会的荒诞现实，个人去挑战社会，最后个人胜利或者社会做出妥协
示　　例：萨米特爱上了有钱人家的女儿，两人的感情遭到女方父母的反对，这对恋人经历了一系列的波折，最终走到了一起……

经典案例：《三傻大闹宝莱坞》
个人英雄主义
颠覆成功的定义
找回失落的感情和回忆
最后以大团圆结尾
经典案例：《我的个神啊》
个人挑战传统
家庭和社会的重重阻力
关键时刻贵人相助
最后以大团圆结尾
经典案例：《大篷车》
脱离原本阶层的叛逆者
逃亡中找到归属感
强调真善美才比金钱和地位更可靠
最后以大团圆结尾

经典韩式编剧——每个人都有乱成麻的社会关系

典型套路：家庭是每个人与生俱来的标签，也将在未来形成牵绊

故事梗概：个人既希望按照自己的意愿选择人生，但又不得不考虑各种社会因素

叙事结构：平静的生活，突然出现闯入者或者意想不到的情况，如何应对？

模仿方法：设计生活化场景，引入突发状况，因为家庭、阶层、伦理纠结

示　　例：敏熙遇到车祸导致失忆，男朋友钟国不离不弃地照顾，但钟国的家人却以敏熙是个不健全的人为由反对两人在一起。这时候，钟国所在公司的老板的千金小姐出现，爱上了钟国，到底是坚持一个看不到前途的爱情，还是进入另一段光明的“前途”？在犹豫的时候，钟国发现了敏熙的一个小秘密……

经典案例：《假如爱有天意》

相爱的人被迫分开

突然被发现的惊人巧合

克服万难

唯美结局

经典案例：《冬季恋歌》

三角恋情

家庭阻力以及突发车祸

排除万难

唯美浪漫结局

经典案例：《来自星星的你》

一波三折的感情

老天注定的相遇

缠绕生活环境、社会关系、家庭因素的感情最终经受住考验

最后以大团圆结尾

经典日式编剧——反思人性是永恒不变的话题

典型套路：每个人都是被人性牵着线的木偶

故事梗概：个人符合社会规则，又不断突破社会规则，内敛和抗争交替出现

叙事结构：在规则的社会里打破平静，小小地出格，再恢复平静

模仿方法：铺垫条件，引导主人公做出出格的举动，解决问题后，再回到原来的生活

示　　例：风野是个谨小慎微的公司职员，有一天他发现公司在某工程项目中动了手脚，导致这幢大楼存在巨大的安全隐患。巧合的是，这幢大楼里住着自己的父母。在工作与亲情之间，风野试图做好平衡。后来，他的女友彻底离开他，这个打击让他反思自己一直以来的懦弱……

经典案例：《菊次郎的夏天》

突然到来的事情让不相干的人凑在一起

各种各样的遭遇

人在过程中成长和改变

始终相信人性的光辉

经典案例：《幸福的黄手帕》

沉重的开头

隐忍、努力和争取

各方面的善意

最终人性战胜偏见

经典案例：《千与千寻》

突然遭遇危险

磨难中成长

坚信可以改变未来

最终在人性的光辉下走出黑暗

经典法式编剧——相信感受重于一切

典型套路：感受成为指导行动的唯一标准
故事梗概：个人感受和他人感受的交集；个人感受和社会的冲突
叙事结构：个人感受改变了事件发展的走向，引发出各种感情，让事情更加复杂
模仿方法：突出感受描写，让直觉做决定
示　　例：丽莎是个画家，一直过着漂泊不定的生活。在巴黎她遇上了美国人麦克，麦克在美国有妻子和孩子，但丽莎义无反顾地爱上了麦克，她为麦克离开了原来的朋友，堕胎，放弃绘画，直到她发现这一切渐渐跟她的初心背离了……

经典案例：《这个杀手不太冷》
用视觉而不是语言推动故事
指引人的只有感受
个人感受大于一切
感觉最后战胜了理性

经典案例：《天使爱美丽》
社会的边缘人
用感觉去生活，用善意对待外界
梦幻色彩
用感受支配行动

经典案例：《放牛班的春天》
解放天性的人物设定
个人和社会的冲突
最终选择坚持自己
回忆是最美好的结果

第7章　新媒体写作

第1节　八个关键词讲清楚什么是新媒体写作

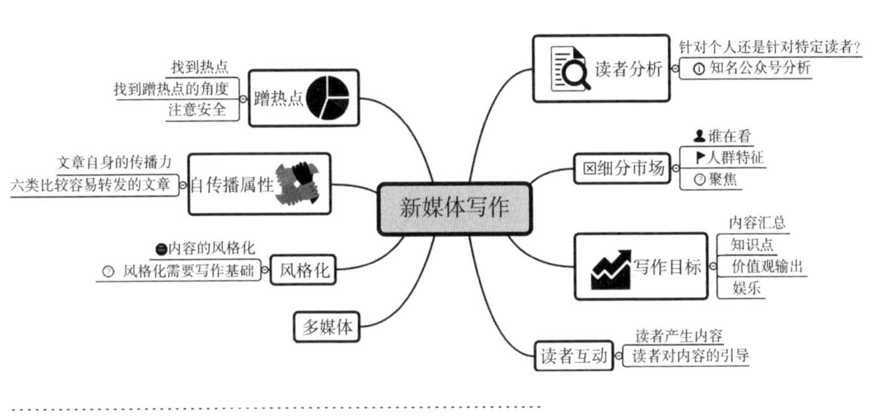

新媒体写作的八个属性

这两年，新媒体的发展如火如荼，随着网络和智能手机的普及，越来越多人养成了从新媒体获取信息的习惯，很多人早晨起来第一件事不是刷牙洗脸，而是打开手机看看有什么新鲜事。

老百姓的关注方向就是最好的风向标，传统媒体纷纷转型推出新媒体内容，很多公司也顺应潮流把自己的产品介绍转移到手机端。所以很自然地，写作的阵地也从报纸、杂志转移到手机上的微信、微博、朋友圈、微信公众号、自媒体这些上面来。

什么叫新媒体写作？是把过去“旧媒体”上的东西搬到手机上就是新

媒体写作吗？还是说在新媒体平台的写作就叫新媒体写作？抑或是增加 GIF 动图，穿插网络用语就是新媒体写作了？

新媒体写作有两个特点：第一是针对性强，新媒体写作是建立在深度分析读者特点的基础上，针对特定内容的持续挖掘；第二是有方法，新媒体写作通过一些写作技巧，快速抓住读者眼球，形成持续的阅读黏性。

从本质上说，虽然新媒体写作还是写作，但它延伸了写作的概念，在写文章之外，增加了“读者分析”“细分市场”“写作目标”“读者互动”“蹭热点”“自传播属性”“风格化”“多媒体”等过去写作中很少会提及的理念。而上述这八个关键词也方便我们了解何为新媒体写作，如何做好新媒体写作。

>>>

一、读者分析

过去的写作很多被认为是文人的消遣，有人看最好，没人看也不影响。但新媒体环境下，这一点会分得很清楚，针对个人的就是私人写作，针对读者的就是公众写作。

私人写作是面向特定对象的写作，比如写日记、写信等。而公众写作是面向特定人群的写作，比如《李开复写给中国大学生的七封信》，很明显是写给学生的；《新手妈妈必读》，一眼就能看出是写给新手妈妈的。但更多情况下，公众写作的受众是需要写作者自己去定义的，比如针对特定年龄、特定地域、特定性别、特定价值观、特定动机、特定习惯的读者。

举例来说，以下是这两年比较热门的公众号和网络大 V 的读者分析，大家可以完成最后的空白，试着做一下读者分析：

表7-1　知名公众号的目标读者分析

黎贝卡的异想世界：时尚类 读者分析：青年女性、追求时尚，有较高收入的群体
凯叔讲故事：亲子类 读者分析：孩子的母亲，希望找到育儿知识和语音类幼教产品
罗辑思维：教育类 读者分析：

>>>
二、细分市场

读者分析是为了做细分市场定位。过去的媒体，一个媒体是针对所有人的。过去的报纸、电视台、杂志，是希望所有人都来看的。但是新媒体的特点就是细分化、窄众化。现在很多新媒体都有非常细分的目标市场，比如同样是讲解美妆的内容，有的媒体侧重于产品测评、比价；有的侧重于介绍不同的品牌，提供试用机会；有的侧重于化妆方法、美妆小技巧；有的侧重于深度分析和达人推荐；还有的侧重于讲自己的心得和美妆故事。同样都在美妆这个领域，不同定位的新媒体会呈现截然不同的内容。

读者分析和细分市场定位就像一只锚，确定了新媒体写作的方向。也就是说，如果希望把自己当作一个媒体来打造，所有写作的内容都需要围绕这个方向。比如，你不会看到罗辑思维介绍化妆品的知识，也不会看到凯叔大谈时尚，他们的读者已经形成了阅读习惯，所以对这个媒体会有特定的期待。当然，这也是当初他们能形成统一风格的原因。

在定位上，要把握住细分领域。有句话叫“一根针扎破天”，就是说只有足够聚焦，才能产生足够的影响力。这不但是对新媒体规划的要求，也是对新媒体写作过程的要求，一篇文章必须有具体的指向，才能真正被读者认可。

主编课堂写作班有一个学员，公众号的方向是女性成长，这是个很大的领域，她选择的细分方向是女性追求独立过程中的心理调适。下面这篇文章《女人不可以穷》是她的作品里很有代表性的一篇。因为持续写这一类的文章，她也出版了自己的第一本书，名字就叫《女人不可以穷》。

>>>

三、写作目标

新媒体写作最大的一个特点就是“有用”，作者在动笔前以及写作的过程中，要一直考虑一个问题，那就是这篇文章对于读者的意义到底在哪里。是增加一个新知识？是帮忙做了内容的汇总？是说出读者想说却不敢说的话？还是通过有意思的文字给读者带去欢乐？

举个例子，写作班的一位同学，她的写作方向是职场妈妈的技能提升。她的文章多是干货汇总型。比如这篇《做到这四点，完成写作从 0 到 1 的跨越》，她汇总职场女性快速学习写作的方法，分别是：破冰、认识、团体和时间。四部分的结构很清晰，而且因为全是她亲身经历的总结，很适合跟她一样的职场女性模仿。

>>>

四、读者互动

新媒体相较于之前的媒体形式，最大的改进就是用户参与度变强了。现在很多人看文章的乐趣在于看留言，看新闻的乐趣在于看评论，看视频的乐趣在于发弹幕消息，读者和观众越来越希望成为内容产出的合作方，而不仅仅是一个阅读者。

新媒体写作中的读者互动主要包括两部分内容，一是接受读者反馈、回答读者提问，让读者有被关注和照顾的感觉；二是根据读者的反馈调整自己的内容，提供更有价值的文章。

>>>

五、蹭热点

新媒体写作有个很显著的特征，那就是内容的实效性特别强。有一种说法，说新媒体上的文章寿命只有 24 小时，一篇文章发出去之后 24 小时，如果不能引起反响和讨论，之后也就很少有人阅读了。这个规则不只对于普通文章，对于一些自媒体大 V 也是一样，他们刚推出来的内容会受到追捧，但过了一定时限，用户关注的热情也会下降。

什么样的内容有热度呢？一般跟新闻热点有关的内容会引起更多关注。让自己的内容结合时事新闻，以热点新闻做引子，结合自己的定位，转到叙述自己专业领域的事情上，这在新媒体写作中叫作蹭热点。

蹭热点最关键也最困难的是找热点的角度。娱乐新闻、体育赛事、重大政策等都可能是热点，但这些热点如何转到自己想说的话题上去，并做到独树一帜，这个是很不容易的。举个例子，有一家做人像摄影的公司，他们希望结合社会热点写广告宣传。当时正好最热的话题是林丹出轨，他们发现林丹自己拍了很多好看的照片，但谢杏芳多是素颜照，所以他们最后选定的方向是：好的照片能让人心情愉悦，增强人的信心。对自己好一点，先从拍好看的照片开始。

但蹭热点也是一把双刃剑，有时候蹭不好热点很有可能反成为众矢之的。比如之前乔任梁去世，大家都对此表示惋惜，有些无良商家借此热点炒作自己的产品，只会引起大家的反感。

>>>

六、自传播属性

过去大家看一篇文章，看完了就是看完了，不会有其他举动，但现在很多人看到好文章会转发。有时候，爆款的文章可能会有几百万、几千万的阅读量。这些阅读很多都是由转发带来的。

一篇文章如何才能有转发呢？它需要内外两种推动力。外在推动力就是有人促成转发，比如转发给朋友，求朋友转发。或者设置转发激励，转发给别人帮自己拉票，这是最常见的推动转发的方式。内在推动力就是文章自身的传播性，好的文章自带传播力，不需要要求别人，别人也愿意转发。一般来说，内在推动力能让文章传播得更远，因为好的内容可以通过新媒体上的社交关系，影响更深远层次的人。

我自己有一篇文章，叫作《教养就是让人舒服》，当时写这篇文章的时候，我的公众号粉丝只有 500 多人，但是两天的时间里，这篇文章在我自己的公众号实现了 180 万的点击量。有几千个公众号和网站转发了这篇文章。我在事后分析原因，可能“教养”是那一段时间老百姓最关心也最有感触的话题，大家都希望表达自己对教养的态度，而我这篇文章正好赶上了这个风口。

什么样的文章有自传播属性？一般有如下几类：

表 7–2　比较容易有自传播属性的文章类型

类型	自传播原因	常见标题形式
1. 可信的独家新闻爆料	转发者想让更多人知道	大爆料，刚刚突发……
2. 干货类文章	转发者希望保存资料	人生必去的十个小镇 申办居住证，你需要以下五步 简单几步，教你掌握甄别真假手串的方法
3. 揭秘文章	转发者希望传递某种趣味	大闹天宫时无人能敌，为什么取经路上随便一个小妖精都能难住孙悟空?
4. 鸡汤文	转发者希望告诫自己或者影射别人	不是路不平，而是你不行 为什么你总是不成功
5. 传奇故事	转发者希望通过故事激励自己或别人	16 岁考上哈佛，25 岁辞去华尔街高管的职位，这个天才少年竟然选择了这样的职业……
6. 彰显价值观的文章	转发者希望传递或者附会某种价值观	不能天生丽质，就只能天生励志 那些三十岁就搞定车、房、老婆、孩子的人，其实过得并不怎么样 坐拥 40 亿身家，太太是白富美，突然，这一切都没了……

>>>
七、风格化

过去我们评判一篇文章时，最基本的评判叫作“语言通顺、文笔流畅”，这意味着文章达到了写作的基本要求，让人看着舒服；再高一级，我们说“深入浅出，扣人心弦”，这意味着文章在叙事和语言上达到了比较好的水平，让人愿意深入了解；再进一步，我们说“跌宕起伏，发人深省”，这意味着文章至少在价值观和逻辑上更上一层楼，让人有所思考；最厉害的，我们说“震撼心灵，超凡脱俗”，那就意味着文章在各个方面都有比较好的表现，已经带给读者巨大的心理冲击了。

但对于新媒体来说，好文章的标准似乎没有那么复杂，也许一个标准就够了，那就是“有风格”。什么叫风格？其实就是作者的用词、观点、行文套路有自己的独特性。

风格化看起来很容易，但却很难模仿，不是写作的风格难模仿，而是风格化的背后需要有扎实的写作基础做支撑。这又回到我们前面所说的基础写作的方法，如何搜集资料、如何练习叙事方法、如何掌握行文逻辑、如何锤炼语言等。必须先有前面扎实的基础，才有后面形成写作风格这回事。

>>>
八、多媒体

过去大家一提写作就是写文字，因为文章就是文字的组合，一篇文章发挥的空间就是如何组织字、词、句。新媒体写作扩展了写作的空间，一篇文章里可以配图、配音乐、配视频、引入其他文章，进行简单的排版，做动画效果等。过去，一篇文章写完后要经过美工、编辑、后期，但在新媒体写作中，这些事作者一个人就能完成。

多媒体的出现丰富了文章的表现形式，也更符合现在的读者喜欢读图、喜欢有特色内容的需求。比如，以最简单的排版来说，过去的文章要么顶格，要么段首空两格，现在很多新媒体文章喜欢居中排版，以短句子和多个段落实现文章内容的快速转折。

以下是关于新媒体写作中排版和多媒体应用的归纳总结。排版和多媒体涉及美术编辑、声、图、视频配合等，是一个较大的话题，限于本书篇幅，未做过多讨论，有兴趣的同学可以找找相关的资料，深入研究。

表 7–3　新媒体写作排版和多媒体应用

类型	具体方式	作用
排版	居中排版	新颖、便于抓住重点
	短句子（每段不超过 15 个字）	便于语意的转折，抓住读者注意力
	小字号（公众号 14 ~ 16 号字）	排版更特别，更有艺术气质
	文章内方框、分割线、花纹	排版更美观
	段首顶格	方便手机等小屏幕阅读
多媒体应用	插入音乐	阅读中背景音乐
	插入录音	增加阅读的趣味，补充内容
	插入表格	让资料变得更清晰
	插入图片	补充文字内容
	插入 GIF 动图	增加文章活力，也通过动图佐证文章内容
	插入视频	增加文章活力，补充文章内容
	插入链接	增加其他需补充的内容、广告或者其他材料
	插入二维码	广告或者内容后续的延伸

以上就是新媒体写作的八个关键词。新媒体写作并不是要颠覆传统写作方式，它是在原先基础上的升级。写作一直是很具体的事，即便科技发展到今天，也还没有实现动一下脑电波，就会有机器把你的意念转化成文字这样的技术。写作有很强的系统性和创造性，而更重要的，写作有极强的个体差异性。每个人都是独一无二的写作者，不只因为每个人的阅历不同，也因为每个人理解写作、参与写作的程度不同。新媒体时代，人人都

在写，人人都在看，就更是如此，每个人都是独一无二的阅读者，而每个参与新媒体写作的人也都是独一无二的写作者。

很多我们以为很简单的事情，做起来却非常复杂；反过来，很多我们理解了其复杂性的东西，做起来就非常简单。新媒体写作恰恰符合这样的逻辑，当我们把它理解得过于简单的时候，一定觉得它很复杂摸不着头脑，而如果我们理解它的逻辑，按部就班地去做，反而并没有那么难。

做好一个新媒体很难，但是尝试新媒体写作却是每个人都可以做的。通过表 7–4 的步骤，建立自己的公众号，做好规划，尝试写最开始的五篇文章。

表 7–4　从 0 到 1 做自己的微信公众号

步骤	具体方式
1. 分析自己的特长	最擅长的专业、最喜欢的、最愿意投入时间研究的
2. 给自己的公众号想一个响亮的名字	公众号的名字唯一且不可改动
3. 按照注册流程注册公众号	注册方法可以参考微信公众平台官网
4. 确定自己的细分领域	1. 垂直领域（饮食、美妆、体育、育儿……） 2. 垂直领域的特定人群
5. 确定自己的写作风格	搞笑风格、干货风格、故事风格……
6. 确定多媒体的使用	只有文字、文字 + 图片、文字加音频、文字 + 视频等
7. 开始写第一篇文章	抓热点；结合实际；写出自己的风格

1. 新媒体写作的八个关键词：读者分析、细分市场、写作目标、读者互动、蹭热点、自传播属性、风格化、多媒体。

2. 新媒体写作是传统写作的升级。

3. 人人都在看，人人都可以写，这就是新媒体的规则。

4. 在新媒体时代，读者和作者都是独立的个体。

5. 新媒体写作实践大于理论，做中学，学中觉。

第 2 节　找话题的四种方法

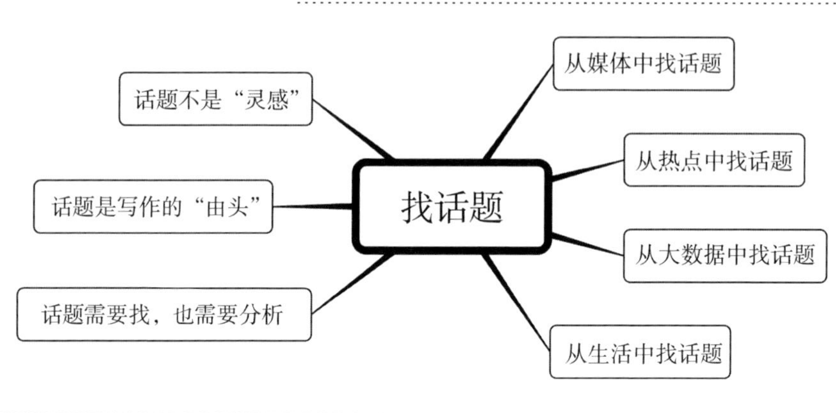

找到话题并用好话题

很多写作者会有一个困惑，感觉自己空有一颗想好好写点东西的心，但不知道有什么可以写。尤其对那些自由写作者来说，写作不再是为了完成领导交办的任务，写作的自主权完全在自己手里，但反而这样就更不知道写什么好了。

找不到话题这种现象在写作中非常普遍，不用说刚学写作的新人，就是成熟的作家，也经常有文思枯竭的时候。到哪里去找创作灵感？去哪里找到写作话题？这都是写作者经常会面临的问题。

找话题其实也就是找到写作的由头。由头不是刻意翻书查字典，而应该是个自然而然被激发的过程。比如，看到一篇文章，因为不同意里面的观点，有不吐不快的感觉；比如，看了一个电影，受到很大的触动，希望能把这些闪过的好念头全部记录下来。这些都是自然而然的写作动机，而不是刻意杜撰出来的命题。

说自然而然，也不是从天而降，用心的写作者会有一些发现话题的渠道，这些渠道往往是他们比别人更能写的秘密武器，了解了这些小秘密，大家也许就会恍然大悟：“原来他们是这样找话题的啊……”

一、从媒体中找话题

每个人或多或少都有一些接触信息的渠道，看书、看报、看电视、上网等，这既是学习的过程，也是思考的过程。带着思辨的眼光就会在这些信息里看到不一样的风景——书里讲得都对吗？报纸上这个评论讲得滴水不漏吗？电视上这个嘉宾的点评是客观的吗？网上这个评论是合理的吗？

对外界的感知让写作者很容易找到话题。那些很能写的人往往有自己定制的信息接收渠道。归纳起来，一般有表 7–5 所列的这么几类：

表 7–5　举例说明从不同媒体接收到的不同信息

媒体类型	举例	看什么
门户网站	腾讯新闻	社会和娱乐新闻
	今日头条	定制新闻
	澎湃	政治和财经新闻
	网易新闻	网友评论
搜索引擎	搜狗	推荐热点新闻
	百度	热点事件
社交媒体	新浪微博	热点事件、流行词、新闻评论、明星动态
	微信朋友圈	热点事件、流行词
知识类媒体	虎嗅	评论
	知乎	解密和深度讨论
视频网站	优酷	热点事件、娱乐新闻、引发思考的视频

在如此大量的信息中，每个人都有自己筛选信息的方法。哪些领域是自己感兴趣的？哪些值得深入挖掘？

比如有一个新闻，说日本有条火车线路，连续三年，每天只有一位乘客，所以这列火车的存在完全就是为这一位乘客服务。后来这个乘客毕业了，不需要搭乘了，这列火车也就停运了。这个故事很有戏剧性，看起来背后也蕴藏着某种价值观。对此有兴趣又有心的写作者就会顺着这个话题做一些研究，最后呈现出一篇与此有关的文章。

>>>
二、从热点中找话题

关注热点、讨论热点是自媒体时代特别重要的议题。很多人也是因为希望参与某个热点话题的讨论，才想到了写作。如何通过热点找话题呢？结合现有资料获取的方式，也有几种方法。

第一步是通过搜索引擎，包括网页搜索、微博搜索和微信内容搜索获取现有跟话题有关的资料。比如，之前有一条新闻说舒淇和冯德伦结婚，网上关于这个热点的内容有很多，包括当事人双方的背景、网友评价、结婚的准备和当天的情况，这些内容都提供了关于这个话题最基本的素材。

第二步是验证工作，好多内容需要去伪存真。到底是不是确有其事，到底引用的东西是不是确切的，需要核查一下。检查的方法有好几种，可以去当事人的官方网站、官方微博去验证；可以去视频网站找到当事人的采访；也可以查阅一下相关的印刷资料。

资料搜寻也是明确话题的过程。还以上面提到的舒淇和冯德伦结婚为例子，关于结婚只是一个大的话题范围，写作者在查询资料的过程中，慢慢锁定更小的方向，比如，大婚之前两人的经历，或者两人从影这些年的交集，等等。

>>>
三、从大数据中找话题

技术的发展也带来写作方式上的革新。个人能搜集、辨别的数据是有限的，借助大数据的力量，写作者可以快速找到最近的热点、热点的关注人群、热点话题间的交叉性等对写作非常有帮助的参考数据。

媒体大数据的工具很多，之前说过百度指数（第 2 章第 4 节），现在以另外一个工具，蓝色光标公司推出的 BlueMC 工具为例，看一下大数据如何帮助写作者找到话题。

以“日本+诺贝尔医学奖”为搜索关键词，在BlueMC里进行搜索，看看那些跟目标话题有关的文章，热度、影响力等如何。

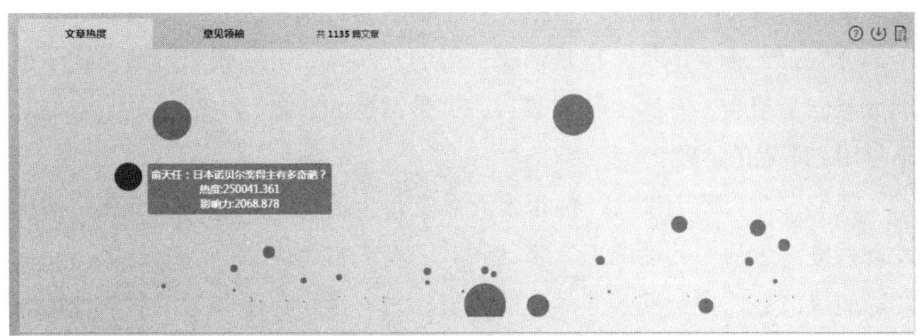

原文和原文数据，可以看看关于这个话题已经有了哪些内容。

指标计算时间:2016-10-10

文章热度	文章影响力	文章标题	文章链接	微信号
369125.716	3054.199	96岁的日本老奶奶，每月卖出100万POLA产品，她的	5a68f53&chksm=8b	win_in_japan
359071.086	2972.467	30岁成为清华最年轻博导，37岁攻克50年不解的科学	db7bdfe&chksm=f7	fuhuazhijia_com
250041.361	2068.878	俞天任：日本诺贝尔奖得主有多奇葩？	7f5d5cc&chksm=bd	zhczyj
157725.699	1305.045	96岁的日本老奶奶，每月卖出100万POLA产品，她的	71f8466&chksm=bc	japandesign
150816.584	1247.878	国庆节发生这些大事：17城市调控楼市、金价大跌	742fc4cd&chksm=bd	windzxsh
117497.94	972.673	10月4日每天3分钟尽览天下事（含天气预报视频）	1de80&chksm=2e37	zynews
104418.064	863.97	大姨妈决定女人衰老的速度，姐妹们一定要看！	7e0d0fe&chksm=84	zhs066
87885.874	727.538	诺贝尔化学奖手记	2aea7d5&chksm=5a	lifeweek
85786.285	709.808	动态丨每年股市均有一波“诺奖行情”，今年投资风	31044fcb&chksm=8b	mymoney888
72993.771	604.258	“诺奖行情”节后望引爆这些股票你需要关注	71a36fe1&chksm=84	mutongzixun
69211.675	572.949	央行新规限制支付宝微信转账笔数额度；日本科学家	fbb9351&chksm=73	iheima
67286.847	556.741	最新网红产品？这可能是第一瓶获得诺贝尔奖的护肤	4981d77&chksm=bd	zhepen
61499.503	509.106	深度解读：2016诺贝尔奖为什么颁给自噬反应？	c156462&chksm=bf	medsci_cn
56172.146	465.005	轮回（一个真实的故事）	cb6626f&chksm=80	kdmz110
49594.38	410.351	30岁成为清华最年轻博导，37岁攻克50年不解的科学	8f7d7c6&chksm=84	bigdatalab
47588.493	393.754	日本井喷式“掠夺”诺贝尔奖的背后，值得国人深思	ae29340&chksm=bf	ganbuyuedu
45787.175	379.036	领导，我开庭没法开会，向您请个假！	1490191&idx=1&sn=	fayurusi

话题在一段时间里热度的变化，可以看出话题发展的趋势。

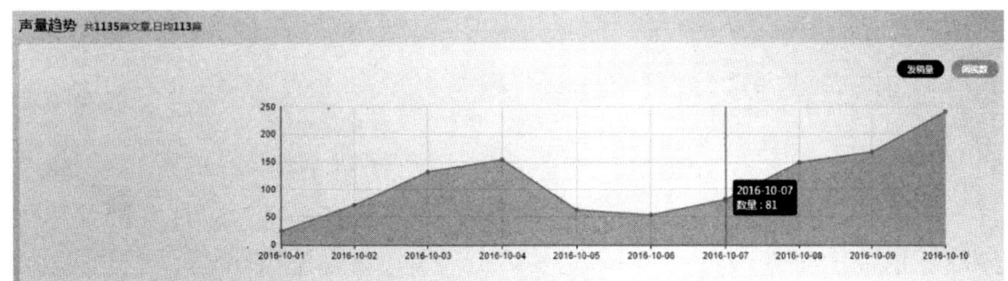

\>>>

四、从生活中找话题

日常生活蕴藏着最多的话题。看一本书，希望评论，这是话题；去一个地方旅游，希望记录，这是话题；跟朋友聊天，有收获想归纳，这是话题；老同学聚会，有感悟希望表达，这是话题。总之，生活中蕴藏着取之不尽用之不竭的话题。

每个人都会经历生活，但很多人总觉得生活很平淡，不善于从生活中发现话题。生活中的话题怎么来的呢？一个来自于生活一线的经历，比如经历的风波、惊喜、欺骗等具体的故事；另一个来自于关于生活的评论和体验，比如两个人交流中会聊到最近的房价，关于这件事不同人的态度本身也构成写作的素材。

另外，找话题更像是找个写作的引子，它不会给写作者全部的答案。尤其对新媒体写作来说，更是如此。不是什么话题都值得写，个人的定位已经圈定了某一个方向，所以，话题只是找个由头，后面还是要逐渐接近你的定位。比如 2016 年的里约奥运会是个大话题，但顺着奥运会这个话题，做服装搭配内容的人会写运动员的衣服，做娱乐的人会分析运动员的八卦，写励志方向文章的人会写运动员的成长经历，所以在奥运会这个大话题下面，新媒体写作又可以分出各自的小方向。

1. 话题就是写作的“由头”。
2. 找话题有四个途径：媒体、热点、大数据、生活。
3. 很多没话题不是“没话题”，而是不知道如何展开。

第3节　三种方法快速了解文章效果

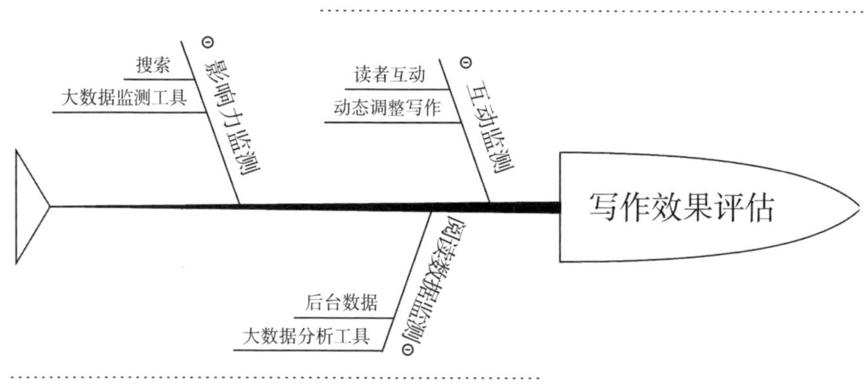

效果评估延伸了写作的概念

传统写作，写完了就是写完了，作者很难知道谁看过自己的东西，也很难知道大家对自己作品的评价。但是随着媒体技术的进步，写作者和读者的关系开始发生变化，写作者可以根据读者的反馈改进作品，而读者也可以用脚投票，决定哪些文章会更多地呈现在自己面前。

内容的效果评估是很专业的事情，过去，很多品牌和广告公司都会投入大量人力、物力做这件事。科学的评估可以帮助他们找到方向，做出更好的改进，但是也因为太专业并且耗资巨大，普通人很难有机会接触到这个领域。

新媒体和技术的革新改变了这种状况，现在很多平台和软件可以帮助普通人看到自己和他人文章的效果。而且跟之前的事后数据监测不同，现在很多平台可以实现数据的“实时监测”，也就是说，写作者可以看到每一分钟用户数据的变化。

了解文章和内容的效果是非常有用的，因为了解了目标人群的习惯和偏好，写作者更有可能写出迎合他们的东西，避免“盲人摸象”式的猜测。关于写作和内容大数据的应用，最有名的例子来自于美国奈飞公司，他们出产的电视剧《纸牌屋》，完全按照用户数据和用户评论往下编写剧情，也就是说，读者和观众第一次真正意义上成了剧情创作者，和作者一起完成了作品。

不是每个人都要成为数据领域的专家，在新媒体时代，掌握一些基本的监测方法，并以此为工具指导自己的写作是非常有必要的。一般来说，监测需要从以下几个方面入手：

>>>

一、阅读数据监测

阅读数据展示了读者对文章的接受程度，一般被认为是文章效果最基本的标准。阅读数据高，说明关注文章的人比较多，直观反映了文章有较好的传播效果；阅读数据不高或者低于预期，说明文章可能存在一些问题，需要反思和改进。

阅读数据有三个基础指标，分别是阅读量、转发量和评论数。阅读量表明有多少人看过这篇文章；转发量表明有多少人看完文章后还转发到了其他的地方；评论数表明有多少人看完文章后还主动留言参与评论。一般来说，这三个数据应该是正相关的关系，阅读量大，转发量应该相应也比较大，评论数应该也比较多。如果只有阅读量没有转发和评论，就有可能是不太健康的数据，作者需要找找原因，看看为什么后续的传播和参与不足。

关于阅读数据，要特别注意的是，数据可以参考，但不能唯数据论。文章的阅读数据是由多因素决定的，一篇文章阅读数据不好不一定是文章本身质量的问题，可能跟标题、发布时机、发布平台等因素有关。同样地，一篇文章阅读数据好也不一定说明文章质量好，某些话题，某种表述方式会引起更多人的关注和传播，不代表这篇文章一定有很大的价值。最简单的例子，某些谣言一天就会传遍大江南北，但这不代表谣言本身是有价值的内容。

目前，很多新媒体写作平台都有阅读数据指标，更细分的话，阅读数据还包括前台数据和后台数据。前台数据就是简单的阅读数和互动数，后台数据还包括用户构成、用户来源、用户阅读习惯分析等。这些更细致的数据也很有利于写作者更了解自己的读者。

表 7-6　阅读数据监测表

类型	名称	数据	衡量标准
基础数据	阅读量	阅读人数	1. 相比于粉丝的数量比重 2. 相比于近期其他文章的涨跌趋势
	转发量	转发次数	1. 阅读转发比（转发量 / 阅读数） 2. 相比于近期其他文章转发量变化趋势
	评论数	有效评论数	阅读评论比（评论数 / 阅读数）
数据关联	相对于发送时间的阅读量 / 转发量 / 评论量	不同发送时间的阅读数据比较	按早、中、晚三个时段测量
	相对于发布平台的阅读数据	同一内容，不同平台的阅读数据比较	同一时间，同一内容，不同平台效果测量
	相对于题目风格的阅读数据	同一内容，不同标题的阅读数据比较	同一时间，同一内容，不同标题效果测量
用户构成	用户来源	各地用户比例	区域分布表
	用户性别	男女用户比例	男女比例
	用户年龄	不同年龄	年龄分布

>>>

二、影响力监测

过去人们很难想象，一个普通人可能会因为一篇文章一夜之间就火遍全国。新媒体让信息传递的速度加快了几百万倍，也放大了普通人可能带来的影响力，所以写作者也有必要了解自己和自己文章的影响力。

影响力监测最简单的办法就是使用搜索引擎。用自己文章中的关键词或者某一句话作为搜索关键词，看看能搜到多少关联的内容。这里头可能包括原文转发、引用和同一个话题的多个讨论和延伸。这些形式都表明了某种直接或者间接的影响力。举个例子，2016 年，一篇叫《友谊的小船说翻就翻》的漫画在社交媒体上迅速发酵，一夜之间成为大家争相转发的热门内容。这之后，有很多人对这个内容进行了二次创作，生成诸如“创业者友谊的小船说翻就翻”“影迷友谊的小船说翻就翻”这样的内容，丰富了漫画最初的场景和应用，引起了更大规模的转发和传播，造成了巨大的影响力。

表 7–7　影响力监测表

名称	数据
搜索数据量	百度、微信、微博等可以搜到的文章数量
媒体指数	百度指数、谷歌趋势

>>>
三、互动监测

了解文章效果最直观的方式就是看读者反馈，这最直接地反映了读者的看法和意见。过去读者反馈主要靠读者来信、来电这些比较传统的形式。现在，发表在网络上的文章很容易收到读者的实时反馈，包括评论、后台留言、私信等，有很多种。

读者跟作者的互动有几种形式：一是对文章内容的探讨，读者也许会提供不同角度的意见，更多的素材或者其他在文章中未能体现的观点等；二是提问，读者希望作者就某方面的问题进行解答；三是个人感悟，有的读者看完文章后会结合自己的体会讲一段自己的故事分享给作者。

新媒体形态下，写作者应尽量去了解读者的反馈，以此来修正自己写作的方向，有条件的话，甚至应该逐条回复这些评论。这会让读者觉得写作者是活生生的人，进而增加信任感。另一方面，回复也是对参与互动的读者的一种鼓励，作者和读者间形成良好的关系也有利于内容的持续改进。

了解写作效果其实延伸了传统写作的范围。过去写作者的精力主要集中在构思创作上，而新媒体形式下的写作，需要前期调研需求，后期分析数据，持续服务读者。这实际上也延伸了写作的概念。写作，不应在常规意义上被限定成“书写作品”，它更应该是一个沟通闭环——通过推己及人的方法，创作出打动自己，也打动读者的文字，并以文字为纽带实现创作者和阅读者的共鸣。

1. 看数据是为了了解文章效果。
2. 看数据的渠道有：阅读数据监测、影响力监测、互动监测。
3. 写作应该从“创作”到“大写作”。

第 4 节　如何保护新媒体写作的版权

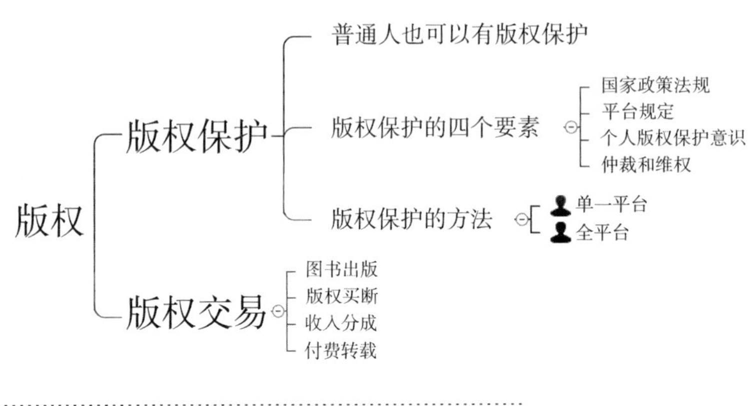

版权是写作者的基本权益

版权这个词，大家既熟悉又陌生。说熟悉，这些年，我们不断被灌输版权意识——图书有版权，不能随便盗版；电影有版权，未经授权不可以随便做其他商业用途；现在音乐也有版权，很多新歌已经没办法随便从网上下载和传播了。说陌生，大家会觉得自己只是版权的购买者和使用者，很少有人会觉得自己有一天会成为版权内容的创造者。

新媒体的发展让更多人成为内容的创造者。也就是说，虽然很多人还没有版权的概念，但是他已经实实在在地成为网络信息和内容创造者了。学会生产内容之后，越来越多的人开始注意下一个问题——如何让凝结了自己智慧和精力的东西，成为有版权、受保护的对象。

这两年，国家出台了各种政策支持文字版权的保护。各大内容平台为了吸引写作者，也推出了各自的版权保护条款。在这样的大背景下，普通人更应该了解有关版权保护的各种方法，切实保护好自己原创的内容。

版权保护需要多方面综合发力，一个良性的版权保护机制应该包括政府的政策法规、平台的相关制度、个人的版权保护意识、仲裁和维权这四个部分。这里头，除了了解相关规定，写作者还要特别注意个人的版权保护意识。

何谓版权，简单来说就是每个人的原创内容都是有价值的，都应该受到保护和尊重。对于个人来说，跟版权有关的事包括两个部分：一个是版权保护，个人创作的内容未经授权不得随意转载；另一个是版权交易，所有转载或者其他商业使用的行为需要征得作者同意，有些还需要支付一定的版权费用。

>>>
一、版权保护

版权保护又分为单一平台版权保护和跨平台版权保护。单一平台版权保护比较简单，比如有人在豆瓣上写作，另外的人抄袭或者违规转载了这些内容，原作者就可以在豆瓣上发起投诉，要求保护自己应得的权益。而对于网站来说，它可以比对同一内容发布时间的先后顺序，从而做出判断。

很多平台有版权保护措施，比如微信公众号有“原创标签”功能，所有原创的内容只要打上这个标签，就意味着作者享有此内容的版权，其他人未经许可不得转载。而且借由技术的帮助，这种保护不是事后保护，不是在别人侵犯了原创者本身的权益之后的处罚，而是通过识别技术的事前保护，一旦某个原创内容加了“原创标签”，任何未经授权的转载都会收到一个提示，大意是说，你转载的内容来自某某地方，要么系统自动标注文章来源，要么需要作者给你一个明确授权的说法。这种更主动的版权保护无疑对原创作者有一种保护和鼓励作用——因为自己的知识产权在这里得到保护，就会有更多人选择创作新内容，而不是坚守现有资料。

以上是单一平台的版权保护办法。单一平台的问题比较好解决，企业自纠自查即可，难的是跨平台的版权保护。比如同样一篇文字内容，有人在微信公众号看到后，立即转发到微博，这就很难监管。或者更复杂的，有的文字内容被别人朗诵后制作成音频，上传到音频网站。按说必须征得文字创作者的同意才能做成音频作品，但是在技术上，保护音频作品里的文字版权还是比较困难的。

目前国内也有些第三方平台在推进原创内容的版权保护，像新榜（Newrank.com）版权页就接纳公众号平台的入驻，并提供版权保护。除此之外，也有一些跨平台版权保护的网站，作者上传作品后就可以获得内容的版权保护。而如果是成型的书稿，达到出版社出版要求的，一经出版，也比较容易获得跨平台的保护。

以上这些办法用制度和平台保护作品的版权，还算是被动的保护。更主动的版权保护方式是作者本人要积极维权。一旦发现作品被侵权，应采取举报、追究到底的方式，维护属于自己的权益。

>>>

二、版权交易

版权保护意味着版权所有者拥有版权延伸产生的一切价值，所以紧跟着版权保护的就是版权交易。版权交易也有很多种形式，比如直接买断型、付费转载型、商业用途型等。每种文章类别不同，交易的方式也不同。比如小说等虚构创作，就适合被影视公司买断，获得剧本和影视作品的改编权；而一般的散文，就适合付费转载；一些说明性的文字就适合公司有偿使用，搭载产品诉求，实现商业目的。

目前版权交易的平台也有很多。图书出版社会给作者版税，这是最传统的版权交易形式；故事、小说网站的有偿阅读都会给予作者收入分成，这也是版权交易常见的一种形式；微信公众号等新媒体兴起后，文章的付费转载、原创投稿等也成为新的版权交易形式。

对于普通人来说，如何快速获得版权保护，甚至因为版权交易获得收入呢？一是要找准方向，有针对性地写。现在很多文学网站都有征稿活动，一般按照征稿的方向写，如果作品入选，主办方都会要求签订版权协议以保护版权。二是要深挖某一领域，各领域的行家更有可能获得版权保护。比如现在有一些体育类、财经类、科技类专业网站，很愿意接受用户的投稿。如果认准某个平台，持续深耕，就有可能获得作者认证、专栏作家、平台作者等机会，这样的话，自己的作品也更容易受到保护。

1. 原创内容，自然而然有版权保护的需要。

2. 版权保护的四个环节：政府政策、平台规定、个人版权保护意识、仲裁和维权。

3. 版权交易的三种形式：买断、付费转载、其他商业用途。

4. 版权保护和版权交易是共生的。

第 5 节　靠写作养活自己，不是梦

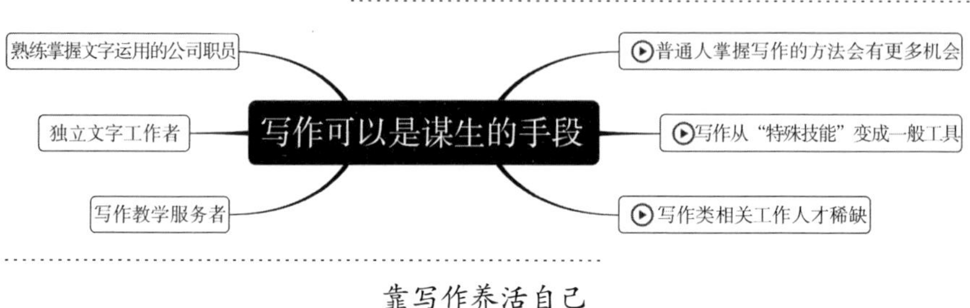

靠写作养活自己

很多人很喜欢写作，也愿意从事跟写作相关的工作，但心里可能会有一种偏见，觉得写作只是个高雅的爱好，是文人墨客的休闲娱乐活动，不足以成为工作。或者更直白地说，很多人会觉得写作是不赚钱的事，不足以养活自己。

的确，过去只有极少数人可以通过写作谋生，而更多的作家，都过着颠沛流离的生活。很多人都知道 J.K. 罗琳（《哈利・波特》系列作品的作者）的故事，虽然她写出了震惊世界的作品，但在《哈利・波特》出版前五年里，她的生活极其艰苦，一度要靠救济金生活。而且在她成名前，她的作品多次被退稿，被出版社认为毫无前途。

也正是因为这种情况，很多写作爱好者仅仅把写作当成一种爱好，不管是心情记录还是小说创作，只是工作之余的一种消遣，并不以此为业。

但是新媒体的发展改变了这种状况。以网络化、实时传递、社交属性为特征的新媒体颠覆了人们对文字和媒体的认识，也给了文字工作者极大的机会。首先，新媒体提供了海量的信息和海量的阅读者。由于电脑和手机的普及，人们接触文字的时间比以前增加了，更多过去不看书不看报的人也因为获取资讯更加便利而开始阅读。其次，新媒体降低了阅读付费的门槛。过去要花几十块钱才能买一本书，现在甚至可以免费阅读。阅读门槛的降低扩大了阅读人群，也给了写作者更多机会，内容创作者更有可能不依靠出版社等传统机构而独立获得收益。最后，新媒体改造了很多传统

产业的商业模式。新媒体成为各个企业、各个品牌必须接触的平台，这预示着内容和商业更紧密地结合，而这种结合也给了写作者更多商业变现的机会。

新媒体的发展彻底改变了写作的社会价值。过去写作是一种技能，是少数人掌握的方法。比如衙门口的师爷靠代写状纸谋生，公司里的秘书以写报告和整理材料为主要职责，专职作家靠出版一本本的书获得收入，这都是把写作当成一种谋生的技能。而现在，写作变成了一种工具，是人人都要具备的基本功。比如公司职员都要会写电子邮件，创业者都要会写商业计划书和营销方案，甚至企业老板也要学写作，因为越来越多公司的品牌，不再靠品牌代言人塑造，而是靠老板的个性化表达。写作变成了人人都要掌握的基本工具，而且从大的趋势上看，科技和经济越发达，写作的作用和可延展性就越大。

写作在这个时代有了更为深刻的社会意义，而对于普通人来说，如果希望靠写作养活自己，也有了更加多元的形式。具体来说，新媒体形态下的文字工作有以下几个发展方向：

>>>

一、熟练掌握文字运用的公司职员

如今，能熟练掌握文字运用的人是各大企业争抢的对象，这样的人在单位里会承担更多的工作，也会获得更多的机会。比如现在企业的新媒体岗位，非常需要文笔好、懂传播的人才，但因为传统教育体系里没有专门教授新媒体的课程，目前这类人才非常稀缺。

除此之外，人力资源领域针对写作和内容生产还衍生出一个新的职位，叫“首席内容官”，专门负责企业对内对外传播的各种内容。也是因为供给不足，目前首席内容官需求缺口非常大，很多企业开出 7 位数的年薪都请不到合适的人。

而对于普通的企业职员来说，良好的文字表达能力是目前很多职位的基本要求。熟练掌握语言和文字运用的人更有可能获得升职加薪等回报。

>>>

二、独立文字工作者

得益于阅读人群的大幅攀升，很多文字工作者也迎来了最好的时代，很多人完全可以靠写作谋生。这种写作包括传统的以出版为目的的创作，如小说、散文、诗歌、剧本等；也包括以原创内容为主的自媒体，如微信公众号、头条号等；还包括写作类的兼职工作，比如，商业稿件写作、测评写作、兼职专栏作者等。

独立的写作者不用依托单位，自己一个人即是一个创业主体。现在很多地方提供了线上写作平台，写作者自己完成选题、写作、编辑、发布、推广、效果评估等所有过程，成为自己原创内容的主人，并以此获得收入。

随着网络的发展和社会分工的细化，越来越多的独立写作者也成了自由职业者。在世界上任何一个角落，只要能持续生产出好内容，写作者不必拘泥在某个地方、某个单位、某个组织，也不用有固定的上下班时间，自己就可以靠自由写作养活自己，实现真正的个人独立。

>>>

三、写作教学服务者

传统教育体系里虽然有语文课、作文课、写作课，但是这些内容往往与社会需求脱节，不能适应快速变化的形势。企业管理者经常反馈的问题是，很多大学毕业生写不好电子邮件、写不好报告，而且由于缺乏系统的写作训练，更谈不上写作技巧。很多员工一提写作就发愁，心里有很多想法，就是不知道如何表达出来。

这种情况也给了希望以文字谋生的人机会。写作课老师成为目前非常热门的一个职业。写作课程除了上文提到的面向企业员工的写作基本功培训之外，还有其他很多分支，包括小说写作训练、创意写作培训、写作疗愈培训等。这些分支针对不同的学员，教授不同门类的课程，但这些课程有一个共通点，那就是，这些课程都是帮助很想表达但不知道方法的人找到出口和路径。

目前写作教学的平台很多，每家都有自己研发的方法。这里头有些参照了儿童写作的教授方法，重视语文基本功教育；有些借鉴了大学中文系写作的教授方法，重视文体分析和范文模仿；还有的照搬了作家培训班的思路，重视采风和生活体验。这些方法很难有优劣之分，每个人可以结合自己的情况和发展目标进行选择。而且写作是一个“练”和“学”并重的过程，在老师指导下的持续练习是非常有必要的，所以，写作老师成为一种新兴职业也就是自然而然的事情了。

很多人会说自己有个写作梦，现在这个时代是非常适合让这个梦想实现的时代。用文字养活自己，用写作迎接美好生活，这离每个人都不遥远。

1. 新媒体环境下，写作者有了更多机会。

2. 写作者不一定是作家，成为熟练掌握文字运用的公司职员、独立文字工作者、写作教学服务者都是好的出路。

3. 靠写作养活自己，离写作梦想实现又近了一步。

附录一

写作基础 50 问

Q1：“心中千万言，提笔全忘完”，请问怎么办？

A：“心中千万言”其实说明你有很强烈的写作动机，也有很好的素材，可是缺乏写作的方法。

确切地说，“提笔全忘完”并不是“忘完”，而是提笔后，不知道如何把内容有条理地表达出来。为什么会有这种情况呢？是因为我们的思维是发散的，由一个话题想到这个想到那个，感觉想了很多，有很多想法，但这些想法其实就像杂乱的线头，迫切地需要理一理——哪些线头其实是一根线上的？哪些线头其实跟这个问题关系不大？哪些线头没有办法深入？当这些问题没有解决的时候，人们会发现自己刚刚满脑子的想法，一下子就全没了。其实不是没了，而是“没头绪了”。

要解决这个问题也很简单，如果心有千万言，那就赶紧找支笔，找张白纸，把所有想到的列一下，看看哪些是重复的，哪些是没有逻辑的，哪些又是真正有价值的。理顺材料的关系、合并同类项，基本上文章的框架就出来了。有了框架，加上过渡性的语言，再辅以一些基本的写作方法，基本上就可以有条理地写出来了。

最后，还有一个小技巧，其实写作也是梳理思路的过程。别怕乱，边想边写也有利于你梳理思路，说不定写完了，也把脑袋里的一团乱麻理清楚了。一举两得。

Q2：之前读书的时候写东西挺好的，怎么现在反而不会写了呢？

A：第一，写作特别仰赖练习，越是经常锻炼，越是尝试不同的任务越容易成为这方面的高手。多年不写的话，写作功力会打折扣，这很正常，勤写、勤练就可以补上；第二，我们现在正在经历新媒体转型，现在的写作跟几年前完全不同。过去写作更多是文学的范畴，现在写作经常跨界，有很多具体的应用场景。比如写作跨界到商业，碰撞产生了新商业软文——现在各大企业都需要靠这类文章影响用户；写作跨界到创业创新，碰撞产生了故事化营销——越来越多的创业者开始学习“如何讲好创业故事”；写作跨界到科技领域，碰撞出新测评内容——高科技厂家要站在客户角度写出大家愿意看的内容。而这些跨界都不是单靠文学素养就可以解决的，会对写作者提出更高的要求。

当然，这都不是最主要的原因，很多人觉得“不会写”，并不是写作技术问题，而是心理问题。“不会写”不是写不出字，而是担心写得没有针对性，担心写得不够好，担心内容不能引起足够的关注。这已经偏离了写作本身“会与不会”“好与不好”的问题，是很多心理因素在干扰写作。

每个人都可以写，而且可以通过练习写得更好，之前的文学修养和对写作的热爱会成为新媒体环境下写作的优势。

Q3：按你的说法，真诚比技巧重要，那文章写得很幼稚怎么办？

A：这需要看怎么理解“幼稚”。如果写作中的幼稚是指用词不当、句子搭配混乱，完全可以靠短期的语文学习来弥补。成年人有基本的交流能力，稍加规范就可以解决写作中的语言幼稚问题。

但如果觉得自己说心里话，表达真诚就是“幼稚”，那这根本就不构成问题。幼稚的反面不应该是世故和写作中的空话、套话，而应该是如何更好地通过文字引导思维，更准确地表达自己的感受和态度。

Q4：我不想成为文学家，只想写好报告，你有什么建议？

A：报告属于公文写作的范畴，公文写作只需要记住三个诀窍：第一是模板，公文写作有严格的格式要求，只需按照模板的规则“填空”即可，供发挥的余地不大；第二是要注意用词。公文写作跟其他文体最大的不同就是它有明确的功能性，公文写作的用词要准确、简练，不要使用过度修饰性的词汇，也不要使用指向不明确的词汇；第三要注意文章结构，公文好与不好的差异主要体现在结构上。好的公文结构清晰，内容一目了然。

Q5：想好好学习写作，日常需要注意什么？

A：写作是典型的“功夫在诗外”。看起来写作是语文的范畴，其实学好写作需要各方面知识的积累。总结起来有三大块：多读，多看，多写。多读，指阅读各方面的书籍，不限于写作类和文学类，书评、学习方法、传记，甚至科技进展等方面的书，都会对写作有帮助。多看，指了解包括除文字以外的文化，比如看戏、看电影、看展览、旅游、参加沙龙、与当地人交流等，丰富的生活体验是写作的沃土。多写，指尽可能多动笔，哪怕是日记、影评、细微感悟都可以写下来。写得多了，就有了语感，非常有利于日后写出好文章。

Q6：读书的过程还是挺有感觉的，读完了就完全不记得了，怎么办？

A：读书有不同的方法，而且书不同，读的方法也不同。比如一本小说，如果只是为了看情节，也就是了解一个故事，就可以用看故事书的方法——先了解出场人物、接着看发生了什么事，最后看结局如何。同一本小说，如果希望学习作者的方法，就需要看他如何设计人物性格，如何做好对话和细节描写，如何制造戏剧冲突，如何在小说中植入自己的价值观，最后又如何安排情节的推演，这跟前面的只看情节是不同的。所以，看什么书，为什么看这本书，这两个问题决定了最后能记住点什么。

每个人特质不同，看书的习惯也不同。有的人过目不忘，看完小说不但记得情节，还记得小说里的人物和每一个细节，这当然很好。比如《红楼梦》有几百个人物，有的人就能全部记住。

而有的人只记感受，看完《红楼梦》，可能故事都不记得了，但是记住了看书的感受——惋惜、感慨，这也是读书留下的印象。还有的人连感受也记不清，只会由书的内容联想到自己。比如看《红楼梦》想到自己的家族兴衰，最后书里的内容没有记住，倒是有很多跟自己有关的感悟，这也算一种收获，而且这种收获不比把人物和故事记下来那种差。

最后，如果希望改进读书方法，也可以试试读书笔记法。看书的时候做点批注，记下重要的话，或者把当时的感悟写下来，这都是很好的辅助读书的方法。而且即便忘了，有读书笔记在，多少也可以温故书的内容，不会有读完了什么都没留下来之感。

Q7：我平时没多少时间看书，就偶尔看看手机新闻、微信公众号，这算阅读吗？

A：这当然算阅读，而且是阅读里面非常有技术含量的“文字阅读”（如果你不是只看视频的话）。文字阅读的好处是文字属于高卷入度媒体，什么叫高卷入度呢？就是你在看文字的时候，需要调动更多的想象力，去补全文字没有讲清楚的部分。比如文章里说，“这个烤猪蹄真香”，就这么一句话，没有说烤猪蹄的形状、颜色和味道，只说了一种感受，但读到这儿的时候，你可能会想象出一个猪蹄，甚至想象出它散发出的香味，这就是你的思维卷入到思考文字意境这件事上了。与高卷入度媒体相对应的是低卷入度媒体，就是指那些不用调动更多思维参与的媒体。比如跟刚才一样的话出现在电视屏幕上，一边有旁白说“烤猪蹄真香”，一边有烤猪蹄的画面，那你完全不用想象，就看得到烤猪蹄的样子。

高卷入度媒体比较“烧脑”。100 个看到“烤猪蹄真香”这句话的人也许会想到 100 个完全不同的画面。因为要卷入自己的思维到阅读的过程中，所以文字阅读对锻炼思维是非常有好处的。

但是，手机新闻和微信公众号的内容比较杂，很多内容不像传统媒体那样讲究语法、词法、文章结构，所以要批判性地阅读。去伪存真、去粗取精。

Q8：未来有可能发明一种写作机器人吗？能帮你写出你想写的任何东西。

A：如果只是写出东西，那现在电脑和手机里的语音识别就是“写作机器人”。任何想法，如果你能完整地讲出来，语音识别就可以把语音变成文字。但让机器人代替你思考，代替你整理思路，这点暂时还没有做到。未来是否可以借由人工智能（AI）技术做出一个钻到你心里的机器人，这个现在还不好说。不过在此之前，我们的确还是要老老实实地写。因为即便有些工作能被机器人替代，写作这种创造性工作也是最晚被替代的一种。

Q9：怎么可能会有人看我写的东西？

A：过去只有作家才能有除自己之外的读者，但现在，技术和媒体的发展改变了这种状况，每个个体都能成为一个媒体，都可以把信息传达给更多的人，也会接收到更多其他普通人的信息。

谁会看到你写的东西呢？首先是你自己，其次是你周围的朋友（通过社交媒体了解你的情况），再次是你朋友的朋友（朋友转发你的内容），最后可能是你自己都没法了解的人群（经过几轮传播后，这个关系链条已经非常难于辨别）。这几层结构就像一个逐渐放大的同心圆，一层层放大，人数越来越多，关系也越来越疏远。

Q10：平时在单位需要写点东西，这跟自己因兴趣写的文章有什么关系吗？

A：每篇文章都是独立的创作，写信是写信，写报告是写报告，写日记是写日记，这样来看，每篇文章都是独立的，都没有关联。但是文章又都是由字、词、句构成的，写信是字、词、句，写报告是字、词、句，写日记也是字、词、句。如果掌握了写作的基本方法，可以根据文章的相通性驾驭各种文章。

另外，现在的职场写作跟过去相比也有很大不同，现在的企业都希望自己向用户传递更亲切、更真实的信息，这就要求单位里跟文字打交道的人，用心写、用真情写。所以，在本质上就不再有“单位写作”和“兴趣写作”的区别，所有的写作都是信息传递和个人表达，都应该认真、诚恳、有思考。

Q11：我怎么知道东西写给谁看？不就是按要求写完吗？

A：如果把文字堆在一起也叫写东西，那的确不需要知道写给谁看。反正这么做的目标是把汉字组合起来，语意连贯即可，不需要传播也不需要承担什么文字职能。

但大部分称得上写作的举动都要有写作目标。写作目标分解成两块：写给谁看，为什么写给他看。解决了这两个问题就解决了写作的基本问题。第一，知道写给谁看就明确了写作的风格和诉求，就是明确了怎么写和写什么的问题；第二，知道为什么写给他看就明确了写作的动机，明确了写什么和为什么写的问题。解决了这两个问题，写作才能真正有生命，看文章的人才能有所感知。

怎么知道写给谁看呢？两种方法：第一，谁让你写的，你问他写给谁看，一般交代任务的人是非常清楚写作面对的对象的；第二，如果是自己愿意写，问问自己谁会看到或者谁愿意看。把自己代入进去，问问自己会不会看，自己处在什么身份时会看。一般经过这两轮盘问，就应该知道写作的对象了。

Q12：我写作不想让别人看，就想自己写给自己，这样的话，我还要练习写作吗？

A：写给自己是非常好的，而且写给自己的过程本身就是练习的过程，每一次书写都有每一次的体会和感悟，这都是学习和进步。

写给自己要不要讲方法和技巧呢？也是要的。因为写作总归是要有人看的，不管给自己看还是给别人看。再回头看的时候，如果发现当时写的时候没有章法，逻辑混乱，指代不清，这也削减了当时写作的价值。很多人不高兴的时候记下语无伦次的话或者词语，过了两年自己再回头看，根本无法还原当时具体有哪些想法和感悟了。因为这种不连贯的词语本身不构成完整的语意。

最后，说到写作练习，一定要明确一点，写作练习不是尝试各种技巧和“危险动作”，而是找到一种自己觉得好的表达方式。写作所有的方法和原则，不是为了限制写作者的，而是给写作者以方便，更便于他们表达和倾诉。所以不要把练习当束缚，更应该从体验的角度来看待。

Q13：我不知道那些整天写写写的人，他们的动力是什么。

A：人能沉浸在一件事情里，一般有三种原因：第一是兴趣，兴趣可以激发人的热情，让人持续投入。比如喜欢打篮球的人，不管天热天冷，都喜欢在球场上拼搏厮杀。写作也是一样，喜欢写作的人，即使没人看，即使不赚钱，也愿意写写写；第二个动力是因为某种成绩带来的鼓励。很多人喜欢写作是因为小时候语文老师的鼓励。现在这个自媒体时代，会写文章，能写好文章的人也比较容易得到别人的“赞”，这种鼓励会成为人们坚持的动力。第三个就是实际的经济回报。现在写作变现的渠道越来越多，很多人靠写作赚了钱，这种成就也成为激励大家写写写的原因。

Q14：写文章真的可以不要求字数吗？

A：上小学时，写作有个最基本的考核标准，就是文章写了多少字。一般不少于 500 字、不少于 800 字这种，所以很多人养成一个习惯，写几行就赶紧数数字数，看看是不是达标，只要够字数，立即结尾停笔。

字数要求本是督促大家写文章的手段，在执行中却产生了扭曲。一篇文章的长短应该根据文章本身的要求来，要把一个问题说清楚需要 800 字，那么只写 500 字就疏漏了，写 1000 字就啰唆了。所以文章的字数要根据内容的需要来，不是按规定的要求来。

即便如此，很多人还是觉得写够一定的字数很难。的确，对于很多初学写作的人来说，“没词了”是最常遇见的问题，这就需要写作者掌握叙事方法、逻辑结构、遣词造句，找到顺畅表达的路径。

把文章写长很难，但是其实更难的是把文章“写短”。在演讲上有句话，“讲两个小时很容易，讲十分钟却很难”。为什么十分钟反而难呢？因为时间短又要有内容，又要抓住人们的注意力，这个很难。写作也是一样，在有限的字数里写出精彩，这才是最难的，也是写作的另外一个境界。

所以，先别太关心字数，想想如果要写好这个题目，需要写哪些内容，至于字数，都是自然而然的事。

Q15：为什么别人推荐的好文章，我并不喜欢呢？是不是我的审美出了问题？

A：首先，“不喜欢”是非常好的反应，每个人都有说不喜欢的权利。不喜欢并不是自己出了问题，而是你学会了筛选自己想要的内容。

不喜欢别人推荐的文章有两种可能：第一，这个文章真的并不好，盛名之下，其实难副。有一些大家追捧的东西，可能只是有一些亮点，没有多少价值，某个阶段火了一下之后，很快被人们彻底遗忘。第二，这个文章很好，但价值观、叙述方式、语言调性不是你的菜，所以你不喜欢。这也很正常，现在是小众审美的时代，每个人有自己的口味，知道自己要什么。这比什么都看，看什么都不走心好多了。

Q16：领导说我写东西很空，什么叫“很空”？

A：“很空”有好几个意思，很空灵、很有空间、很会留白，等等，但写东西很空大概不是上面这些意思，可能是说你写东西“很空洞”。

什么叫空洞，就是看起来写了很多字，但是不打动人，没给人留下什么印象。为什么会这样呢？有两方面的原因：第一，没细节，没具体内容，只有空泛的口号；第二，没框架，想到哪儿说到哪儿，这两种情况都会造成文章没有筋骨、没有灵魂，给人“空架子”“空房子”“空荡荡”之感。对号入座一下，你的文章有这些问题吗？

Q17：书里提到了拆解文章的“筋、骨、肉、皮”，为什么要强调拆解文章？

A：模仿是练习写作的好方法，但模仿却不是一件容易的事，很多人不知道从何模仿起。“筋、骨、肉、皮”是一种简单的方法，先从拆解别人的文章开始，把文章打碎、拆散，分成四个层面，然后再分开学，逐项模仿。

拆分的方法对于初学者是有效的。我们要理解两位数的加减法，就必须拆分成先学一位数的加减，然后学习十进制的规则，这两点都理解了，两位数的加减法也就学会了。学写作也是如此，只要可以拆分学习的，我们都可以按自己的习惯和理解进行拆分，挖掘出隐藏在现象背后的秘密。

写作的能力不是天生的，每个写作者或多或少有一些自己总结的办法。这些办法没有好坏之分，放在别人身上也不一定适用，但可能对于总结出这些方法的人来说，这是他们理解和学习的捷径。“解牛法”（也就是筋、骨、肉、皮法）是一种分析文章的方法，大家可以用这种方法分析文章、拆解文章，最终模仿文章，这样会加深理解，也便于形成属于自己的独特方法。

Q18：每次写东西，我的开头要么是“今天”，要么是“我”，怎么办？

A：能总结出自己开头的规律，这也是一个了不起的事。“今天”和“我”的开头没有问题，但是如果每篇文章都这样开头，就会显得单调了点。

为什么一写文章总喜欢写“今天”或者“我”呢？这是因为这样的内容好写。写当下和写自己比较符合人们思考问题的习惯，而且基本上所有的文章都可以套用这个格式。比如写报告的开头，“今天我们来做一个分析”；写小说，“我今天出门……”；写散文，“今天思绪良多”；写分析，“我们面对的市场……”，所以可能你不小心发现了一个万能开头的小秘密呢。

但“我”和“今天”是第一人称视角和当下视角，总以这样的语气开头，文章会比较单一、苍白，因为事件是多样的，不可能都是平铺直叙的，看问题的视角也有多个，不可能都是直来直去、一目了然的。所以多尝试不同的人称、不同的时间着眼点，也许会有不一样的发现。

Q19：我看过一本书叫《金字塔原理》，是不是所有的写作都可以用“金字塔原理”？

A：如果有一种方法对所有的写作都通用，那么这种方法应该叫真诚而不叫金字塔原理。

金字塔原理对很多职场人和初学写作的人来说，是一种好方法。它讲了叙事逻辑里非常重要的一种模式，叫作“总分模式”，也叫“结论先行模式”。先说结论有什么好处呢？这可以帮助大家梳理思路——我要讲什么，我要围绕什么讲，最后的落脚点在哪里。因为最前面结论的提醒，写作者不容易写偏，写出来的东西也比较容易有条理，尤其适合新闻稿和公文写作，简直是万金油。

但写作者如果过于依赖金字塔原理，可能写出来的文章条理有余，趣味性不足。什么文章都是“结论 + 分析模式”会让人觉得像在听报告，没有惊喜，没有结构上的起伏性。

写作就像练武功，没有“一招鲜，吃遍天”的功夫。这也是写作的乐趣所在，因为你永远不知道文字的组合会给人什么惊喜，所以每一次练习，每多掌握一种新方法，都像解锁了一种新技能，这些方法和技能都会帮助你写出更好的文章。

Q20：人家都是写不出来东西，我是每次都写得很长，可写完之后自己觉得很乱，怎么回事呢？

A：写作就像说话，是不是说得多就一定说得好？不一定。那是不是说得少就句句是箴言呢？也不一定。说得多还是说得少，跟说得好还是说得不好没有必然关系。写作也一样，写得多写得少并不足以判断内容的优劣。

写得少文章结构容易把握，但问题是可能会意思不全面；写得多讲的内容多，但可能篇幅太长导致没有中心。所以你会说，写得多但是乱。

发生你说的这种情况有两种可能，一种是写作前没有规划，想到哪儿写到哪儿，写成了流水账；第二种可能是写偏了，本来要讲 A，但是在讲 B 上用了太多笔墨，偏离了主题。

有东西能写是好的，这至少说明你不恐惧写作；写完发现写得很乱也是好的，这说明你能发现写作的问题。接下来应该做的就是理解写作的概念，想想写给谁看，为什么写，想想用什么开头，如何整理框架，运用何种叙事技巧，如何组织语言，等等。先跑起来，在行进中调整跑姿，这是快速进步的方法，写作也是一样，多写，在练习中调整。

Q21：我从小热爱文学，看过很多小说。最近也听了不少写作课，为什么写作水平还是没有提高呢？

A：没有人看了几场游泳比赛，听了几节游泳课就学会游泳的。想要学会游泳最快也最简单的办法就是：现在下水。写作也是一样，看小说、听课自然都是对写作有帮助的，但最重要的是自己练习。看别人写跟自己写完全是两回事，不要做眼高手低的人。不要指望自己一下笔就是惊世骇俗的好文章。写作要从最基本的写人、写事练习起。

Q22：白居易会把自己的作品拿给老太太看，问她是否能看懂，我的作业也要拿给老太太看吗?

A：把作品拿给别人看这个习惯是好的，多了解读者的反馈有助于自己写出更受欢迎的文章，但是拿给谁看却是有讲究的。如果自己写的是科普性的东西，希望全民全社会都了解，那自然可以拿给老太太看，老太太都看得懂，证明的确通俗易懂；如果是针对特定人群的东西，比如针对大学生的，针对投资人的，针对全职妈妈的，那么拿给老太太看就没有必要，她们的意见也没有参考意义。

Q23：写完的东西我不愿意再看一遍，这是不是不正常?

A：很多明星演完电影不愿意去看，很多作家写完了小说也不愿意再读一遍，这一点都不奇怪，所以不用担心。

为什么不愿意看自己的东西呢？有几种可能。第一，演戏也好，写作也好，都是残缺的艺术，已经发行或者出版的东西已经不能修改，如果发现不完美又不能修改，很多人觉得难受，所以不愿意看；第二，有的人可以在镜头前表演，可以在书里塑造另一个自己，但是他们却不愿意看到自己的这些表演，尤其是把自己真实展现出来的场面，很多人看了可能会尴尬，所以会逃避这个情景，这都是人之常情，没有什么不正常的。

Q24：我想找个写作的老师，所以我买了诺贝尔文学奖历年得奖者的作品来学习，这是对的吗?

A：找老师因人而异，也许有人看了诺贝尔文学奖获得者的书学到很多东西，从此爱上了写作，那么这个方法就是可行的，这个老师也是合适的；

也许有人看完这些著作毫无感觉，那么这个方法就是不对的，老师也没有发挥作用。

学习的每一阶段应该有不同的老师，不一定要追求大师。今天莫言教你写作，不见得比你小学语文老师教得更好。为什么呢？因为每个人的擅长点不同，也许小学语文老师更适合那个阶段你学写作的实际需求。

所以，建议你先对自己有个评估，是写作基本功的问题？是素材积累的问题？是写作技巧的问题？还是创作“瓶颈”的问题？针对自己的短板选择合适的老师比迷信大师好得多。

Q25：我经常突然有个想法冒出来，但没写下来很快就忘了，你有这种体验吗？

A：我也会经常冒出很多想法，比如走路的时候突然想到一件事，看书的时候突然想到一个道理，看完一本书有种不吐不快的感觉，等等。这时候，我就会把它们记下来，没有纸笔怎么办？我就记在手机记事本上，或者用录音机把那一刻思想的火花录下来，这样有空的时候再听，会还原当时的灵感。

Q26：我坚持写了一个月，发现我想写的东西都写完了，好像这辈子都写不出文章了。

A：很多人说自己“文思枯竭”“江郎才尽”，这并没有什么可怕，可能这一阶段，你的确没有什么想表达的，那就不要硬写，休息一下，等有想法的时候再说。

会不会一辈子都写不出东西了呢？我觉得可能性不大。好多失恋的人说自己这辈子不会再爱了，其实根本不用一辈子，三个月后，他就会把这句话抛到脑后。这句话低估了自己的抗打击力，也小看了一辈子的长度。

写作的思路从哪里来呢？不是凭空想象的，写作需要有一些触发点，比如阅读、比如经历、比如谈话，人与书，人与人，人与社会交互的过程中，会碰撞出很多思想的火花，这就是最自然的创作的动因。

Q27：我看微信公众号的一些文章，都是“标题党”，没有内容，但这种文章反而比较受欢迎，我们应该去写这种文章吗？

A：你也承认“标题党”会吸引关注，所以在标题这个方面，“标题党”做得不错，值得借鉴。

正如你所说，“标题党”的问题是内容空洞乏味，徒有标题，那么问题的答案也就很明显了，我们应该不只有好标题，还要有好内容。“标题党”短期内会成功，但是这种套路不持久，就像“狼来了”一样，骗了人们几次，大家知道是骗人的，慢慢就不再相信了。即便未来刊登有价值的内容，别人也因为内容出品方的口碑差不再关注。所以，这种急功近利的办法最终也会伤害自己。

Q28：国内某女作家（在微信公众号很火，我就不点名了），写的东西很有戾气，我不喜欢，你呢？

A：如果你说的是她（假如我没猜错的话），我也不喜欢。有戾气的内容让读者变得浮躁，搞得全社会大家都彼此为敌，这种价值观的东西我个人不喜欢。

文字是一把刀，可以是切菜的菜刀，可以是治病救人的手术刀，也可以是杀人不眨眼的凶器。写作者用文字这把刀的时候要留神，也许杀人于无形是很刺激的事，但万一有一天伤到自己，就是自作自受了。

Q29：看别人写东西，我觉得别人都懂很多，这是怎么回事呢？

A：写作的人会给别人博学的错觉，过去，人们把“很能写”等同于知识分子，也是这个错觉在作祟。举记者的例子，记者被认为是很能写的人，好像各个学科都懂一点，能把别人的东西变成自己的语言，其实，这不过是消化知识—组合逻辑—叙述成文的过程，并不是记者什么都懂，也不是他们比别人博学。

但反过来，写作可以帮助写作者理解、领会特定学科的知识。为了写某个领域的文章，需要做一些准备，不管是看这方面的资料，采访这个领域的人还是了解这个领域前沿的研究成果，都会促使写作者快速熟悉一个领域的知识。这倒不失为一个学习的好方法。

Q30：多看书对写作有帮助吗？

A：一定是有帮助的。书是文字的组合，多看书了解别人如何运用文字，潜移默化提升自己的语感。另外，书里的知识看起来可能对写作没有直接帮助，但功不唐捐，这些知识储备在个人的知识库里，写作的时候如果能灵活引用，会增加文章的知识性、趣味性。

写作“功夫在诗外”，多读书、读好书对写作有很大的帮助，虽然这种帮助不是立即见效的。

Q31：你说鸡汤文要先有故事再讲道理，可是我根本没有故事怎么办？

A：首先，每个人身边都有很多故事，只看我们会不会搜集。每天我们看到的、听到的，或者身边真实的人和事，都是故事的来源。这些故事中，要特别注意那些有戏剧性或者平常生活里不常见的。比如某个同事卖掉了北京的房子去大理定居，这个故事就比刚结婚的小两口靠父母的支持付了北京房子的首付要有戏剧性。搜集故事有很多方法，包括日记法、读书笔记法、采访法、生活法等（详见本书第 2 章：积累素材）。

其次，搜集到的故事要进行归类，要给每个故事贴一个标签，比如上面提到的卖了北京的房子移居大理的故事，标签就是“追求自由”。如果后续这个同事在大理待不下去又回到北京，后面这一半故事的标签就是“做什么比待在哪儿更重要”。

同一个故事可以有很多小标签，比如去大理这个故事，可以是“自由”，也可以是“趁年轻要勇敢”，或者“转换人生并没有那么难”，或者“迈出第一步很重要”。同一件事可以给人们不止一条感悟，也就是说，同一个故事，可以出现在这个文章中说这个道理，也可以换个角度在另外一个文章中说另外的道理。这样一来，即便只有不多的故事，通过这种组合，也可以有千变万化的效果。

最后，鸡汤文中的故事也可能有虚构的成分。两个都不太典型的故事拼凑在一起，或者为了让故事更适合自己希望表达的道理，故意去扭转一下人物的关系，调整一下故事的结局，这样的情况也都是存在的。不过要特别小心这种情况，因为想把虚构故事写好可能比写好鸡汤文更难。

Q32：我也想写人物传记，可是我去哪儿找资料呢？

A：资料分为两种，一种叫一手资料，一种叫二手资料。

一手资料是指对当事人的采访、当事人的视频、口述记录、自传、当事人个人著作以及任何可以证实为当事人直接表述的文件。一手资料是最准确和可信的，但有时候获取比较困难。二手资料是指媒体报道中记录的内容、其他文章中的引述、作者非本人的传记以及任何未经当事人认证的第三方资料。二手资料存在一定的风险性，有虚假、编造的可能，所以引用时需要特别小心，尽量引用一些可信的渠道的资料，如官方网站、国家级媒体、学术期刊等。

获取资料的渠道包括图书、报纸期刊、网上资料库、网络搜索引擎、社交媒体等。当然，对当事人、当事人周边人群、知情者的采访也是获取资料的好渠道。

Q33：为什么我写的广告特别像广告。

A：新媒体时代，人们接触的信息非常多，如果用户刚开始就判断这是一篇广告而不是一篇文章，他可能都懒得打开看，更谈不上接受广告的信息了。所以很多广告主要求广告不能太像广告，要构思巧妙，让读者不知不觉理解广告诉求。

广告太像广告最主要有三种原因：一是广告出现的形式太硬，强迫消费者去接受广告理念会造成读者的抗拒；二是广告出现的频次过高，讲产品功能、讲应用场景、讲品牌、讲价格、倾倒广告信息会引起读者的反感；三是广告出现得太刻意，比如完全没有上下文的植入，从头到尾的“诚意推荐”反而让读者看不到诚意。

如何写才能达到“是广告但不像广告”的境界呢？第一，要沉得住气，先说干货，多说干货；第二，不要就事论事，洗发水的广告，不要上来就是洗头和护发，可以讲讲生活方式，讲讲人生道理；第三，不要害怕广告信息太少，读者不傻，有价值的信息，即使只是个线头，他们也能当成线索，顺藤摸瓜找出自己想要的答案。

Q34：我知道评论的套路，可是苦于没有观点，怎么办？

A：其实，没有观点不是没有想法，而是没有新鲜的好想法。一般来说，对一件事物的评价无外乎几个方向，可能新闻刚出来十分钟，这些方向的评论都被人说过了，所以很多人才会觉得“没观点”，有一种“想法都被别人说完了”的感觉。

如果只让评论停留在观点层面是非常危险的，因为很难保证你的观点一定是别人想不到的。

第一，好的评论要有非常好的角度，比如大家都在评论王宝强离婚事件里的道德问题时，有人的评论角度选的却是“从法律上来看现有的证据更支持谁的声明”，这个角度就比简单的道德讨论有更多干货。再比如，大家在谴责菲律宾在南海问题上的做法，有人评论的角度是“从地缘政治上看，为什么菲律宾屡次在南海问题挑事？”这个角度也比简单的表态要好。

第二，好的评论要让老观点说出新意。比如，同样是王宝强离婚事件，很多人评价王宝强的经纪人，但也有写作者迅速做了一个汇总：《这些年，国内外比明星还红的经纪人和他们的结局》。这样的内容就更容易有新意。

第三，好的评论一定不是四平八稳的，要敢于假设，敢于脑洞大开。

Q35：写的故事总是不吸引人怎么办？

A：不是每一个虚构的内容都可以成为故事和小说。编故事有一些规律可以借鉴，故事的情节走向如果能符合特定的模式，就更可能吸引读者的阅读兴趣。（具体可以参考本书第 6 章第 3 节里“36 种戏剧情节结构”内容）

不过，故事是否吸引人除了跟故事内容有关外，还跟讲述的方法有关。讲故事的时候，为了让故事更吸引人，有很多叙事技巧，比如故意制造悬念，故意不公布情节发展走向，故意给故事发展设置障碍，等等，这些方法都会吸引读者的注意。

Q36：故事都是虚构的吗？故事的素材都是从哪里来的？

A：故事有虚构的，也有纪实的。纪实的故事包括新闻报道、报告文学、纪实文学等；虚构的故事包括小说、戏剧等。相对来说，在虚构的故事里作者有更大的发挥空间，可以天马行空地设计人物、情节等。

纪实的故事主要靠回忆、采访等一手资料。虚构的故事主要靠想象，不过这种想象也要植根于生活，要合情合理。

Q37：普通人，如果不想做小说家，写小说有什么用？

A：虚构的作品需要发挥想象力才能完成，这个过程中，写作者一要非常专注，专注于自己的写作工作：二要积极地调动大脑，不断发挥想象力。这两个过程可以帮助写作者忘记身边琐事，投入到情节编写、画面构想中去，能极大缓解日常生活中的压力。

而且在写小说的过程中，很多人会把自己的感情投射到作品中去。经常有人写小说把自己写哭了、写笑了，这是因为作者已经把本人代入小说营造的环境中去了。所以，即便小说没有发表只是自娱自乐，也有调节情绪、疗愈心灵的作用。

Q38：写小说一定要给别人看吗？

A：不一定。很多写作者希望把写作当作一个自我倾诉的平台，作者在投入更多自己的精力、感情、价值观之后，可能不愿意让别人看到自己的心路历程，这都是可以理解的。创作属于自己的小说本身就非常有趣，不给别人看也不会影响这种乐趣。

Q39：写小说有字数要求吗？

A：除非是完成某种任务的写作，一般写作都没有字数要求，写小说也是如此。小说的篇幅完全取决于故事的复杂度以及作者想呈现给读者的效果，不必拘泥于字数。长篇的小说可能有几十万字、上百万字，最短的小说可能就一两句话。比如有一篇微型小说，就两句话：“世界上最后一个人待在自己家里。突然，他听到有人敲门……”还有号称世界上最短的小说，全篇就一个字："网！"

Q40：是不是阅读量高的文章就是好文章？

A：阅读量是考察文章是否吸引人、是否有传播性的一个指标，但不是评价一篇文章价值的唯一标准。文章的价值有多个维度，除了传播性之外，还包括思想性、创新性、对目标人群的有用性，等等。

Q41：金庸的小说为什么那么吸引人？

A：首先，侠义、江湖这种类型的小说一直是老百姓喜欢的。不只金庸的武侠小说，其他小说家的，包括明清时期的武侠小说，在当时都很受欢迎；其次，金庸的小说情节紧凑，故事曲折，让人不忍释卷；再次，金庸的小说里融入了大量历史、文化、宗教的知识，让人在读小说娱乐的同时还能学到知识，这也是他的小说受欢迎的原因；最后，因为金庸的知名度和众多电影、电视剧对金庸小说的改编，金庸笔下的人物广为大家了解，某些人物形象甚至成了某种性格的代言人，这种口碑和流传度也成为他的小说能吸引更多读者的原因。

Q42：书中有两次提到了写作是工具，如何理解这个概念？

A：工具是辅助我们完成一些事情的器物、方法和手段，比如农民种地需要锄头，锄头就是工具；办公需要电脑，电脑就是工具。写作也是如此，它是一个工具。

过去，写作是少数人掌握的工具。封建社会，读书人少，写作是士大夫阶层的专利，只有他们掌握这些工具；后来有了新式学校，受教育的人变多了，写作又变成知识分子的工具；现在，几乎人人都接受教育，写作变成了生活、工作的通用工具，上班要写，日常生活要写，人人都离不开写作这个工具了。

Q43：老板总说我电子邮件写得很乱，请指教一二吧。

A：写邮件有两种情况，一种叫新建邮件，就是新发起一封邮件；另一种叫回复邮件，就是对别人发来的邮件进行回复。

新建邮件要求语言简练，直接说明问题。如果一封邮件里讲好几个问题，可以用序号把问题分别标注清楚。如果一个问题下面有几个二级问题的，一定要在格式或者序号上体现清楚；回邮件要求有的放矢，对方提的问题，需要先简要进行归纳和答复，措辞可以委婉，但切记不要在邮件中长篇大论兜圈子。

另外，不管是新建邮件还是回复邮件，都要注意邮件的排版。开头要有称谓，中间每一段可以开头空两格，也可以不空，结尾处要有落款和时间。如果邮件里有附件，要在正文里说明，提醒对方查看附件。

Q44：我们是初创型小公司，感觉有大量东西要写，怎么办？

A：初创企业有大量的案头工作，比如创业计划书、企业介绍、产品宣传手册、推广软文、合作方案等，所以要充分重视“写东西”这件事。

在目前新媒体环境下，企业跟用户的沟通，很多都是通过“写写写”实现的。企业的微博、微信、知乎、百度百科等是企业最低成本的推广工具，尤其对初创企业来说，一定要用好这些媒介。

谁来写？有三个选择。第一，聘用专业人才完成写东西的工作。写东西的岗位叫“文案”“媒体专员”或者“文秘”。称呼不同，但工作内容都类似，主要是企业日常文字的起草、维护和发布。不过现在新媒体发展很快，招聘方对这个岗位的要求又多了一项，叫“熟练掌握新媒体内容的撰写和新媒体运营”。第二，企业老板自己写。老板是最了解自己企业的，也是企业最合适的代言人，以老板视角写就的宣传文稿、创业计划，会更有说服力和感染力。而且初创企业资金短缺，老板自己负责文案和宣传也节省成本。第三，外包给专业公司，老板只负责审核内容。目前好的文案人员非常短缺，老板其实也很难拿得出大段的时间写作，于是就有了一个折中的形式。目前市面上有一些“内容服务商”，他们了解了企业的需求后，有针对性地完成企业的写作任务。这种方式花钱少，内容优质，也是很多企业的选择。

Q45：书中讲了很多方法都是针对成人和职场人的，请问如何指导孩子写作？

A：教成人写作是教“路径”，因为成年人有基本的表达能力，只要稍加疏通，就可以形成自己的写作风格，完成写作。小孩则不同，小孩的观察能力、归纳能力、表达能力都尚在形成中，写作对于小孩来说，不应该是任务，而应该是他们锻炼上述能力的“方法”。

小孩如何学习写作呢？第一，要以写作为终点锻炼孩子的阅读能力和观察能力。写文章需要大量信息的输入，写作的过程其实也是促成孩子们观察生活、阅读经典、积累素材的过程。比如，要写“美丽的秋天”，就应该带孩子们出去看看，看看落叶（究竟哪些树的叶子落了，怎么落的，落完了树是什么样），看看秋天的天（跟夏天有什么不同，白天有什么不同，晚上有什么不同），看看路上的行人（衣着的变化、行为动作跟其他季节有何不同），看看小动物如何过秋天（看看家里养的小猫小狗，看看花坛里的小虫子有何变化）。通过上述这些观察，孩子们锻炼了观察能力，也积累了写作素材。

第二，结合写作的方法，锻炼孩子们的分析归纳能力。比如，还以“美丽的秋天”举例，什么是美丽呢？符合审美规则的，看起来赏心悦目的是美丽。但是四季轮替，万物生长，生生不息的发展是不是美丽的呢？另外，天气越来越凉，人们为了应对即将到来的秋冬会有些准备，也许是为大树缠上绳子保暖，也许是帮助那些生活困难的人御寒，这也是一种美丽。通过这种实写、虚写的结合，让孩子们了解如何在作文中更有层次地表达美。

最后，用写作锻炼孩子们组织语言的能力。同样是美，能不能有更好的表达。比如能否替换不同的词语来表达美；比如能否用细节描写、侧面描写来刻画美；比如能否把对美的描写上升到对美的感悟。这些方法都教会孩子们如何运用语言表达内心的想法，对孩子们认识世界、表达内心都有帮助。

Q46：看电视、看电影、看小说，看到中间就能猜到结局，这是不是说明我很适合写作？

A：基本上是的。推理和想象力是写作的一对翅膀，电影看一半就能猜到结局，这说明你很快就能抓住作者的思路，并推演出跟作者构想一样的结果。

一部电视剧、一部小说看起来只是讲个故事，但里头有丰富的内容，比如人物设定、对话描写、时代场景叙述等，这都需要有很强的规划能力和表达能力。小说家、剧作家之所以能成为一个职业，不只是因为他们设计了一个精妙的故事，还因为他们把故事放在某个背景里，而且把故事完整地讲述出来。所以，如果真的对小说、剧本创作等有兴趣，除了用好构想故事这个特长外，还应该加强叙事技巧、语言组织的练习，这样才更接近专业人士。

Q47：毕业后我就没写过东西，写字最多的一次还是吃完饭给餐馆留差评，我实在是太生气了，控制不住内心的洪荒之力，这算写作吗？

A：你可能觉得你毕业后就没写过东西，但你一定发过微信、短信吧，那几十个字，几百个字也是写东西。你为了把一件事讲明白，会有想法、逻辑、语言，这些加在一块就是写东西，跟正经写文章是一回事。

你说到给餐馆写点评，其实这是总结类文章的写法。小小的一个点评，可能包括了内容回顾——比如对这个餐馆情况整体的回顾，自己的观察、感受，也包括了态度和评价。而且在写作前，你可能会想到谁会看到点评、别人看到点评后会有何反应，并以此为方向调整了自己点评的语言和风格。这就是我们所说的“完整写作”——不只是写写写，而是有针对性地写。

当然，如果你的点评就三个字“不好吃”，那这不能算写作，这算意见表达。

Q48：我很佩服有些节目主持人，没有稿子也能滔滔不绝。有人说，他们事前背过稿子，是这样的吗？很能说跟写作有关吗？

A：背稿子和不背稿子的主持人都有，而且还有一种设备叫“提词器”，即便主持人忘记了稿子，提词器也会提醒他。但是不是能完整说下来一大套词就是“滔滔不绝”呢？不见得。念（或者背）一段话跟自己边想边讲，形式上差别不大，但带给听众的感觉差别会很大。念的东西是别人的，而讲的东西是自己的。

一般很能讲的人，写作能力都不会太差。“写”是文字表达，“说”是语言表达，能说的人，把说过的话整理出来，稍加修正润色，就是一篇好文章。只不过，说话的时候，尤其是临场发挥或者即兴发言，在词语搭配上或者在句子的完整性上会不如可以反复咀嚼的书写文字，但即兴发言加入了现场的思考和当时情境下的感受，会更加真实，也更符合口语的习惯，会让听众有亲近感。

Q49：经常写东西的人总被认为是“文艺青年”，给人无病呻吟的印象，你觉得呢？

A：经常写东西的人应该叫“文学青年”而不是“文艺青年”，因为他们主要是通过文字、语言来传达思想和感受。至于是不是有文艺属性，或者无病呻吟，这跟写作无关，只跟写作者有关。无病呻吟的人，哪怕不写作，也会无病呻吟。写作不是造成他养成这种毛病的原因，也不是结果。

为什么有些“文艺青年”会让人觉得无病呻吟呢？这跟他们坚持和表达的东西有关。以写作举例，写作最核心的要素是“真诚”，如果言之无物，每篇都是自己幻想的感伤、漂泊、流浪、灰暗，这的确会让人觉得无病呻吟。写作不是不可以感慨，但如何深入生活、如何有感而发、如何准确地调整自己的状态，这都比只是简单的“呻吟”重要。而且如果总这样不切实际，“无病呻吟”就会变成“有病呻吟”。

Q50：学写作一般需要多久？

A：问学写作需要多久跟问学做饭需要多久一样，可以很久也可以很快，就看你要达到什么样的水平。

即便专业的作家，也会不断地学习，比如学习新的创作手法，了解新读者的阅读习惯等。学无止境，学写作可以是一个月的事，也可以是一辈子的事。在学习中坚持练习，在练习中不断学习，这是学写作的有效方法。

对于普通人来说，如果只是希望学会日常公文的书写，大概有半个月到一个月的时间即可；如果是希望学会自由表达，学会更有感染力的书写，大概需要半年到一年的时间；如果希望尝试多种写作风格，成为写作类自由职业者，可能需要一两年的时间。以上这些，只是给大家一个时间范围，在这段时间里，如果自己有主动性，又得到老师的指点，辅以高强度的练习，应该可以掌握基本的方法，但是如果这段时间只是有一搭没一搭地看看玩玩，那应该是没什么效果的。

附录二

写作——一块重要的人生拼图

叭哒（主编课堂第一期学员）

我是两个孩子的妈妈。和很多中国的妈妈类似，我有了孩子之后便没了朋友、没了交际，在那段连坐马桶都要竖着耳朵听门外孩子有没有哭闹的紧张岁月里，我彻底地丧失了人生中那个叫业余爱好的自由。我的生活就是工作，带孩子，工作，带孩子，每年 1 ~ 2 次所谓的旅行，也只是换个地方带孩子，换个地方远程工作而已。

我有个属于自己的小公司。和很多电商平台的小老板一样，我从一无所有到小有所成，凡事都喜欢亲力亲为。甚至连客服接单的术语要怎么写，我都要一字一句编辑好了让客服放在快捷回复里。纸箱规格是多大，应该套什么样的袋子，甚至用什么样的工具去开箱，我都要自己去实验。与其说我是老板，不如说我是个集设计、制作、接单、扛货、打包能力于一身的超级店长而已。

曾经在很长一段时间里，我在圈内是个从来没有人见过真面目的隐形人。因为我和所有工厂的合作都是依靠邮件和包裹。我在他们寄来的每个样品上打上一个宽厚的硬质纸片，一条条地写明我要求更改的细节，然后他们改好再寄过来，如此往返。我在孩子们都睡着的半夜里工作，5 小时的睡眠习惯持续了 8 年。

某年双十一，日销售额七位数，我埋在库房里帮忙打包。接到合作商的电话，询问春夏款设计构思什么时候落实，我答复说打包来不及等几天再谈。她在电话那边骂我：“你作为一个品牌所有人，这个时间点不为下一季产品谋划，竟然在打包。小时工多少钱？你的时间价值是多少？”我当时有点蒙，她语重心长地跟我说：“叭哒，你应该走出来了，多看看外面的世界，多接触一些人，对你的思路有好处。”我放下电话后一低头，口罩红了，连续三十多个小时不睡觉的我，流鼻血了。

没多久，我家老二过两周岁生日时，我给她断了母乳，开始为我的独身出行做准备。我这才发现，在这之前三十多年的人生里，我竟然从来没有一个人坐过长途车更别提飞机了。所以说，直到 2015 年即便我创业十年确立了自己的设计品牌，生了一儿一女两个孩子，实现了经济上的独立和家庭的圆满，但是实际上我还是个根本没见过什么世面的人。

我练瑜伽、学肚皮舞，也定期去做美容美甲，我参加两个孩子的家长联谊会，也曾试着和孩子朋友们的妈妈一起喝茶聊天，但是家长里短的细碎真的令我无力回应，我一度怀疑自己一定是个普世意义上特别乏味的人。于是，我尝试自己和自己对话，也就是，写作。

我从小就特别在意自己的形象。我一直相信一个女人的美，不仅仅是会化妆，懂搭配，更要学会如何“说话”。一个女人最大的魅力莫过于在不同场合下对于语言表达的拿捏从而掌控氛围，一个女人最大的智慧莫过于在不同的氛围下理解对方的语境从而在谈判中进退自如。而写作对于语言能力的提升几乎是立竿见影地有效。

工科女出身，大学时只和数据结构打交道。所以我不懂套路、毫无章法，胡乱地按照既定的想法敲击键盘，自己感受到酣畅的同时，也会偶尔有种找不到方向和同僚的寂寞。于是，我报了一个线上的写作训练营。我三十多年波澜不惊的人生，惊喜地起了涟漪。

写作营里的每个成员都很忙，不少人也都不是文科出身，但每个人都对自己的未来报以不断提升的斗志。和这样的人在一起，我突然发现自己其实是个很合群、很开朗甚至有点逗逼的话痨。我曾经被质疑为不务正业的学英语口语和画画这些爱好，也终于在这里得到了一个完美的解析：认知拼图。不管你是做什么的，你最终会发现，你要想做到极致，那些曾经被忽略的看上去毫无关联的技能，其实是可以拼凑出你的完美人生的。而这一点，在我 2016 年的整个事业的规划和拓展上，得到了令人惊喜的印证。

会英语，让我和外籍模特合作时更容易有火花，她们对于品牌的诠释会更深入；我画画，当我对一款帽子的设计细节不满意时，我只需要寥寥几笔就能勾勒出新的想法和构思；我写作，当我不得不面对平台变化而调整我们的运营方式，开始真正走到镜头前去做直播的时候，我并不会磕磕巴巴有口难言，每顶帽子的设计解析我都能信手拈来游刃有余；甚至，因为我在写作训练营认识太多优秀的人，我在事业上有了新的契机和方向，比如，我的未来可以是纯设计师，也可以是自由撰稿人，我甚至可以出一本自己的书。

我这才发现，那些走过很多路才能看到的风景，那些经历过很多事才能明白的道理，那些受过很多伤才能绕过的弯路，那些拼尽全力也未必能到达的峰顶，其实，认识很多会写作的人，也可以做到。

所以，这一切，都从认识主编开始了。

一场细微而盛大的遇见

郭小果（主编课堂第二期学员）

我是小果，一个非著名非全职自媒体人，曾受理工科班训练 8 年，写作爱好者，零爆文产出者，对了，还是一个策划师，以及“85 后”宝妈……

你可能要说了，那你凭什么被刘主编邀请给他的新书作序，还是一本教写作的书！你不怕被打脸？

我也不知道啊，这您得去问刘主编本人，我猜可能是他比较任性，我比较率性。

刘主编有多任性呢？

他辞去世界 500 强公司品牌总监的工作，筹划并开设了主编课堂，顺便写公众号，一不小心，写出多个百万＋阅读量，被很多超级大号转载。他顶着名校光环和十年媒体经验，在清华大学边上，宇宙中心五道口那旮旯里搞了个办公室，专门做线上线下新媒体文字创意的课程，每天手机微信阅读几千条信息，还要写书讲“写作那点事儿”，有时候还跟我们这帮学员讨教时间管理经验！

而我一直是个比较率性真实的人，理工科女生的毛病：耿直！喜欢写字的我，2016 年想拜个师傅正儿八经学学。因为读过刘主编写的教养系列好文，当时感叹这就是我想找的老师，可惜他在北京，我在上海！

后来，刘主编开了微信线上写作课，我火速加入。虽然自觉自己是写作爱好者，写字爱好从中学到大学都没有湮灭，但我在主编课堂里写出第一篇时，发现自己写得不忍直视。这时我才意识到，我们总是吐槽谁谁文章写得一般，是多么高估自己以及不尊重别人了。另外，曾经以为每天都写没什么困难，真去做时，那真是随时要放弃的节奏！我终于意识到自己只是一个伪爱好者。

不过，我在作业里夸下海口说，每天平均 1000 字，一年就 30 万字……于是硬着头皮就真的每天写起来了，偶尔一天不写，后面也会补上一个长的。再然后，我真的形成了习惯。于是，我把自己的个性签名改成了“一天不码字就剁手的女民工”，从此稳定在这一句，再也不纠结了，其他那些，包括“LinkedIn 签约作者”“简书多篇首页推荐”等我之前喜闻乐见的标签，倒成了浮云。

如此这般在主编课堂混了几个月，意外收获一群同好，互相学习监督之时，也吐槽着我们的“主编写作课”：它还真的不是一个神奇的课程呢。

首先，既没有神奇的“爆文心法”，也没有神奇的“月入二十万秘诀”。只有主编很简洁又系统地讲写作的意义、方法、案例、分享，在微信群里音频、文字齐飞。

然后是简直累成狗，作业很多，而且必须按时交上去，这对拖延症患者来说绝对是暴击啊！不过，从我个人经验来说，我参加了两期，第一期我基本都是压着点交，第二次竟然都是提前好几个小时交掉。这是怎么回事，感觉是个谜团，问主编，他笑而不语。

再然后，他在课程里反复和我们说平常心，说写作真的就是个“勤”的事儿，别想一口气变成大作家，免得失去写作的乐趣。于是，大家密密麻麻写了几个月，霸屏某写作平台首页也就那么上百次，学员出版的书也就那么几本，签约作者也就那么几个，商业文案也就接了上百，还得不停地跟甲方修改。

摔！

但是大家不但没有摔，竟然还乐呵呵地继续跟主编学新的课程，蹭新的作业，霸新的平台。这是为什么？

答案，好像每个人都不同。懒骨头小果，不想太透露，我还有一篇文没写完呢。

我曾经心血来潮写过一次课程心得，是这样的：

如果你不想逆袭
如果你不想弯道超车
如果你不想改掉拖延症
如果你不想用创意和写作打开美好新人生
如果你不想变成一篇文章阅读 10 万 + 的写作网红

如果你不想遇见一小群逗比神经有才互助的小伙伴
如果你不想让人对你刮目相看
如果你不想治好懒癌
建议你
不要参加这个课程

当时写这个的心情，真的就是“这些都想而且都会实现”的心情。你呢，在看这篇文章的你是怎样的心情？在看书的你，又是谁呢？是和我一样，年轻的宝妈，职场人士，还是想重拾少年纸笔梦想的人？是需要提高写作能力还是爱好写作的人？是对生活有困惑需要写作疗愈还是仅仅想“写”而已？你是在哪里拿起刘主编这本书？书店、机场、朋友赠予，还是网页上？

无论你是谁，在哪里拿起这本书，我深深地相信，都不是偶然。无论是吸引力法则，还是缘分，还是潜意识驱使，抑或其他的解释，我都笃信这是一场细微而盛大的遇见。

之所以细微，是因为写字其实很容易，每日一篇，也不过二三十分钟，这件事儿，其实很小；

之所以盛大，是因为日日写作的你，会因为这份细水长流，某日回首，发现不经意间，竟已飞渡千山。

而遇见的，是更好的你自己，是更大的世界，是更多的知音。

这些，成为我们在疲惫生活里的英雄梦想，照亮孤独的微光，疗愈伤痕的药方。

与君初相识，犹如故人归，所有的相遇都是久别重逢。因此，愿刘主编这本写作手册和刘主编本人，成为你写作路上最暖心的陪伴，最踏实的顾问。在你困惑时，在你无力时，翻翻它，也许，你会会心一笑，想说声：“啊哈！这就是我想要的答案！原来，你在这里！”

如果不尝试，该有多遗憾

范儿青年（主编课堂第三期学员）

跟主编是怎么认识的，我自己也记不清楚了，或许是命中注定要有此一遇，逃不过去。

我刚关注微信公众号，他已然是大红人了，多篇稿子被各媒体疯狂转发，文末的每条读者留言都极尽崇拜、赞扬、仰慕……我就是在他最火的时候关注了他。

后来，每次看完他的新推送，必定心情激动地跑去评论区里写留言，大部分的状态是写写删删反复无常，即便这样，心里也是喜悦的，偶有留言上墙时，有种被皇上翻牌的感觉，甚是欢喜，毕竟我只是个孩子。

后来的后来，在公号的文末看到了写作课的线上课程，我没考虑几秒就付了款，在此之前，我也就是在读书时期写过作文而已。

有时候会这样，一些人或事，我们以为是意外遇见，其实是冥冥中的某些安排，我对他有种莫名的亲切感。

在 3 字开头年纪的我，一直以为闯荡江湖多年，即使被万箭穿体也毫不畏惧，因为我自诩有金钟罩护体外加拥有自我疗伤的功力，可悲的是，生活远比我想象中要狠毒百倍，我终究被碾成了灰。

白天，我尚能以浅笑安然云淡风轻的模样示人，那是一个我都不认识的自己。夜晚时，我的心是条不折不扣的丧家犬，四处乱窜无处安放。

有了娃之后，曾经还算幸福的婚姻，猝不及防地跟我来了一个大翻脸，我被冷落、被漠视、被丢弃，矛盾这个小贱人，迈着傲娇的脚步，商量好似的轮番轰炸着我，365 天 24 小时不知疲倦，苍天没有眷顾我，随手一拎把我扔进了怨妇圈。

我努力挣扎，终没能逃脱，随便的一件小事都能引爆我，唯一庆幸的是，残余的清醒和理智提醒着我，要给自己建造一个王国，要在那里喘口气儿。

写作班就在一个恰当的时机蹦跶到我的跟前。

此时的我，不知道写作课对我来说意味着什么，我抱着自我救赎的美好愿望，雄赳赳气昂昂地开始踏上所谓的疗愈之路。

我像个乖乖听话的小学生，根据课程安排，按时完成作业，除此，不敢跟主编多说一句话，对于写文很厉害的人我常怀有深深的崇敬之心，写作班的伙伴私下里纷纷加他好友，便于沟通。

我一直一直不敢发出好友申请，在我心里，一定要跟偶像保持距离保留神秘感，其实，我有大大的好奇心，有很多问题想问他，但是骨子里的不自信，让我拉不下脸来去这么做。

意外的是，我的作业获得了主编的鼓励和赞扬，这对初入写字路的人来说，是件值得庆幸的事儿，也让我有勇气继续走下去，他的鼓励和认同对当时处在水深火热之中的我，是神灯一盏，指引着我。

他的口头禅总是“别着急”“慢慢来”“你先试试”，而每次即使我觉得自己交上去的作业稀巴烂，他也总是回复“不管怎样，总算交作业了，只要写了就是进步”之类的话。

当然，在回复的邮件中，他会给出很中肯的修改意见，总是很委婉地说：好多细节你都有捕捉到，这一点特别好，要尽量找一个点来展开了写……然后他认真地把修改建议一条条地罗列出来。

不知不觉中，我跟了三期课程，结识了很多有共同爱好的伙伴，我们互相鼓励、督促、携手前行，这种写作以外的收获更让我惊喜。

在写作营里，偶尔听他自己说起自己，或主动或被动地为创业项目四处卖笑路演，偶有不顺时，我们在群里嬉笑着调侃加安慰他说：“这是一个创业狗的日常，Wuli 主编要开启的是星辰大海的征途，哪有那么容易成功，要撑住，要加油哦！”他总没心没肺地随声附和着“对！对！对！”不顺带来的挫败感，往往在乱作一团中烟消云散。

跟他有过面基的伙伴，都一致认为他是个长不大的大孩子，跟他说话时，他总是缺心眼似的咧嘴傻笑，虽有 180+ 的身高，背影却单薄孤零，看着让人心疼，只因为对写作的热爱，他舍弃安逸，在新媒体写作探索的道路上踽踽独行。

我曾跟他聊过，相比之前的体面，现在的状态会不会有憋屈，他坚定地摇头说：“即便这个项目最终没能收到好的回报，我也不会后悔现在所做的一切，人生不尝试，那该有多无趣。”

昨日，看着他在朋友圈嘚瑟“糖豆学院”成为“马艳丽 2017 春夏发布会”的撰稿服务机构，我知道，上天是公正的，所有人的所有努力，他老人家都看在眼里。

回头来说我自己，我在写作的路上能坚持多久？能走多远？这些我根本不在乎，我没有企图和野心，写作带来的当下的快乐，对我来说弥足珍贵，跟着有趣的人做有趣的事儿，足够了。

后 记

靠写作获得自由，你也可以做得到

前几天，我的投资人给我介绍了一个朋友，说看看能不能跟我合作。

这是个女孩，剑桥大学法律系，毕业后去了华尔街工作。没多久她就辞了职去欧洲漂流，并兼职给几家媒体写专栏，也出版了几本书。之后她又去了香港大学教书，最近刚回到北京，也没有找工作，就想做一点有意义的事。

我请她来教写作，她连忙摆手：“这个我教不了，真教不了，我不是科班出身。”

我说：“我也不是，我的学员也不是，但写作的好处就在这里，不再拘泥于我们是学什么的，做什么的。”

无独有偶，一个月前，我在北京雾霾最重的那天见了两位中国台湾来的老师，一位是前台积电高层，一位是中国台湾乃至亚太地区最杰出的女性金融领袖。他们退休后投身教育，辅导年轻人，用到的方法也是写作。他们让那些接受辅导的年轻人写下点什么：“每个月写一篇，讲讲自己这一个月的感受。”

以上两个故事给我不少触动。关于写作，我好像有了一种新的共识：大家不再像前几年那样觉得爱写东西的人都是文艺青年，现在大家会觉得写作很神秘、很神奇，也很神圣。各行各业都在讲写作，讲的好像是一个东西，但又好像不是一个东西。这个东西好像有很大用处，而它更大的用处，又好像还完全没有发现。

为什么会如此呢？不是因为人们一觉醒来突然都爱上了阅读和表达，而是在这个伟大时代的变迁中，写作恰巧是最好的工具、技能和生活态度。

写作是工具。现在个人求职主要靠简历，短短几百字，要写出风格，成为应聘人群中的佼佼者，靠的就是熟练掌握表达技巧的能力；现在企业推广产品主要靠媒体，几十秒、几秒的关注，要留下印象，靠的就是文案内容的创意和深度；现在创业公司遍地开花，要吸引投资人，靠的也是如何讲好面向未来机会的故事。

写作是技能。会写的人现在是各个单位抢夺的焦点。一个单位可能不需要财务，不需要营销，却一定需要人来处理文字工作。现在能准确掌握文字运用的人非常少，好多公司都是老板亲自上阵。所以会写作这种技能是现在和未来很长一段时间里特别吃香的技能。

写作也是生活态度。解决温饱问题后，人们自然就要有精神追求，不管是艺术鉴赏、兴趣爱好、生活体验，还是社交、朋友圈和社群，这些精神追求都依托于表达。写作是表达，是最简单的表达也是最复杂的表达。掌握了写作方法的人，是书写者，也是生活的主角，他们朝外看理解外在世界，也朝内看为自己负责，这种态度帮助他们过更积极的人生。

所以，写作不是逃避现实生活的乌托邦，而是通向更加自由生活的桥梁。那些把写作当工具的人，顺畅写作助他们一臂之力，让他们自由轻松地工作；那些把写作当技能的人，自由表达让他们走到哪儿都特别受欢迎；那些把写作当生活态度的人，我手写我心，写作让他们更精确地理解外在，更和睦地跟内在的自己相处。最后，所有这一切殊途同归，写作，带给大家的，是面向未来不确定性世界时，一种游刃有余的自由状态。

写作，其实也在另外一个层面上实现了人人平等。今年秋天，我参加了由中国扶贫基金会和亚马逊主办的“书路计划”，这个计划旨在帮助偏远山区的孩子们更便捷地获得图书，也鼓励孩子们多读书、多写作。在给山区学校老师的培训中，我也提到一个观点：真诚表达是这群山区孩子未来有可能脱颖而出最好的路径。

比考试，山里的孩子有无数的劣势，比如师资短缺、教辅资料缺乏等，但如果比如实表达、真诚写作，他们不会输给任何人。包括以后有一天，他们走向世界，跟全世界的年轻人同台竞技，没有人会因为他们来自山区而轻视他们，人们尊重的是思想、逻辑、价值观，而不是身份等外在的东西。

靠写作获得自由，是真正的自由，而且获得这种自由的门槛很低，任何人，学习一点方法，经过一点努力，都可以以很低的成本获得这种自由。

只是，需要你从现在起，鼓起勇气，迈开这一步。

刘杨于北京清华园

2016 年 12 月 22 日